Arens

Sicherheit in der Logistik

D1665321

Herausgeber der Praxisreihe Qualität (vormals Praxisreihe Qualitätswissen):
von 1991 (Gründungsjahr) bis 2016 Franz J. Brunner; seit 2016 Kurt Matyas.

In der Praxisreihe Qualität sind bereits erschienen:

Jörg Brenner

Lean Production

Praktische Umsetzung zur Erhöhung der Wertschöpfung
3., überarbeitete Auflage
ISBN 978-3-446-45664-8

Jörg Brenner

Lean Administration

Verschwendung erkennen, analysieren, beseitigen
ISBN 978-3-446-45472-9

Franz J. Brunner

Japanische Erfolgskonzepte

Kaizen, KVP, Lean Production Management, Total Pro-
ductive Maintainance, Shopfloor Management, Toyota
Production Management, GD3 – Lean Development
4., überarbeitete Auflage
ISBN 978-3-446-45428-6

Franz J. Brunner

Qualität im Service

Wege zur besseren Dienstleistung
ISBN 978-3-446-42241-4

Franz J. Brunner, Karl W. Wagner
Mitarbeit: Peter H. Osanna, Kurt Matyas, Peter Kuhlang

Qualitätsmanagement

Leitfaden für Studium und Praxis
6., überarbeitete Auflage
ISBN 978-3-446-44712-7

Werner Friedrichs

Das Fitnessprogramm für KMU

Methoden für mehr Effizienz im Automobil-, Anlagen-
und Sondermaschinenbau
ISBN 978-3-446-45341-8

Werner Friedrichs

Ressourcenmanagement in KMU

ISBN 978-3-446-45766-9

Menderes Güneş, Marwan Hamdan, Mirko Klug

Gewährleistungsmanagement

ISBN 978-3-446-44795-0

Marco Einhaus, Florian Lugauer, Christina Häußinger

Arbeitsschutz und Sicherheitstechnik

Der Schnelleinstieg für (angehende) Führungskräfte:
Basiswissen, Haftung, Gefährdungen, Rechtslage
ISBN 978-3-446-45474-3

René Kiem

Qualität 4.0

QM, MES und CAQ in digitalen Geschäftsprozessen der
Industrie 4.0
ISBN 978-3-446-44736-3

Wilhelm Kleppmann

Versuchsplanung

Produkte und Prozesse optimieren
9., überarbeitete Auflage
ISBN 978-3-446-44716-5

Veit Kohnhauser, Markus Pollhamer

Entwicklungsqualität

ISBN 978-3-446-42796-9

Karl Koltze, Valeri Souchkov

Systematische Innovation

TRIZ-Anwendung in der Produkt- und Prozessentwicklung
2., überarbeitete Auflage
ISBN 978-3-446-45127-8

Kurt Matyas

Instandhaltungslogistik

Qualität und Produktivität steigern
7., erweiterte Auflage
ISBN 978-3-446-45762-1

Friedrich Peschke, Carsten Eckardt

Flexible Produktion durch Digitalisierung

Entwicklung von UseCases
ISBN 978-3-446-45746-1

Markus Schneider

Lean und Industrie 4.0

Eine Digitalisierungsstrategie mit der Wertstrom-
methode und Information Flow Design
ISBN: 978-3-446-45917-5

Wilfried Sihn, Alexander Sunk, Tanja Nemeth, Peter
Kuhlang, Kurt Matyas

Produktion und Qualität

Organisation, Management, Prozesse
ISBN 978-3-446-44735-6

Stephan Sommer

**Taschenbuch automatisierte Montage-
und Prüfsysteme**

Qualitätstechniken zur fehlerfreien Produktion
ISBN 978-3-446-41466-2

Konrad Wälder, Olga Wälder

**Statistische Methoden der Qualitäts-
sicherung**

Praktische Anwendung mit MINITAB und JMP
ISBN 978-3-446-43217-8

Johann Wappis, Berndt Jung

Null-Fehler-Management

Umsetzung von Six Sigma,
6., aktualisierte Auflage
ISBN 978-3-446-45875-8

Uwe Arens

Sicherheit in der Logistik

Ein Praxisleitfaden für Führungskräfte

Mit 92 Bildern und 53 Tabellen

Praxisreihe Qualität
Herausgegeben von Kurt Matyas

Der Autor:

Prof. Dr.-Ing. Uwe Arens ist seit 2014 als Hochschullehrer an der Hochschule Bremerhaven tätig. Dort beschäftigt er sich in Lehre und Forschung mit dem Thema „Sicherheit in der Logistik". Hierzu gehört das Sicherheitsmanagement ebenso, wie die Gefahrstoff- und Gefahrgut-Logistik sowie die Transporttechnik.

Bibliografische Information der Deutschen Nationalbibliothek:

Die Deutsche Nationalbibliothek verzeichnet diese Publikation in der Deutschen Nationalbibliografie; detaillierte bibliografische Daten sind im Internet über http://dnb.d-nb.de abrufbar.

© 2021 Carl Hanser Verlag München, www.hanser-fachbuch.de
Lektorat: Dipl.-Ing. Volker Herzberg
Herstellung: Björn Gallinge
Coverkonzept: Marc Müller-Bremer, www.rebranding.de, München
Titelmotiv: © shutterstock.com/peampath2812
Coverrealisation: Max Kostopoulos
Satz: Kösel Media GmbH, Krugzell
Druck und Bindung: CPI books GmbH, Leck
Printed in Germany

Print-ISBN: 978-3-446-46189-5
E-Book-ISBN: 978-3-446-46549-7

Inhalt

Vorwort

Sicherheit gehört zu den Grundbedürfnissen des Menschen. Aber auch Unternehmen und Organisationen haben ein Interesse an der Sicherheit. Das gilt insbesondere für die Logistik. Schließlich gehört es zu ihren Kernaufgaben, Güter sicher zu verwahren und schadensfrei an ihren Bestimmungsort zu bringen. Obwohl die Akteure sich über diese Kernaufgabe im Grunde einig sind, versteht dennoch jeder Einzelne etwas anderes unter dem Begriff der Sicherheit. Dem Supply Chain Manager geht es um den Erhalt der Lieferketten. Der Fuhrparkleiter und der Disponent sorgen sich um die Zuverlässigkeit der Lieferung und um eine nachhaltige Leistungserbringung. Und die Lagerleitung kümmert sich um den Schutz der Mitarbeitenden. Was auch immer im Fokus des Einzelnen steht, letztlich geht es immer um die Frage, wie Mensch, Umwelt und Güter zu schützen sind.

Und die Bedeutung der Sicherheit für die Logistik steigt. Diese These lässt sich mit Blick auf die gesellschaftlichen Diskussionen im Zusammenhang mit „Industrie 4.0" und dem „Klimawandel" ableiten. Es gibt kaum eine Branche, die so fundamental von den Veränderungen betroffen sein wird wie die Logistik. Die Einrichtung cyber-physischer Systeme, die Umrüstung auf alternative Antriebenergien oder die Überlegungen zum autonomen Fahren: die Logistikbranche ist stets Teil der Veränderungen. Und die Diskussionen über das Für und Wider drehen sich fast ausschließlich um Fragen der Sicherheit.

Das Kernanliegen dieses Buches ist es, die verschiedenen Aspekte der Sicherheit in der Logistik zusammenzuführen und mögliche Veränderungen durch „Logistik 4.0" aufzuzeigen. Dabei wird besonders auf die Risikobeurteilung eingegangen, von der zu erwarten ist, dass sie künftig zu den wichtigsten methodischen Kompetenzen der Führungskräfte in der Logistik gehören wird. Dieses Buch beansprucht jedoch keine vollumfängliche Darstellung aller relevanten Sicherheitsthemen der Logistik. Vielmehr ergibt sich die Zusammenstellung der Themen aus den zahlreichen Gesprächen und Diskussionen, die mit Verantwortlichen verschiedener Logistikunternehmen geführt wurden.

Das Buch richtet sich daher vorwiegend an Führungskräfte und Entscheider aus der Logistik sowie den in der Branche tätigen Sicherheitsexperten. Sicherlich eignet es sich auch für Studierende Logistik-orientierter Studiengänge.

Dieses Buch ist in neun Kapitel untergliedert. In den Kapiteln 1 bis 5 geht es zunächst um Grundlagen. Die Kapitel 6 bis 9 enthalten Anwendungsbeispiele.

Nach einer Standortbestimmung (Kapitel 1) geht es zunächst einmal um die Grundlagen der Sicherheit (Kapitel 2). Es folgen Ausführungen zur betrieblichen und überbetrieblichen Sicherheitsorganisation (Kapitel 3). In Kapitel 4 werden die Elemente und das Vorgehen der Risikobeurteilung auf Basis der internationalen Norm DIN ISO 31000 dargestellt und an unterschiedlichen Beispielen erläutert. Kapitel 5 befasst sich mit der Einbindung der betrieblichen Risikobeurteilung in übergeordnete Führungssysteme.

Die zweite Hälfte des Buches beginnt mit Ausführungen zur Sicherheit im innerbetrieblichen Transport und dem Stand der Automatisierung. Der sicherheitsaffinen Gefahrgut- und Gefahrstofflogistik ist das Kapitel 7 gewidmet. Kapitel 8 erläutert die Auswirkungen neuer Technologien auf die menschengerechte Arbeitsgestaltung. Das letzte Kapitel befasst sich mit dem Notfall- und Krisenmanagement, von dem anzunehmen ist, dass dessen Bedeutung im Hinblick auf den Erhalt der Lieferketten zunehmen wird.

Dieses Buch wäre nicht ohne die Begleitung und Unterstützung vieler Personen entstanden. Ihnen allen möchte ich an dieser Stelle recht herzlich danken. Mein besonderer Dank gilt indes Herrn Volker Herzberg, der als Lektor wertvolle Hinweise geliefert und es stets verstanden hat, mich in schwierigen Phasen zu ermutigen. Danken möchte ich auch meiner Kollegin Lieselotte Prax, die mir bei der Recherche und der Erstellung so mancher Abbildungen behilflich war. Nicht zuletzt gebührt meiner Frau ein ausdrücklicher Dank für ihre Geduld und ihr Verständnis, wenn ich mich so manchen Abend und an vielen Wochenenden ins Arbeitszimmer zurückgezogen habe.

Mit diesem Buch soll ein erster Schritt auf einem Weg gewagt werden, der zu einem umfassenden Werk über die Sicherheit in der Logistik führt. Dieses Ziel kann nur gemeinsam mit Ihnen als interessierten Leser erreicht werden. Ich freue mich daher über Ihre Anregungen, Vorschläge und Überarbeitungshinweise.

Bremen, im September 2020

Uwe Arens

1 Sicherheit in der Logistik

Die Logistik ist ein Wirtschaftszweig mit wachsender Bedeutung. Es gibt keine Branche und keine Unternehmen, die gänzlich ohne Logistik auskommen. Die Anforderungen an die Sicherheit sind daher sehr vielfältig. So vielfältig die logistischen Aufgaben sind, so eindeutig sind dagegen die Ziele. Es geht darum, Güter in der vorgesehenen Qualität zum vereinbarten Zeitpunkt an den Bestimmungsort zu bringen. Dieses Ziel ist eng mit der „Sicherheit" verknüpft. Sicherheit sorgt dafür, die Güter vor Schäden zu bewahren. Sie ist aber auch notwendig, um Unterbrechungen der Lieferkette zu vermeiden. Die Anforderungen an Art und Inhalt der Sicherheitsbestrebungen sind daher ebenso vielfältig wie die logistischen Aufgaben. Sicherheit kann somit als integraler Bestandteil der Logistik angesehen werden.

Ebenso wie jedes andere Unternehmen steht auch die Logistikbranche vor großen Herausforderungen. Das Schlagwort von der „Industrie 4.0" bzw. „Logistik 4.0" macht die Runde und hat offensichtlich das Potenzial, unternehmensinterne Abläufe ebenso zu verändern wie die Beziehungen zwischen den Unternehmen. Es ist naheliegend, dass sich dadurch auch die Ansprüche an die Sicherheit verändern.

Das folgende Kapitel betrachtet die Logistik aus der Perspektive der Sicherheit. Zunächst geht es darum, ein einheitliches Verständnis für die Logistik herzustellen. Es folgen Daten und Fakten zum Stand der Sicherheit in der Logistik. Der Schluss dieses Kapitels widmet sich den Herausforderungen und ihren Einflüssen auf die Sicherheitsarbeit.

■ 1.1 Einführung

Die Logistik hat in den vergangenen Jahren an Bedeutung gewonnen. Die Bundesvereinigung für Logistik (BVL) berichtet, dass mittlerweile mehr als 3,2 Mio. Personen in der Logistik tätig sind. Der Anteil der Logistikbeschäftigten an der Gesamtbeschäftigung wird mit 8,5 % angegeben (Schwemmer, Pflaum 2018, S. 42). Im

Jahr 2019 erwirtschaften ca. 60 000 Unternehmen mit überwiegend mittelständischer Prägung einen Umsatz von knapp 290 Mrd. Euro (BVL 2020). Bild 1.1 zeigt die Entwicklung des Umsatzes und der Beschäftigtenzahl in den vergangenen Jahren.

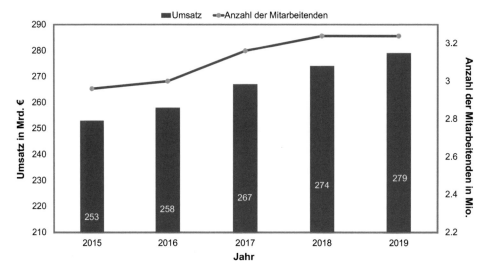

Bild 1.1 Umsatz und Mitarbeiterzahlen in Deutschland in der Logistik (Quelle: BVL 2020)

Die Logistik blickt auf eine lange Tradition zurück. Ursprünglich im Militär für den Nachschub und die Versorgung eingesetzt, findet der Begriff später auch in der Wirtschaft Verwendung. In den 1960er Jahren erscheint das erste Lehrbuch zum Thema. Etwa zehn Jahre später wird der erste Lehrstuhl mit einer logistischen Ausrichtung in Deutschland besetzt (Schulte 2017, S. 5). In der Folge setzt eine rasante Entwicklung ein.

Am Anfang machen die klassischen Tätigkeiten wie Transport, Umschlag und Lagerung den Kern der Logistik aus. Logistik wird zum Bindeglied zwischen Beschaffung, Produktion und Absatz. Dieser eher funktionalen Einordnung folgt die prozessorientierte Sicht. Zu den Aufgaben der Logistik gehört es fortan, den Material- und Warenfluss zwischen den klassischen Bereichen zu optimieren. Logistik wird zur zentralen Schaltstelle im Unternehmen und damit Teil der Wertschöpfung. Die rasante Weiterentwicklung der modernen Informations- und Kommunikationstechnik eröffnet der Logistik die Möglichkeit, die Material- und Warenflüsse unternehmensübergreifend zu lenken. Logistik wird zur Gestalterin ganzer Unternehmensketten. Logistikdienstleister entstehen und schließen mögliche Lücken in der Lieferkette, indem sie eigene Aufgaben übernehmen (Schulte, 2017, S. 28).

Die rasante Entwicklung hat sicherlich auch dazu beigetragen, dass die Suche nach einer allgemein akzeptierten Definition noch nicht beendet ist. In der Fachwelt kursieren viele Begriffsbestimmungen. Letztlich lassen sich jedoch alle auf eine einfache Formel zurückführen, die sich mit „7 R" abkürzen lässt. Das bedeutet, dass die Aufgaben der Logistik darin bestehen,

- die richtigen Objekte,
- in der richtigen Menge,
- zum richtigen Zeitpunkt,
- in der richtigen Qualität,
- zu den richtigen Kosten,
- mit den richtigen Informationen,
- am richtigen Ort

bereitzustellen (Krampe, Lucke 2012, S. 22; Koether 2011, S. 21). Um diese Leistung erbringen zu können, bedarf es planerischer und steuernder Maßnahmen. Maßgebliche Definitionen betonen daher diesen Aspekt.

Logistik lässt sich definieren als

> ... *die Lehre von der schnittstellenübergreifenden Analyse, Planung, Gestaltung, Steuerung und Überwachung der vernetzten raumzeitlichen Transformationsprozesse von Gütern, Personen und damit zusammenhängenden Informationen.*
>
> *Krampe, Lucke 2012, S. 22*

Da Logistik mehr ist als der Transport von der Quelle zur Senke, wird häufig von logistischen Systemen gesprochen (Arnold et al. 2008, S. 3). Dadurch werden die Prozessorientierung und die Vielfalt der Prozesse betont, die zur Abwicklung der Logistikaufgaben notwendig sind.

Die Vielfalt logistischer Anwendungen erfordert eine Strukturierung. Dazu können verschiedene Merkmale herangezogen werden. Tabelle 1.1 listet bekannte Merkmale und zugehörige Logistikanwendungen auf.

Trotz ihrer Verschiedenartigkeit verfolgen alle Logistikanwendungen letztlich das Ziel, die durch „7 R" beschriebenen Aspekte bestmöglich zu erfüllen. Doch das ist nicht der einzige Maßstab für unternehmerisches Handeln. Zu den Aufgaben der Unternehmensleitungen gehört es auch, die von den verschiedenen Anspruchsgruppen („Stakeholder") innerhalb und außerhalb des Unternehmens erhobenen Interessen zu berücksichtigen.

Tabelle 1.1   Strukturierungsmerkmale der Logistik (nach Krampe, Lucke 2012, S. 25 ff.)

Strukturierung nach …	Logistikanwendungen
Raum	Mikrologistik, d. h. einzelwirtschaftliche Betrachtung; Makrologistik, d. h. gesamtwirtschaftliche Betrachtung; Metalogistik, d. h. interorganisatorische Systeme (z. B. Verbünde, Branchen).
Funktion	Beschaffungslogistik, d. h. Beschaffung von Rohstoffen, Materialien für die Produktion; Produktionslogistik, d. h. Sicherstellung des Güterflusses innerhalb der Produktion; Distributionslogistik, d. h. Verteilung an Kunden, Konsumenten; Entsorgungslogistik, d. h. Demontage, Aufbereitung und Entsorgung von Produkten und Materialien; e-Logistik, d. h. Logistik im Zusammenhang mit e-Business; Kontraktlogistik, d. h. Übernahme spezieller Logistikdienstleistungen für Kunden.
Institutionen	Unternehmenslogistik, d. h. Logistik für das gesamte Unternehmen; Werkslogistik, d. h. Logistik in Bezug auf einen Standort; Handelslogistik, d. h. Logistik für ein Handelsunternehmen; Verkehrslogistik, d. h. Logistik, die von Verkehrsunternehmen betrieben wird; zugehörige Begriffe: Transport-, Lager-, Verpackungslogistik; Logistik nach Wirtschaftsbereichen: Bau-, Krankenhaus-, Chemielogistik.
Gütern	Stückgutlogistik, Massengutlogistik, Containerlogistik, Gefahrgutlogistik, Ersatzteillogistik, Materiallogistik

Mit der wirtschaftlichen Bedeutung sind auch die Ansprüche der Stakeholder an die Logistik gestiegen. Da ist zunächst einmal das gesellschaftliche Interesse an einer nachhaltigen Logistik. Der Verkehr trägt zu einem erheblichen Teil zum Ausstoß klimaschädlicher Emissionen bei. Die Forderung nach einer Reduzierung der Treibhausgase und nach einem schonenden Einsatz natürlicher Ressourcen trifft insbesondere die Logistik. Regulative Eingriffe durch den Gesetzgeber sind die Folge, aber auch Kunden zeigen ein zunehmendes Interesse an einer „grünen Logistik".

Die zunehmende Vernetzung der Unternehmen erfordert zusätzliche Anstrengungen. Das Ziel ist die Gestaltung einer sicheren Lieferkette. Sie ist nicht nur für die Unternehmen von existenzieller Bedeutung, sondern auch für die Bevölkerung, wenn es beispielsweise um die Versorgung mit lebenswichtigen Gütern geht. Die Logistikbranche zählt zu den „Kritischen Infrastrukturen". Die „Nationale Strategie zum Schutz Kritischer Infrastrukturen (KRITIS-Strategie)" nimmt die Logistik besonders in die Pflicht (BMI 2009).

Nicht zuletzt sind auch die Ansprüche der Mitarbeitenden an die operative Ausführung der Logistikleistungen gestiegen. Neben einer gerechten Entlohnung und der Forderung nach Arbeitsplatzsicherheit lässt die demographische Entwicklung das Interesse an sicheren und gesunden Arbeitsplätzen steigen.

Zusammenfassend lässt sich konstatieren, dass der Schutz von Menschen, Umwelt und Gütern zu den wesentlichen Bestandteilen des unternehmerischen Handelns in der Logistik gehört. Alle Risiken, die diese Ziele gefährden könnten, müssen identifiziert und entsprechend ihrem Einflussgrad reduziert werden. Die Vermeidung oder Minimierung der Risiken ist jedoch das zentrale Anliegen der Sicherheit. Sicherheit wird damit zur zentralen Klammer logistischen Handelns.

■ 1.2 Stand

Eine Darstellung, die den Anspruch erhebt, den Stand der Sicherheit in der Logistik beschreiben zu wollen, muss angesichts der Vielfalt logistischer Anwendungen scheitern. Zu unterschiedlich sind die Vorstellungen über mögliche Indikatoren. Dennoch soll mit den folgenden Ausführungen der Versuch einer Standortbestimmung unternommen werden.

Es ist üblich, den Sicherheitsstatus durch den Schaden zu beschreiben. Der Schaden wiederum kann an Personen, der Umwelt oder aber an Gütern gemessen werden. Jede Schadensart lässt sich wiederum durch mehrere Parameter charakterisieren. Beispielsweise kann ein Personenschaden durch Tod ebenso beschrieben werden wie durch schwere oder aber leichte Verletzungen. Für den Sicherheitsstatus der Logistik sollen im Folgenden die Arbeitsunfälle als Indikator für den Personenschaden herangezogen werden. Die Gefahrgutunfälle dienen als Maßstab für den Umweltschaden. Der Güterschaden wird anhand der Sach- und Transportschäden sowie der Frachtdiebstähle gemessen.

1.2.1 Arbeitsunfälle

Die Unfallzahlen der Mitarbeitenden in Wirtschaft und Verwaltung sind alljährlich Gegenstand des Berichtes zur „Sicherheit und Gesundheit bei der Arbeit" (SUGA). Die publizierten Zahlen basieren auf den Ergebnissen der Unfallversicherungsträger. Die Zuordnung zu den Wirtschaftszweigen folgt der Einteilung nach „NACE Rev. 2 Statistische Systematik der Wirtschaftszweige in der Europäischen Gemeinschaft" (Eurostat 2008). Der Abschnitt H umfasst die Unternehmen aus „Verkehr und Lagerei". Zu ihnen gehören die in Tabelle 1.2 genannten Wirtschaftsbranchen und -zweige (Eurostat 2008, S. 80).

Tabelle 1.2 Untergliederung des Abschnitts H „Verkehr und Lagerei"
(Quelle: Eurostat 2008, S. 80)

Abteilung	Bezeichnung	Zugehörige Gruppen (Auswahl)
49	Landverkehr und Transport in Rohrfernleitungen	Personen- und Güterbeförderung im Eisenbahnverkehr; sonstige Personenbeförderung im Landverkehr; Güterbeförderung im Straßenverkehr, Umzugstransporte; Transport in Rohrfernleitungen.
50	Schifffahrt	Personen- und Güterbeförderung in der See- und Küstenschifffahrt; Personen- und Güterbeförderung in der Binnenschifffahrt.
51	Luftfahrt	Personen- und Güterbeförderung in der Luftfahrt, Raumtransport.
52	Lagerei sowie Erbringung von sonstigen Dienstleistungen für den Verkehr	Lagerei; Erbringung von sonstigen Dienstleistungen für den Landverkehr, die Schifffahrt, den Luftverkehr; Frachtumschlag
53	Post-, Kurier- und Expressdienste	Universaldienstleistungsanbieter; sonstige Post-, Kurier- und Expressdienste

Eine Übertragung der NACE-Struktur auf die Logistik (s. Tabelle 1.1) ist nicht ohne weiteres möglich. Es ist jedoch davon auszugehen, dass die Unternehmen der Abteilungen 49, 50 und 51 zur Verkehrslogistik gerechnet werden können. Unternehmen der Abteilung 52 zählen eher zur Unternehmens- und Werklogistik.

SUGA enthält ausschließlich anzeigepflichtige Arbeitsunfälle. Dazu zählen alle Unfälle, die Mitarbeitende in Ausübung ihrer Tätigkeit erleiden und die in der Folge zu einer Arbeitsunfähigkeit von mehr als drei Kalendertagen führen (§ 193 Abs. 1 SGB VII). Durch Normierung wird eine Vergleichbarkeit erreicht. Als Bezugsgröße dient der „Vollarbeiter". Diese statistische Rechengröße entspricht einem Mitarbeitenden mit einer ganztägigen Arbeitszeit.

Bild 1.2 stellt die Entwicklung der Unfallhäufigkeit für die Unternehmen im Abschnitt "Verkehr und Lagerei" im Vergleich zu den Gesamtzahlen dar.

Es ist deutlich zu erkennen, dass die Unfallhäufigkeit im Wirtschaftsbereich „Verkehr und Lagerei" weit über dem Durchschnitt liegt. Überdies verzeichnet die Branche für 2018 einen Anstieg der Unfallhäufigkeit um 1,7 % bezogen auf 2017 und entwickelt sich damit gegenläufig zum allgemeinen Trend. Innerhalb des Wirtschaftszweigs „Verkehr und Lagerei" weist der Bereich „Landverkehr und Transport in Rohrfernleitungen" die höchsten Unfallzahlen auf, gefolgt von „Lagerei sowie Erbringung von sonstigen Dienstleistungen für den Verkehr". In diesem Bereich ist auch die Zahl der tödlichen Arbeitsunfälle am höchsten (Tabelle 1.3).

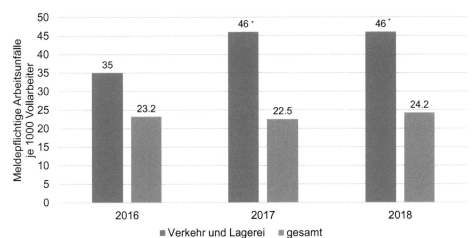

* Ab 2017 werden die Wirtschaftszweige genauer erfasst. Dadurch kommt es zu Verschiebungen insbesondere im Wirtschaftszweig „Verkehr und Lagerei".

Bild 1.2 Entwicklung meldepflichtiger Arbeitsunfälle im Wirtschaftszweig „Verkehr und Lagerei" im Vergleich zur Gesamtzahl (Quelle: BMAS 2017, S. 33; BMAS 2018, S. 91; BMAS 2020, S. 36)

Tabelle 1.3 Tödliche Arbeitsunfälle nach Wirtschaftszweigen innerhalb der Abteilung „Verkehr und Lagerei" (Quelle: BMAS 2017, S. 92; BMAS 2018, S. 188; BMAS 2020, S. 90)

Abteilung	2016	2017	2018
Landverkehr und Transport in Rohrfernleitungen	66	66	59
Schifffahrt	1	2	0
Luftfahrt	1	2	0
Lagerei sowie Erbringung von sonstigen Dienstleistungen für den Verkehr	6	7	9
Post-, Kurier- und Expressdienste	1	4	2

Neben Arbeitsunfällen lässt sich der Sicherheitsstatus auch anhand der Arbeitsunfähigkeit messen. SUGA aggregiert die Daten der Arbeitsunfähigkeiten aller gesetzlichen Krankenversicherungen und ordnet sie Wirtschaftsbereichen zu. Die Zuordnung erfolgt nach der „Klassifikation der Wirtschaftszweige" des Statistischen Bundesamtes. Dessen Gliederung folgt der Grundstruktur des NACE Rev. 2 (Tabelle 1.2). Abweichungen gibt es lediglich in den Unterklassen und den Bezeichnungen (Destatis 2008, S. 15, 16).

Die durchschnittliche Dauer der Arbeitsunfähigkeit in der deutschen Wirtschaft im Zeitraum von 2016 bis 2018 beträgt 12,3 Tage je Arbeitnehmer und Jahr. Im Wirtschaftszweig „Verkehr und Lagerei" sind die Arbeitsunfähigkeiten für denselben Zeitraum ca. 18 % höher (BMAS 2017, 2018, 2020).

Bild 1.3 zeigt die durchschnittliche Dauer der Arbeitsunfähigkeiten, aufgeschlüsselt nach Diagnosegruppen für den Wirtschaftszweig „Verkehr und Lagerei" im Vergleich zu der Gesamtwirtschaft. Die Bezeichnungen der Erkrankungen entsprechen der „Internationalen statistischen Klassifizierung der Krankheiten für die stationäre und ambulante Versorgung" (ICD 10 = International Statistical Classification of diseases – 10. Rev.).

Der Darstellung ist zu entnehmen, dass die Arbeitsunfähigkeitszeiten des Wirtschaftsbereichs „Verkehr und Lagerei" im Wesentlichen dem Durchschnitt der deutschen Wirtschaft entsprechen. Lediglich die Diagnosen „Erkrankungen des Kreislaufsystems" (Abweichung ca. 22 %), „Erkrankungen des Verdauungssystems" (Abweichung ca. 18 %) und „Verletzungen, Vergiftungen, Unfälle" (Abweichung ca. 15 %) sind überdurchschnittlich.

Überraschenderweise weichen die Arbeitsunfähigkeiten für die Erkrankungen des Muskel-Skelett-Systems kaum vom Durchschnittswert ab. Es scheint daher so, dass sich die für Transport- und Lagerarbeiten anzunehmenden körperlichen Arbeitsanforderungen nicht in höheren Ausfallzeiten bemerkbar machen.

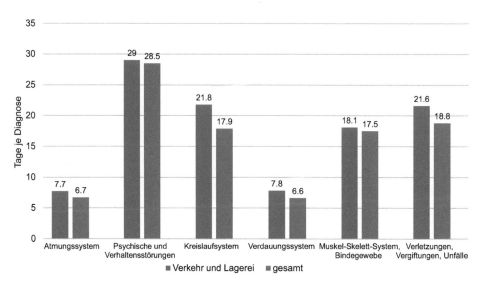

Bild 1.3 Dauer der Arbeitsunfähigkeiten je Diagnose im Vergleich zum Durchschnitt in 2018 (BMAS 2020)

Zusammenfassend ist festzustellen, dass der Wirtschaftsbereich „Verkehr und Lagerei" gemessen an den Unfallzahlen und der Dauer der Arbeitsunfähigkeiten vom Durchschnitt der Wirtschaft abweicht.

1.2.2 Güterschaden

Güterschäden lassen sich in einer Branche, in der das Transportieren, Umschlagen und Lagern zum täglichen Geschäft gehört, nicht vollkommen ausschließen. Die Ursachen sind vielfältig. Technisches Versagen, menschliche Fehlhandlungen oder höhere Gewalt durch Naturereignisse können mögliche Auslöser für einen Schaden sein. In der Regel wird das Ausmaß des Güterschadens monetär bemessen. Fällt eine Palette mit Waren aus dem Regal, dann errechnet sich die Schadenssumme aus Anzahl und Wert der beschädigten Ware. Zusätzliche Kosten entstehen, wenn es sich um Spezialteile handelt, die möglicherweise neu angefertigt werden müssen. Weitere Aufwendungen durch Liefer- und Produktionsverzögerungen sind ebenfalls denkbar. Neben dem monetären Schaden sind Imageeinbußen oder Kundenverluste zu befürchten.

Verlässliche Angaben über Schadenssummen und mögliche weitere Folgen sind nur in Einzelfällen dokumentiert. Um einen Überblick zu erhalten, bleibt daher nur die Möglichkeit der Abschätzung. Im Folgenden sollen die Versicherungsleistungen als Maßstab für den Güterschaden herangezogen werden.

In der Regel werden die Güterschäden von den Assekuranzen ausgeglichen. Eine erste Annäherung an die Schadenshöhen liefert das „Statistische Taschenbuch der Versicherungswirtschaft", das vom Gesamtverband der Deutschen Versicherungswirtschaft e. V. in regelmäßigen Abständen veröffentlicht wird (GDV 2020).

In der Sparte der Sachversicherung für Industrie, Gewerbe und Landwirtschaft ist die Anzahl der regulierten Schäden zwischen 2010 und 2018 um nahezu 19 % gestiegen (GDV 2019, S. 65). Die Schadenssummen betrugen im Jahr 2018 mehr als 6,2 Mrd. Euro (GDV 2019, S. 61). Eine Aufschlüsselung der Beträge nach Wirtschaftsbranchen erfolgt nicht. Jedoch darf sicherlich angenommen werden, dass der Schadensverlauf in der Logistikbranche nicht günstiger ist.

Dieselbe Annahme kann sicherlich auch für die Betriebsunterbrechungsversicherung getroffen werden. Sie kompensiert Schäden durch Ausfall der Wirtschaftsleistungen infolge Feuer oder Naturereignissen (GDV 2020 b). Die deutsche Versicherungswirtschaft hat im Zeitraum von 2010 bis 2018 jährlich durchschnittlich knapp 1291 Mio. Euro aufbringen müssen, um die Schäden in der Wirtschaft durch Betriebsunterbrechungen zu regulieren. Das bedeutet einen jährlichen Anstieg von durchschnittlich ca. 2,2 % (GDV 2019, S. 78). In demselben Zeitraum sind die Verträge jedoch um nahezu 53 % gestiegen (GDV, 2019, S. 64). Möglicherweise kann die Zunahme der Verträge als Indiz für eine wachsende Sensibilisierung gegenüber Betriebsunterbrechungen angesehen werden.

Die Leistungsdaten der Transportversicherungen ermöglichen eine Annäherung an die Situation in der Logistik. Transportversicherungen treten bei Schäden an Transportmitteln und Gütern ein. Überdies versichern sie auch die vertragliche oder gesetzliche Haftung der Verkehrsträger (GDV 2020 a).

Bild 1.4 zeigt den Verlauf der regulierten Leistungen in der Sparte der Transport-versicherungen zwischen 2010 und 2018. Im Vergleich zur Sachversicherung ist die Leistungshöhe moderat. Berücksichtigt man die Anzahl der Verträge, dann sind die Schadenssummen je Vertrag in der Sachversicherung im Durchschnitt deutlich höher als in der Transport- und Luftfahrtversicherung.

Ein besonderes Problem in der Logistik sind Fracht- und Ladungsdiebstähle. Eine Untersuchung des Bundesamtes für Güterverkehr aus dem Jahr 2014 beziffert die jährliche Schadenssumme durch Frachtdiebstähle auf bis zu 300 Mio. Euro (BAG 2014, S. 6). Diese Angabe beruht auf Schätzungen des GDV. Die Dunkelziffer ist jedoch hoch, denn es ist davon auszugehen, dass nicht alle Diebstähle angezeigt werden (BAG 2014, S. 6).

Auch die in den polizeilichen Statistiken veröffentlichten Fallzahlen sind nicht ver-lässlich. Es wird davon ausgegangen, dass betroffene Transportunternehmen aus zeitlichen Gründen oder aber um Imageschäden vorzubeugen, von einer Anzeige absehen. Aber auch wenn Fälle gemeldet werden, ist eine separate Erfassung nicht möglich, da Fracht- oder Ladungsdiebstähle nicht gesondert ausgewiesen werden (BAG 2014, S. 4).

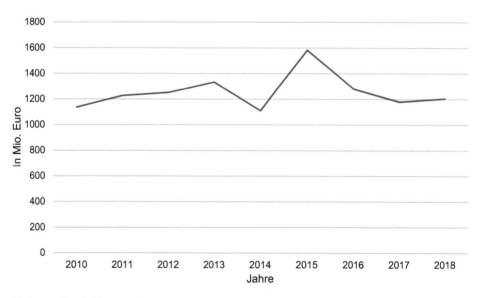

Bild 1.4 Entwicklung der Leistungen in der Transport- und Luftfahrtversicherung (Quelle: GDV 2019, S. 82)

Um den Schutz vor Fracht- und Ladungsdiebstählen zu verbessern, haben sich Hersteller, Logistikdienstleister, Frachtunternehmen und Behörden zu einer inter-nationalen Organisation zusammengeschlossen. Das Ziel der „Transported Asset Protection Association" (TAPA) ist die sichere Lieferkette. Zu diesem Zweck publi-ziert TAPA nicht nur Daten und Fakten, sondern arbeitet auch an technischen

Standards zum Schutz vor Diebstählen (TAPA 2020). Überdies unterhält TAPA ein Berichtssystem, das es den Mitgliedsunternehmen ermöglicht, Vorfälle zu melden.

Tabelle 1.4 führt Daten aus diesen Berichten zusammen und enthält die Anzahl der Delikte und die gemeldeten Schadenssummen für Deutschland im Zeitraum von 2017 bis 2019.

Tabelle 1.4 Frachtdiebstähle – Fallzahlen und Schadenssummen (Quelle: TAPA 2017, 2018, 2019, 2020)

Jahr	Anzahl der Delikte	Gesamtschadenssumme – Angabe in Euro
2016	304	5 995 223,–
2017	262	5 425 474,–
2018	142	123 278,–
2019	2905	20 699 198,–

Die jährlichen Schadenssummen weisen für den gewählten Betrachtungszeitraum eine erhebliche Schwankungsbreite auf. Einer der Gründe ist sicherlich in der Freiwilligkeit zu suchen, die der Meldung der Vorfälle zugrunde liegt. Ein weiterer Grund ist die Datenbasis, die ausschließlich die TAPA-Mitgliedsunternehmen umfasst. Dennoch vermitteln die Schadenssummen einen Eindruck von der wirtschaftlichen Bedeutung der Fracht- und Ladungsdiebstähle.

Weitere Einblicke liefert ein Blick in die Liste der Güter, die besonders häufig gestohlen werden. Bild 1.5 präsentiert die Zahlen für Deutschland im Jahr 2019.

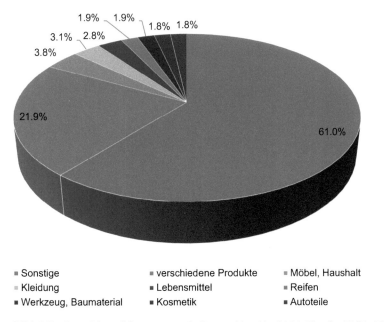

■ Sonstige   ■ verschiedene Produkte   ■ Möbel, Haushalt
■ Kleidung   ■ Lebensmittel   ■ Reifen
■ Werkzeug, Baumaterial   ■ Kosmetik   ■ Autoteile

Bild 1.5 Gestohlene Gütergruppen in Deutschland in 2019 (Quelle: TAPA 2020)

Der Darstellung ist zu entnehmen, dass die Gütergruppen stark variieren. Offensichtlich ist jedes Gut für die Diebe von Wert (TAPA 2020, S. 47). Im Allgemeinen ist jedoch davon auszugehen, dass wertvolle Güter oder Waren, die leicht absetzbar sind, häufiger gestohlen werden (BAG 2014, S. 5).

Zusammenfassend ist festzustellen, dass Güterschäden wirtschaftlich von großer Bedeutung sind. Die Leistungsdaten der deutschen Assekuranzen aus den Transportversicherungen und die von TAPA veröffentlichten Daten lassen vermuten, dass die Logistik in besonderer Weise betroffen ist.

Angesichts der wirtschaftlichen Bedeutung ist verlässliches Datenmaterial dringend erforderlich.

1.2.3 Gefahrgut

In der Gefahrgut-Logistik gehört der Umgang mit Risiken zum Tagesgeschäft. Immerhin ist es erklärtes Anliegen der Unternehmen, Mensch und Umwelt vor Gefahren zu schützen. Wie gut das in der Vergangenheit gelungen ist, zeigt ein Blick auf die Unfallstatistik.

Gefahrgüter werden von allen Verkehrsträgern befördert. Berücksichtigt man die jährlichen Transportmengen, dann zeigt sich, dass der Großteil der Transporte über die Straße erfolgt (s. Bild 1.6). Es ist daher davon auszugehen, dass das Unfallgeschehen im Straßenverkehr dominiert.

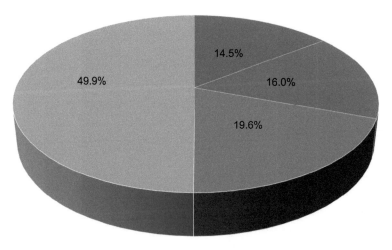

■ Seeverkehr   ■ Binnenschifffahrt   ■ Eisenbahnverkehr   ■ Straßenverkehr

Eisenbahnverkehr inklusive Beförderung radioaktiver Gefahrgüter; ansonsten ohne Berücksichtigung

Bild 1.6 Anteil der Gefahrguttransportmengen nach Verkehrsträgern in 2016 (Quelle: Destatis 2019, S. 6)

Der Blick auf die im Straßenverkehr bewegten Gefahrgüter zeigt, dass es sich überwiegend um entzündbare Flüssigkeiten und um ätzende Stoffe handelt (s. Tabelle 1.5). Von beiden Gefahrgütern geht ein ernstzunehmendes Umweltrisiko aus, das dann besonders hoch ist, wenn es zu einem Verkehrsunfall kommt.

Tabelle 1.5 Gesamttransportmenge nach Gefahrklassen im Straßenverkehr in 2016 (Quelle: Destatis 2019, S. 21)

Gefahrklasse	Anteil in %
Klasse 1 Explosive Stoffe und Gegenstände mit Explosivstoff	0,6
Klasse 2 Gase	9,1
Klasse 3 Entzündbare flüssige Stoffe	64,4
Klasse 4.1 Entzündbare feste Stoffe, selbstzersetzliche Stoffe, polymerisierende Stoffe und desensibilisierte explosive feste Stoffe	4,5
Klasse 4.2 Selbstentzündliche Stoffe	2,4
Klasse 4.3 Stoffe, die in Berührung mit Wasser entzündbare Gase entwickeln	0,1
Klasse 5.1 Entzündend (oxidierend) wirkende Stoffe	1,0
Klasse 5.2 Organische Peroxide	unter 0.1
Klasse 6.1 Giftige Stoffe	3,3
Klasse 6.2 Ansteckungsgefährliche Stoffe	unter 0,1
Klasse 7 Radioaktive Stoffe	–
Klasse 8 Ätzende Stoffe	10,0
Klasse 9 Verschiedene gefährliche Stoffe und Gegenstände	4,6

Die Verkehrsunfallstatistik der Bundesanstalt für das Straßenwesen (BASt) liefert Informationen über die Anzahl der Verkehrsunfälle, bei denen Gefahrguttransporte beteiligt sind. Im Zeitraum von 2017 bis 2019 beträgt der Anteil der Gefahrgutunfälle an der Gesamtstatistik unterhalb von einem Prozent (BASt 2019). Damit lässt sich feststellen, dass die Risiken für die Umwelt gemessen an den Gefahrgutunfällen gering sind. Offenbar gelingt es den Unternehmen gut, ihren Anspruch an einen risikoarmen Einsatz in die Praxis umzusetzen.

1.2.4 Schlussfolgerungen

Die Analyseergebnisse vermitteln einen ersten Eindruck über den Sicherheitsstatus in der Logistik. Dieser ist ambivalent.

Auf der einen Seite gelingt es den Logistikunternehmen offenbar sehr gut, die Ansprüche der Gesellschaft an sichere Prozesse und Verfahren zu erfüllen. Am Beispiel der Gefahrgutbeförderung wird deutlich, dass Prozesse mit einem sehr hohen Risikopotenzial sicher gehandhabt werden können. Die Beteiligung von Gefahrguttransporten an Verkehrsunfällen ist gering. Dementsprechend gering sind auch die Auswirkungen auf die Umwelt.

Auf der anderen Seite zeichnet sich ein deutlicher Handlungsbedarf ab. Dieser kann insbesondere bei der Verbesserung der Sicherheit und der Gesundheit der Mitarbeitenden gesehen werden. Die überdurchschnittlichen Unfallzahlen sind nicht nur Ausdruck enormer Risiken, sondern sollten auch als Aufforderung zur Reaktion aufgefasst werden. Angesichts der demographischen Entwicklung und des sich andeutenden Fachkräftemangels ist davon auszugehen, dass sich der Handlungsdruck erhöht.

Eine vergleichbare Schlussfolgerung lässt sich auch aus den Analysen der Güterschäden ziehen. Besondere Aufmerksamkeit verdient der Schutz vor Diebstählen. Dabei geht es nicht nur darum, den monetären Schaden zu begrenzen. In Anbetracht dessen, dass ein Schaden an den Gütern auch mittelbare Auswirkungen haben kann, sind die Maßnahmen auch im Hinblick auf den Erhalt der betrieblichen Leistungsfähigkeit und der Kundenbindung zu bewerten.

Die Schlussfolgerungen stehen unter großem Vorbehalt. Die zur Bestimmung herangezogenen Indikatoren bilden nur einen Teil der tatsächlichen Verhältnisse ab. Deren Auswahl ist vor allem praktischen Erwägungen geschuldet, die im Zusammenhang mit der Zulänglichkeit der Daten stehen. Um den Unternehmen eine verlässliche Orientierung geben zu können, sind ergänzende Erhebungen und vertiefende Analysen erforderlich. Solange diese nicht vorliegen, bleibt den Unternehmen nur die Möglichkeit, interne Daten auszuwerten.

■ 1.3 Herausforderungen

Die Wirtschaft befindet sich im Wandel. Große Veränderungen kündigen sich an, die mit den Schlagworten „Industrie 4.0", „Logistik 4.0" oder „Arbeiten 4.0" umschrieben werden. Unabhängig von der Wahl des Begriffes geht es um eine Anpassung der Produktion mit dem Ziel, flexibel auf Kundenwünsche zu reagieren und diese in Echtzeit umzusetzen (BMAS 2017 a, S. 200). Industrie 4.0 bezeichnet den vorläufigen Status einer Entwicklung, die sich rückblickend stufenweise vollzogen hat (Ganscher, Spath 2013, S. 22). Bild 1.7 zeigt die Entwicklungsstufen.

Cyber-physische Systeme sind das zentrale Kennzeichen der Industrie 4.0. Unter diesem Begriff wird die Verknüpfung von Maschinen und Informationen verstanden, so dass eine direkte Kommunikation zwischen den Maschinen möglich ist (BMAS 2017 a, S. 199). Auf diese Weise entstehen vollkommen neue Produktionsweisen, die sich auch auf die Logistik auswirken. Es ist davon auszugehen, dass der Grad der Automatisierung und der Autonomie zunimmt (Bousonville 2017,

S. 8, 9; Schwemmer, Pflaum 2018, S. 7). Aber auch die Arbeit wird sich verändern. Viele Tätigkeiten werden zukünftig von Maschinen übernommen. Die Anforderungen an Arbeit und Arbeitsinhalte verschieben sich (BMAS 2017 a, S. 198).

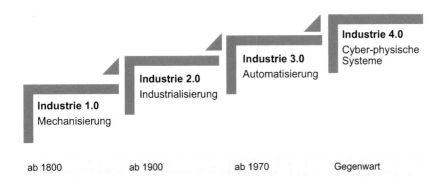

Industrie 4.0
Cyber-physische Systeme

Industrie 3.0
Automatisierung

Industrie 2.0
Industrialisierung

Industrie 1.0
Mechanisierung

ab 1800   ab 1900   ab 1970   Gegenwart

Bild 1.7 Entwicklungsstufen auf dem Weg zur Industrie 4.0

Technologische Entwicklungen und gesellschaftliche Trends sind die Antreiber auf dem Weg zur Industrie 4.0. Im Einzelnen können folgende Einflussgrößen benannt werden (BMAS 2017 a, S. 18):

- Digitalisierung

  Die Weiterentwicklung der Informations- und Kommunikationstechnologie ist die Voraussetzung für das „Internet der Dinge". Darunter wird die Verknüpfung physischer Objekte mit dem Internet verstanden (BMAS 2017 a, S. 201). Maschinen, Anlagen und Produkte werden mit Sensoren ausgestattet, die Daten erfassen und in Echtzeit weiterleiten. Auf diese Weise ist es im Unterschied zur Simulation möglich, die reale Welt mit der virtuellen zu verknüpfen. Das Gesamtsystem ist nunmehr in der Lage, sich selbst zu steuern, um ein vorher festgelegtes Ziel zu erreichen. Verknüpfte Maschinen kommunizieren miteinander, indem sie erforderliche Informationen an die nachfolgenden Maschinen weiterleiten. Die Maschinen stellen sich selbsttätig auf den nächsten Produktionsgang ein. So ist die Fertigung sehr kleiner Losgrößen auch unter wirtschaftlichen Gesichtspunkten möglich (Ganscher, Spath 2013, S. 22). Aus der Analyse der übermittelten Daten lassen sich möglicherweise zusätzliche Erkenntnisse ziehen, die wiederum Grundlage für neue Geschäftsmodelle sein können (Bousonville 2017, S. 10).

  Die Digitalisierung wirkt sich bereits jetzt auf die Logistik aus. Automatisierte Flurförderzeuge, die sich selbstständig durch das Lager bewegen, Güterfahrzeuge, die vom Disponenten aufgrund der automatischen Standortmeldungen gelenkt werden, und der Einsatz von Track-and-Trace-Systemen zur Güternachverfolgung sind nur einige der vielen Anwendungsbeispiele. Zukünftig ist

es nicht ausgeschlossen, dass der Materialtransport mit der Produktion verknüpft wird, so dass am Ende der Fertigungskette das geeignete Ladehilfs-
mittel bereitsteht, das dann von einem automatisierten Flurförderzeug selbstständig in das automatisierte Lager oder aber zum Versand befördert wird.

▪ Demographischer Wandel

Der Altersaufbau der Bevölkerung hat sich in den zurückliegenden Jahren
deutlich verändert. Der Anteil der Älteren an der Bevölkerung hat stetig zuge-
nommen. Gleichzeitig sank die Zahl der Jüngeren. Bei einer nahezu stabilen
Bevölkerungszahl führt diese Entwicklung zu einer Abnahme der Bevölkerung
im erwerbsfähigen Alter (Bild 1.8). Und dieser Prozess ist noch nicht am Ende.
Es wird damit gerechnet, dass der Anteil der Bevölkerung im erwerbstätigen
Alter bis 2035 weiter schrumpft (Destatis 2019 a, S. 22).

In der Vergangenheit konnte der Rückgang der Erwerbsbevölkerung durch die
verstärkte Erwerbsbeteiligung älterer Menschen und Frauen ausgeglichen
werden. Inwieweit das zukünftig noch möglich sein wird, ist ungewiss. Ein
Fachkräftemangel zeichnet sich ab (BMAS 2017 a, S. 29).

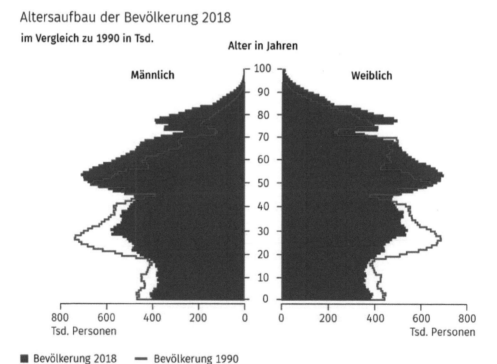

Bild 1.8 Altersaufbau der Bevölkerung 2018 im Vergleich zu 1990 (Quelle: Destatis 2019 a)

In der Logistik ist diese Entwicklung bereits spürbar. In einer Befragung der Bundesvereinigung Logistik (BVL) vom Juli 2017 unter 112 Unternehmen aus Logistik, Handel und Industrie äußerten sich 90 % der Unternehmen dahingehend, dass der Fachkräftemangel sich bereits bemerkbar oder sogar stark bemerkbar macht (BVL 2017),

■ Kultureller Wandel

Die gesellschaftlichen Ansprüche an die Arbeit verändern sich. Die Mitarbeitenden verlangen nach mehr Zeitsouveränität, um Familie und Beruf unter einen Hut zu bringen. Gleichzeitig verändern sich die Konsumgewohnheiten. Die Konsumenten sind es gewohnt, nahezu alles und das jederzeit im Internet erwerben zu können. Überdies nimmt der Wunsch nach einem nachhaltigen Leben zu. Ökologisch nachhaltige Produkte sind ebenso gefragt wie nachhaltige Dienstleistungen (Weißbuch 2017 a, S. 39).

Die Logistik trifft dieser Trend besonders. Sie muss auf diese Ambivalenz reagieren. Auf der einen Seite geht es darum, die Ansprüche der Kunden zu erfüllen, indem sie 24 Stunden am Tag und an allen Tagen der Woche zur Verfügung steht. Auf der anderen Seite müssen die Dienstleistungen nachhaltig erfolgen (Schwemmer, Pflaum 2018, S. 6).

Die skizzierten Trends und Entwicklungen werden die Sicherheitsarbeit in der Logistik beeinflussen. Dabei lassen sich folgende Handlungsschwerpunkte ableiten:

1. Sichere und menschengerechte Gestaltung der technischen Systeme

Die Digitalisierung wird zu einer weiteren Automatisierung in der Logistik führen. Tätigkeiten, die bislang noch von Menschen ausgeführt werden, werden schrittweise durch Maschinen ersetzt. Dort, wo dieses nicht oder noch nicht möglich ist, werden Menschen gemeinsam mit Maschinen arbeiten oder sich auf technische Systeme verlassen müssen. Diese Umstellung kann nur gelingen, wenn Maschinen und Anlagen sicher und zuverlässig funktionieren. Hierzu ist das technische Sicherheitsniveau festzulegen und die Zusammenarbeit menschengerecht zu gestalten. Ziel ist es, die Mitarbeitenden vor unfallbedingten Verletzungen zu schützen und gleichzeitig die Zuverlässigkeit der Leistungsprozesse zu gewährleisten.

2. Gesundheitsschutz der Mitarbeitenden

Die Digitalisierung der Arbeitsprozesse führt zu Änderungen der Arbeitsbedingungen. Physische Belastungen nehmen ab, Anforderungen an die Aufmerksamkeit und Kommunikation steigen. In der Folge ist eine Zunahme psychischer Belastungen zu erwarten (Klump 2019, S. 73; Kretschmer 2017, S. 540). Zu den Aufgabenschwerpunkten der Sicherheit muss es daher gehören, psychosoziale Bedingungen zu analysieren und daraus Maßnahmen des Gesundheitsschutzes und der Gesundheitsförderung abzuleiten.

3.   Bewältigung der Folgen des demographischen Wandels

Die Logistik ist von den Auswirkungen des demographischen Wandels stärker betroffen als andere Branchen. Eine der Ursachen ist die Heterogenität unter den Mitarbeitenden. Einer hohen Zahl an gewerblichen Mitarbeitenden steht nur ein vergleichsweise geringer Akademikeranteil gegenüber (Schroven 2015, S. 24). Einem drohenden Fachkräftemangel kann begegnet werden, indem die Attraktivität der Arbeitsbedingungen für Berufsanfänger verbessert wird (Schroven 2015, S. 25). Hierzu gehört auch die Schaffung von Arbeitsbedingungen, die eine Flexibilisierung der Arbeit nach Zeit und Raum ermöglichen. Eine weitere Option ist es, ältere Arbeitnehmer länger im Arbeitsprozess zu halten (Schroven 2015, S. 25). Dazu sind Anstrengungen zur Verbesserung der Arbeitsfähigkeit notwendig (Large, Breitling 2015, S. 11).

Sowohl die Flexibilisierung der Arbeit als auch der Erhalt der Arbeitsfähigkeit bestimmen die Ausrichtung und Inhalte der zukünftigen Sicherheitsarbeit.

4.   Gewährleistung der betrieblichen Leistungsfähigkeit

Die Digitalisierung wird zu einer engeren Vernetzung der Lieferketten und zu einer Erhöhung der Abhängigkeiten führen. Der Ausfall eines Akteurs kann empfindliche Auswirkungen auf die Leistungsfähigkeit der gesamten Lieferkette haben. Aus diesem Grunde ist der Aufbau resilienter Lieferketten notwendig. Zu den Aufgaben der Sicherheit muss es daher gehören, kritische Prozesse zu identifizieren und durch geeignete Maßnahmen widerstandsfähiger zu gestalten. Dabei dürfen sich die Risiken nicht auf technologische Ursachen beschränken. Menschliche Eingriffe (z. B. Diebstahl, Terrorismus, Angriffe) sind ebenso zu berücksichtigen wie Naturereignisse.

5.   Nachhaltigkeit der Dienstleistungen

Nachhaltige Dienstleistungen in der Logistik erfordern eine Umstellung auf nachhaltige Antriebsenergien (z. B. Elektroantriebe, Einsatz von Wasserstoff). Besonders in der Übergangsphase können dadurch neue Risiken für Mitarbeitende und Umwelt entstehen. Die Sicherheitsleistung wird sich daran messen lassen müssen, inwieweit es gelingt, diese Risiken rechtzeitig zu erkennen und durch Maßnahmen entgegenzuwirken.

Zusammenfassend ist festzustellen, dass die Bedeutung der Sicherheit in den Unternehmen zunehmen wird. Insbesondere die Unternehmensleitungen und die Führungskräfte sind gefordert, sich den kommenden Herausforderungen zu stellen. Eine erfolgreiche Bewältigung setzt Risikokompetenz und Risikobewusstsein voraus.

Literatur

Arnold D. et al. 2008. *Handbuch Logistik.* Berlin: Springer Verlag, 2008.

BAG. 2014. Marktbeobachtung Güterverkehr Diebstähle im Transportbereich. [Online] 12 2014. [Zitat vom: 19.05.2020.] https://www.bag.bund.de/SharedDocs/Downloads/DE/Marktbeobachtung/Sonderberichte/SB_Diebstahl.pdf?__blob=publicationFile.

BASt. 2019. Straßenverkehrsunfälle beim Transport gefährlicher Güter. [Online] 2019. [Zitat vom: 22.05.2020.] https://www.bast.de/BASt_2017/DE/Statistik/Unfaelle/Gefahrgutunfaelle.pdf?__blob=publicationFile&v=8.

BMAS. 2017 a. Bundesministerium für Arbeit und Soziales. *Weißbuch Arbeiten 4.0.* [Online] März 2017 a. [Zitat vom: 27.November 2019.] https://www.bmas.de/SharedDocs/Downloads/DE/PDF-Publikationen/a883-weissbuch.pdf;jsessionid=98709BC06ECF32B07FC58709F611EEC4?__blob=publicationFile&v=9.

—. **2018.** Sicherheit und Gesundheit bei der Arbeit – Berichtsjahr 2017 Unfallverhütungsbericht Arbeit. [Online] 2018. [Zitat vom: 15.05.2020.] https://www.baua.de/DE/Angebote/Publikationen/Berichte/Suga-2017.pdf?__blob=publicationFile&v=14.

—. **2020.** Sicherheit und Gesundheit bei der Arbeit – Berichtsjahr 2018 Unfallverhütungsbericht Arbeit. [Online] 12 2020. [Zitat vom: 27.03.2020.] https://www.baua.de/DE/Angebote/Publikationen/Berichte/Suga-2018.pdf?__blob=publicationFile&v=8.

—. **2017.** Sicherheit und Gesundheit bei der Arbeit – Berichtsjahr 2016 Unfallverhütungsbericht Arbeit. [Online] 2017. [Zitat vom: 15.05.2020.] https://www.baua.de/DE/Angebote/Publikationen/Berichte/Suga-2016.pdf?__blob=publicationFile&v=15.

BMI. (2009). Nationale Strategie zum Schutz Kritischer Infrastrukturen (KRITIS-Strategie). Berlin.

Bousonville, T. 2017. *Logistik 4.0. Die Digitale Transformation der Wertschöpfungskette.* Wiesbaden: Springer Gabler, 2017.

BVL. 2017. Fachkräftemangel in der Logistik – BVL Umfrage von 2017. [Online] Bundesvereinigung Logistik, 07 2017. [Zitat vom: 22.05.2020.] https://www.bvl.de/dossiers/arbeitgeber-logistik/umfrage-fachkraeftemangel-2017#Berufsgruppe.

—. **2020.** Logistikumsatz und Beschäftigung Bedeutung der Logistik für die deutsche Wirtschaft. [Online] Bundesvereinigung, 06.01.2020. [Zitat vom: 15.05.2020.] https://www.bvl.de/service/zahlen-daten-fakten/umsatz-und-beschaeftigung.

Destatis. 2019 a. Bevölkerung im Wandel Annahmen und Ergebnisse der 14. koordinierten Bevölkerungsvorausberechnung. [Online] 27.06.2019 a. [Zitat vom: 21.05.2020.] file:///C:/Users/Uwe/Downloads/pressebroschuere-bevoelkerung.pdf.

—. **2019.** Fachserie 8 Reihe 1.4 Verkehr Gefahrguttransporte Ergebnisse der Gefahrgutschätzung. [Online] 29.03.2019. [Zitat vom: 20.05.2020.] https://www.destatis.de/DE/Themen/Branchen-Unternehmen/Transport-Verkehr/Publikationen/Downloads-Querschnitt/gefahrguttransporte-2080140167004.pdf?__blob=publicationFile.

—. **2008.** Klassifikation der Wirtschaftszweige Mit Erläuterungen. [Online] 12 2008. [Zitat vom: 15.05.2020.] https://www.destatis.de/static/DE/dokumente/klassifikation-wz-2008-3100100089004.pdf.

Eurostat. 2008. NACE Rev. 2 Statistische Systematik der Wirtschaftszweige in der Europäischen Gemeinschaft. [Online] 2008. [Zitat vom: 15.05.2020.] https://ec.europa.eu/eurostat/documents/3859598/5902453/KS-RA-07-015-DE.PDF.

Ganscher, O., Spath, D. 2013. *Produktionsarbeit der Zukunft – Industrie 4.0.* Stuttgart: Fraunhofer-Verlag, 2013.

GDV. 2020 b. Betriebsunterbrechungsversicherung. [Online] Gesamtverband der Deutschen Versicherungswirtschaft e.V., 2020 b. [Zitat vom: 18.05.2020.] https://www.gdv.de/de/medien/services/glossar?letter=B#betriebsunterbrechungsversicherung.

—. **2020 a.** Glossar „Transportversicherung". [Online] Gesamtverband der Deutschen Versicherungswirtschaft e. V., 2020 a. [Zitat vom: 18. 05. 2020.] https://www.gdv.de/de/medien/services/glossar? letter=T#transportversicherung.

—. **2019.** Statistisches Taschenbuch der Versicherungswirtschaft 2019. [Online] 08 2019. [Zitat vom: 18. 05. 2020.] https://www.gdv.de/resource/blob/50214/29985281b05d0ce23240d7b7bdff57cd/down load–statistisches-taschenbuch-2019-data.pdf.

—. **2020.** Wer wir sind. [Online] Gesamtverband der Deutschen Versicherungswirtschaft e. V. , 2020. [Zitat vom: 19. 05. 2020.] https://www.gdv.de/de/ueber-uns/wer-wir-sind/der-gdv-23856.

Klumpp, M. et al. 2019. Arbeitswelten der Logistik im Wandel – Gestaltung digitalisierter Arbeit im Kontext des Internet der Dinge und von Industrie 4.0. [Buchverf.] B., Heupel, T., Fichtner-Rosada, S. (Hrsg.) Hermeier. *Arbeitswelten der Zukunft Wie die Digitalisierung unsere Arbeitsplätze und Arbeitsweisen verändert.* Wiesbaden: Springer Gabler, 2019.

Koether, R. 2011. Logistik als Managementaufgabe. [Buchverf.] Reinhard Koether (Hrsg.). Taschenbuch der Logistik. München: Carl Hanser Verlag, 2011.

Krampe, H., Lucke, H.-J. 2012. Einführung in die Logistik. [Buchverf.] H., Lucke, H.-J., Schenk, M. Krampe. *Grundlagen der Logistik Theorie und Praxis logistischer Systeme.* München: HUSS-VERLAG, 2012.

Kretschmer, V. 2017. Belastungsschwerpunkte von Erwerbstätigen in der Intralogistik. *sicher ist sicher.* 2017, 12, S. 536 ff.

Large, R. O., Breitling, T. 2015. *Stuttgarter Bericht zur Arbeitswelt Logistik Arbeitssituation in der Logistik und die Effekte des demographischen Wandels.* Stuttgart: Books on Demand, 2015.

Schroven, A. 2015. Demographischer Wandel – Herausforderung für die Logistik. [Buchverf.] P. H. Voß. *Logistik – eine Industrie, die (sich) bewegt.* Wiesbaden: Springer Gabler, 2015.

Schulte, C. 2017. *Logistik Wege zur Optimierung der Supply Chain.* München: Franz Vahlen GmbH, 2017. ISBN 9783800651184.

Schwemmer, M., Pflaum, A. 2018. *TOP 100 der Logistik Marktgrößen, Marktsegmente und Marktführer.* Hamburg: DVV Media Group GmbH, 2018.

SGB VII. 2019. Das Siebte Buch Sozialgesetzbuch – Gesetzliche Unfallversicherung – (Artikel 1 des Gesetzes vom 7. August 1996, BGBl. I S.1254), zuletzt geändert durch Artikel 9 des Gesetzes vom 06. Mai 2019 ((BGBl. I S. 646). 2019.

TAPA. 2018. Incident Information Service (IIS) Annual Report 2017. [Online] [Zitat vom: 19. 05. 2020.] https://www.tapa-global.org/login.html?redirect_url=%2Fintelligence%2Fiis-bulletins%2Fiis-annu al-reports.html.

TAPA. 2019. Incident Information Service (IIS) Annual Report 2018. [Online] [Zitat vom: 19. 05. 2020.] https://www.tapa-global.org/login.html?redirect_url=%2Fintelligence%2Fiis-bulletins%2Fiis-annu al-reports.html.

TAPA. 2020. Incident Information Service (IIS) 2019 Annual Report. [Online] [Zitat vom: 19. 05. 2020.] https://www.tapa-global.org/login.html?redirect_url=%2Fintelligence%2Fiis-bulletins%2Fiis-annu al-reports.html.

TAPA. 2020. ABOUT TAPA. [Online] The Transported Asset Protection Association, 2020. [Zitat vom: 19. 05. 2020.] The Transported Asset Protection Association.

2 Grundlagen der Sicherheit

Über Sicherheit wird häufig erst dann gesprochen, wenn es zu einem Schaden gekommen ist. Plötzlich wird den Verantwortlichen und den Mitarbeitenden in den Unternehmen bewusst, dass Sicherheit nicht selbstverständlich ist. Diese Feststellung trifft nicht nur auf Unternehmen zu, sondern das Muster zeigt sich auch in der öffentlichen Wahrnehmung.

Die Diskussionen über die Sicherheit bestätigen damit im Grunde genommen Maslows Bedürfnispyramide. Sicherheit zählt zu den Grundbedürfnissen des Menschen (Maslow, 1943, S. 5). Doch was ist eigentlich Sicherheit? Und wie kommt es zur „Unsicherheit"?

Diese und weitere Fragen sollen im folgenden Kapitel beantwortet werden. Zunächst wird eine Definition der „Sicherheit" vorgestellt und Merkmale erörtert, an denen die Sicherheit festgemacht werden kann. Es folgen Antworten auf die Fragen, wie es zu Unsicherheit kommt und was die Quellen sind.

■ 2.1 Sicherheit und Schaden

Mit der Sicherheit ist es so wie mit dem persönlichen Geschmack: Jeder hat eine andere Vorstellung davon. Diese Feststellung gilt sicherlich auch in den Unternehmen, wenn unterschiedliche Interessengruppen über den Status der betrieblichen Sicherheit sprechen. Da gibt es die Gruppe, der die Sicherheit nicht weit genug geht und die auf weitere Maßnahmen setzt. Wiederum andere halten die getroffenen Maßnahmen für überzogen und weisen darauf hin, dass schon seit geraumer Zeit nichts passiert sei. Folgt man dieser Diskussion, stellt sich die Frage, warum es zu diesen unterschiedlichen Einschätzungen kommt. Ist Sicherheit nicht eine absolute Größe, deren Bedeutung und Wert unabhängig von der eigenen Einstellung ist? Offensichtlich sind die Zusammenhänge deutlich vielschichtiger. Eine Definition der Sicherheit kann zur Klärung beitragen.

Eine Legaldefinition der Sicherheit gibt es nicht. Es findet sich jedoch eine Begriffsbestimmung in der vom Deutschen Institut für Normung e. V. (DIN) veröffentlichten Norm zum Thema „Normungsarbeit-Teil 12: Leitfaden für die Aufnahme von Sicherheitsaspekten in Normen". Sicherheit wird verstanden als:

> „Freiheit von unvertretbarem Risiko"

DIN 820-12:2014-06

Und zum Begriff des Risikos heißt es in derselben Norm:

> „Kombination der Wahrscheinlichkeit eines Schadenseintritts und seines Schadensausmaßes"

DIN 820-12:2014-06

DIN 820-12 geht zurück auf den Leitfaden „ISO Guide 51" der Internationalen Organisation für Normung (ISO). ISO Guide richten sich an Normensetzer mit dem Ziel, Hinweise zur Anwendung zu geben (ISO, 2019). Dieses Ziel verfolgt auch ISO Guide 51, indem es wichtige Begriffe der Sicherheit definiert und die Normensetzer anhält, diese bei der Erarbeitung weiterer Normen zu berücksichtigen (ISO Guide 51, 2014). Die Übernahme des ISO Guide 51 in das DIN-Regelwerk lässt auf eine breite Akzeptanz der Inhalte schließen. Daher ist es sicherlich erlaubt, aus den zitierten Definitionen allgemeingültige Schlussfolgerungen zu ziehen.

Sicherheit ist keine „absolute" Größe. Das ist eine Erkenntnis, die sich aus den zitierten Definitionen ableiten lässt. Sicherheit ist das Ergebnis einer Bewertung, die das Risiko in vertretbar und unvertretbar unterteilt. In der Arbeitssicherheit wird der unvertretbare Teil des Risikos als „Gefahr" oder aber „Gefahrenbereich" bezeichnet (Kahl, 2009, S.69; BAuA DGUV, 2016, S.51). Bild 2.1 verdeutlicht den Zusammenhang zwischen den Begriffen.

Bild 2.1
Zusammenhang– Sicherheit –
Gefahr – Risiko

Folgt man dieser Definition, so führt dies zur Frage, welche Kriterien einer Bewertung zugrunde gelegt werden. Auch hierzu äußert sich die zitierte Norm, indem sie das „vertretbare Risiko" definiert als

> „Risiko, das in einem bestimmten Zusammenhang nach den gültigen Wertvorstellungen der Gesellschaft akzeptiert wird"

DIN 820-12:2014-06

Durch diese Definition wird die allgemeine Wahrnehmung zum Begriff der Sicherheit wiedergegeben. Kontrovers geführte Diskussionen über die Sicherheit lassen sich daher als Ringen um unterschiedliche Wertvorstellungen auffassen. Am Ende der durchaus notwendigen Diskussionen sollte jedoch ein Ergebnis stehen, das bestenfalls durch die Formulierung eines gemeinsamen Sicherheitsziels beschrieben wird.

Notwendige Voraussetzung für die Einigung auf ein Sicherheitsziel ist ein gemeinsames Verständnis für den Schaden. Immerhin ist die Sicherheit über den Risikobegriff mit dem Schaden verbunden. Um ein vertretbares Risiko bestimmen zu können, ist es wichtig, mögliche Beurteilungskriterien für das Schadensausmaß zu kennen.

Grundsätzlich kann ein Schaden an Personen, Umwelt oder an Gütern festgemacht werden (DIN 820-12:2014, S. 11). Die Risikodefinition verlangt jedoch nach einer Konkretisierung des Schadenausmaßes. Hierzu kommen folgende Kriterien in Frage:

- Personenschaden

  Als Indikator für einen Personenschaden eignen sich unfallbedingte Verletzungen oder Erkrankungen.

  Unfallbedingte Verletzungen treten als Folge plötzlicher Ereignisse auf. Sie führen unmittelbar oder mit einem geringen Zeitverzug zum Tod oder zu einer Gesundheitsbeeinträchtigung (§ 7 Abs. 1 Satz 2 SGB VII). Die Schwere der Verletzungen lässt sich durch die Dauer der Arbeitsunfähigkeit oder durch die Dauer der Behandlungsbedürftigkeit beschreiben.

  Im Unterschied zu den unfallbedingten Verletzungen tritt die Erkrankung erst mit einer zeitlichen Verzögerung auf. Sie kann auf ein einmaliges Ereignis zurückzuführen sein oder aber ihre Ursache in einer wiederholten Exposition haben. Die Schwere der Erkrankung lässt sich sowohl durch die Art der Erkrankung als auch durch die Dauer der Behandlungsbedürftigkeit bestimmen.

  Unfälle und Erkrankungen, die sich Mitarbeitende im Unternehmen während des Arbeitsprozesses zuziehen, werden als Arbeitsunfälle bzw. arbeitsbedingte Erkrankungen bezeichnet. Arbeitsunfälle werden nach „tödlich" und „nicht tödlich" unterschieden. Ein tödlicher Arbeitsunfall liegt vor, wenn der Mitarbeiter innerhalb eines Jahres an den Folgen des Unfallereignisses verstirbt (Artikel 1 Nr. a VO (EU) 349/2011). Die nicht tödlichen Arbeitsunfälle werden nach Dauer der Arbeitsunfähigkeit unterteilt. Arbeitsunfälle mit einer Arbeitsunfähigkeit von mehr als drei Kalendertagen werden als anzeigepflichtige Arbeitsunfälle bezeichnet und sind vom Unternehmen an den zuständigen Unfallversicherungsträger zu melden (§ 193 Abs. 1 SGB VII).

Als arbeitsbedingt werden alle Erkrankungen angesehen, die in einem ursächlichen Zusammenhang mit den Arbeitsbedingungen stehen (§ 2 ArbSchG; dazu Pieper, 2009, § 2 RdNr. 6). Sie werden unterteilt nach den Berufskrankheiten und nach anderen arbeitsbedingten Erkrankungen. Bei den Berufskrankheiten handelt es sich um eine gesetzlich festgelegte Gruppe von Erkrankungen, die in der Anlage zur Berufskrankheiten-Verordnung aufgeführt sind (§ 1 BKV). Alle anderen Erkrankungen mit einem ursächlichen Bezug zur Arbeit werden als „andere arbeitsbedingte Erkrankungen" bezeichnet. Die Übergänge zwischen den arbeitsbedingten Erkrankungen und den sonstigen Krankheiten sind fließend.

Bild 2.2 verdeutlicht den Zusammenhang zwischen Krankheiten, arbeitsbedingten Erkrankungen und Berufskrankheiten.

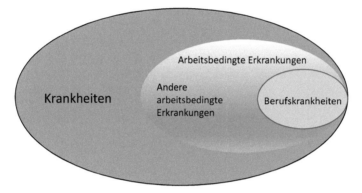

Bild 2.2   Zusammenhang Krankheiten – arbeitsbedingte Erkrankungen

Das Schadensausmaß einer Berufskrankheit wird durch die Art der Erkrankung festgelegt. Das Schadensausmaß anderer arbeitsbedingter Erkrankungen wird in der Regel nicht gesondert ermittelt, sondern ist Bestandteil der Erfassung betrieblicher Ausfallzeiten.

- Umweltschaden

Der Umweltschaden ist im Unterschied zum Personenschaden deutlich schwieriger zu bestimmen. Einer der Gründe ist die Vielzahl möglicher Indikatoren, die Auskunft über das Ausmaß des Umweltschadens geben können. Neben den Umweltkompartimenten Boden, Wasser und Luft lassen sich Umweltschäden auch an den Auswirkungen auf Menschen, Flora und Fauna bemessen (DIN EN ISO 14001, 2015, S. 16). Eine umfassende Ermittlung eines Umweltschadens würde daher bedeuten, die Auswirkungen eines Ereignisses auf alle genannten Indikatoren zu prüfen.

Dabei trifft man sofort auf die nächste Schwierigkeit. Die Indikatoren stehen in einer natürlichen Wechselwirkung zueinander. Jede Veränderung eines Indi-

kators kann Auswirkungen auf andere Indikatoren haben. So hat beispielsweise die Bodenbeschaffenheit über die Nahrungsaufnahme Folgen für Mensch
und Tier. Bild 2.3 stellt die möglichen Wechselwirkungen zwischen den Um-
weltindikatoren am Beispiel stofflicher Freisetzungen dar.

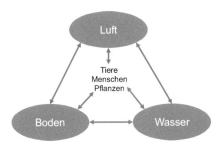

Bild 2.3
Transportvorgänge bei stofflichen Freisetzungen (nach Eisenbrand u. a., 2005, S. 296)

Neben stofflichen Freisetzungen können auch physikalische Einwirkungen
Schäden für die Umwelt hervorrufen. Nach Bundesimmissionsschutzgesetz
zählen insbesondere Geräusche, Erschütterungen, Licht, Wärme und Strahlen
dazu (§ 3 Abs. 2 BImSchG).

Eine Bestimmung der Schadenshöhe erfolgt in der Regel durch Vergleich ge-
messener oder abgeschätzter Werte mit entsprechenden Grenzwerten. Dabei
ist der Unterschied zwischen Emissionen und Immissionen zu berücksichtigen.
Emissionen bezeichnen die Menge der Freisetzungen am Ort der Entstehung.
Immissionen werden dagegen am Ort der Einwirkung bestimmt.

 Praxisbeispiel: Emissionen – Immissionen

Ein Auto, das mit einem herkömmlichen Verbrennungsmotor ausgestattet ist,
erzeugt bei einer vollständigen Verbrennung Abgase, die sich aus den Komponenten Sauerstoff, Stickstoff, Kohlendioxid und Wasserdampf zusammensetzen.
Hierbei handelt es sich um Emissionen.

Die emittierten Abgase werden von der Atmosphäre, den Menschen und den Tie-
ren sowie den Pflanzen aufgenommen. Diese werden als Immissionen bezeichnet.

Eine wesentlich einfachere Bestimmung der Schadenshöhe lässt sich durch
Angabe der kontaminierten Flächen oder des Volumens erreichen (BBK, 2010,
S. 33). Diese Bestimmungsmethode wird im Bevölkerungsschutz empfohlen.
Weiterhin ist es dort üblich, die Umweltkompartimente Boden, Luft und Was-
ser durch landwirtschaftliche Nutzfläche, geschützte Gebiete, Grundwasser
und Gewässer zu konkretisieren (BBK, 2010, S. 33).

Welche Schadensart und welche Bestimmungsmethoden herangezogen werden, hängt nicht nur von der Branche ab, in der das Unternehmen tätig ist,
sondern auch von möglichen gesetzlichen Erfordernissen.

- Güterschaden

  Unter einem „Gut" versteht man im Allgemeinen alles, was einen materiellen oder geistigen Wert besitzt (Brockhaus Enzyklopädie, 1989, S. 297).

  Die materiellen Werte eines Unternehmens bestehen aus den Betriebsmitteln – zu ihnen zählen beispielsweise Gebäude, Maschinen, Anlagen, Fuhrpark – und den Roh-, Hilfs- und Betriebsstoffen (Wöhe et al., 2016, S. 28). In den Logistikunternehmen sind auch diejenigen Güter dazuzurechnen, die nicht zum Eigentum des Unternehmens zählen, sondern den Gegenstand der Dienstleistung betreffen (z. B. Waren, Produkte, Halbzeuge etc.).

  Geistige Werte repräsentieren alle immateriellen Werte eines Unternehmens. Hierzu gehören beispielsweise Informationen über besondere Herstellungsverfahren, Patente oder aber auch Kundendaten. Auch das Unternehmensimage stellt einen imaginären Wert dar.

  Ein materieller Schaden wird üblicherweise monetär bewertet. So ist es üblich, die Kosten für die Wiederherstellung des Schadensgutes oder aber für die Ersatzbeschaffung heranzuziehen. Erheblich schwieriger ist die Abschätzung eines immateriellen Schadens. Immaterielle Schäden sind in der Regel mit Imageeinbußen, Umsatzrückgängen oder gar Kundenverlusten verbunden. Die Bestimmung der Schadenshöhe setzt daher geeignete Analysemethoden, z. B. Befragungen, voraus.

  In Logistikunternehmen kann der Güterschaden auch Auswirkungen auf die Lieferkette haben. Neben der möglichen Höhe von Strafzahlungen auf Grund verzögerter Lieferungen lässt sich das Schadensausmaß in diesem Fall auch durch die angenommene Dauer der Lieferunterbrechung bemessen.

In der Praxis ist es üblich, den Schaden durch die Verwendung besonderer Begriffe zu spezifizieren. Dabei sollte berücksichtigt werden, dass einige der im allgemeinen Sprachgebrauch verwendeten Begriffe eine definierte Bedeutung haben. Tabelle 2.1. enthält daher eine Auswahl häufig verwendeter Begriffe und deren Definition in Bezug auf die Schadensart.

Tabelle 2.1 Schadensarten – Zuordnung gängiger Definitionen

Begriff	Quelle – Definition	Art des Personenschadens	Art des Umweltschadens	Art des Güterschadens
Unfall	DIN 13050:2015-04	Personen		Sachen
Arbeitsunfall	§ 8 Abs. 1 SGB VII	verletzte Mitarbeitende		
Massenanfall	DIN 13050:2015-04	Verletzte, Erkrankte		
Großschadensereignis	DIN 13050:2015-04	Verletzte, Erkrankte		Sachen

Begriff	Quelle – Definition	Art des Perso-nenschadens	Art des Umwelt-schadens	Art des Güter-schadens
Störfall	§ 2 Nr. 7 Störfall-verordnung	Leben und Gesundheit von Menschen	Menschen, Tiere, Pflanzen, Boden, Wasser, Atmo-sphäre, Kultur- und Sachgüter mit Gemeinwohlbezug	
Katastrophe	Katastrophen-schutz-gesetze der Länder	Menschen	Menschen, lebens-wichtige Ver-sorgung der Bevölkerung, Umwelt allgemein	Sachwerte

■ 2.2 Modelle der Schadensentstehung

Ein Schaden entsteht nicht ohne Grund. Es gibt Ursachen und Umstände, die seine Entstehung begünstigen. Erst wenn diese bekannt und offengelegt sind, ist eine nachhaltige Präventionsarbeit möglich. Die Entstehung eines Schadens kann jedoch durchaus komplex sein und hat in der Regel eine Historie. Um das Erkennen der Wirkmechanismen zu erleichtern, ist es notwendig, die Realität auf die wesentlichen Einflussgrößen zu reduzieren. Es entstehen Erklärungsmodelle (Kahl, 2019, S. 75).

Für die Entstehung von Arbeitsunfällen und Großschadensereignissen gibt es gleich mehrere solcher Modelle. Ihnen allen gemeinsam ist das Ziel, die Entstehung eines Schadens zu veranschaulichen. Sie unterscheiden sich jedoch in ihren Erklärungsmustern und in ihrer Komplexität.

Im Folgenden sollen drei Schadensentstehungsmodelle vorgestellt werden. Jedes dieser Modelle repräsentiert eine besondere Entwicklungsstufe des Sicherheitsverständnisses.

- „Domino-Modell" nach Heinrich

  Der Amerikaner H. W. Heinrich war ein Pionier unter den Sicherheitsforschern. Er veröffentlichte bereits 1931 ein Erklärungsmodell für Arbeitsunfälle, das auf umfangreiche statistische Untersuchungen in der amerikanischen Industrie zurückging. Außerdem leitete er aus seinen Untersuchungen eine „Unfallpyramide" ab, deren Aufbau und Inhalte auch heute noch präsent sind. Sie visualisiert den zahlenmäßigen Zusammenhang zwischen der Anzahl von Arbeitsunfällen und ihrer Schwere (Bild 2.4).

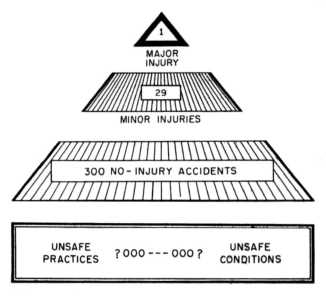

Bild 2.4 Unfallpyramide (Heinrich, 1959, S. 27)

Weit weniger bekannt als die Unfallpyramide ist dagegen sein „Domino-Modell". Es beschreibt die Entstehung eines Arbeitsunfalls als lineare Abfolge einzelner Faktoren. Die Kernaussage seines Modells besteht darin, dass Arbeitsunfälle auf den Menschen und seine Handlungen zurückzuführen sind. Dazu identifiziert Heinrich fünf Faktoren (Heinrich, 1959, S. 15):

- Herkunft und soziales Umfeld *(„Ancestry and social environment")*

  Ausgangspunkt eines Unfallereignisses sind Herkunft und soziales Umfeld des Menschen. Sie bestimmen sein Tun und Handeln.

- Fehler der Person *(„Fault of person")*

  Ignoranz, Rücksichtslosigkeit und Aufgeregtheit als mögliche Folge der Herkunft und des sozialen Umfelds verleiten die Menschen zu unsicheren Praktiken. Diese äußern sich durch entsprechende Handlungen oder aber durch das Herbeiführen akuter Gefährdungen.

- Unsichere Handlungen und/oder mechanische oder physikalische Gefährdungen *(„Unsafe act and/or mechanical or physical hazard")*

  Dem Unfallereignis geht eine unsichere Handlung oder aber das Wirksamwerden einer offensichtlichen mechanischen oder physikalischen Gefährdung voraus. Als Beispiel nennt Heinrich den Aufenthalt von Personen unter schwebenden Lasten oder aber fehlende Schutzmaßnahmen an Antrieben.

▪ Unfallereignis *(„Accident")*

Das Unfallereignis, das der unsicheren Handlung oder der Gefährdung folgt, äußert sich in dem Freisetzen von Energie. Mitarbeitende, die von fortgeschleuderten Teilen getroffen werden, oder Stürze sind Beispiele für mögliche Unfallereignisse.

▪ Verletzung *(„Injury")*

Als Folge des Unfallereignisses kommt es zu Verletzungen.

Die fünf Faktoren und deren Zusammenwirken stellt Heinrich als Domino-steine dar(Bild 2.5). Unfälle lassen sich demnach vermeiden, wenn die Entste-hungskette aus den fünf Faktoren unterbrochen wird. Das ist die Erkenntnis, die Heinrich aus seinen Untersuchungen zieht. Und er nennt auch den wirk-samsten Ansatz: Nach seinen Überlegungen ist es ratsam, den dritten Domino-stein anzugehen. So würden unsichere Handlungen ausgeschlossen und die Entstehung von Gefährdungen wirksam verhindert (Heinrich, 1959, S. 16).

Bild 2.5 Domino-Modell nach Heinrich (Heinrich, 1959, S. 16)

In der Praxis lassen sich viele Beispiele finden, die Heinrichs Entstehungs-modell offensichtlich stützen (s. Kasten „Einlagerungsarbeiten mit einem Ga-belstapler"). Doch dieses ist nicht unbedingt ein Beleg für die Richtigkeit des Entstehungsmodells. Vielmehr kann auch gerade die Einfachheit des Modells der Grund dafür sein.

 Praxisbeispiel: Einlagerungsarbeiten mit einem Gabelstapler

Der ausgebildete Gabelstaplerfahrer W. hatte die Aufgabe, im Außenbereich ab-gestellte Paletten ins Lager zu bringen und dort in das Palettenregal einzulagern. Als W. nach dem Einlagern einer Palette zurücksetzte, erfasste er mit dem Heck des Gabelstaplers den Lagermitarbeiter S. und quetschte ihn zwischen Gabelstapler und Palettenregal ein. S. erlitt schwere Verletzungen am Oberschenkel des linken Beines. Er war für sechs Wochen arbeitsunfähig.

Bei der Unfalluntersuchung wurde festgestellt:

- Der Gabelstaplerfahrer W. hatte vor dem Zurücksetzen nicht zurückgeschaut, um sich zu vergewissern, dass sich keine Personen im Schwenkbereich des Gabelstaplers aufhalten.
- Der Gabelstaplerfahrer W. war ausgebildet und vom Unternehmen beauftragt. Er verfügte über langjährige Fahrpraxis.

Quelle: Eigene Unfalluntersuchung, 2000

In der Tat weist Heinrichs Modell erhebliche Schwächen auf. Neben der fehlenden Komplexität gehört in erster Linie die ausschließliche Fokussierung auf den Menschen und das Menschenbild dazu. Der Mensch – so Heinrichs Ansatz – handelt vollkommen autonom und unabhängig von anderen Einflussgrößen. Allein seine Herkunft bestimmt das Handeln. Dieser Ansatz der „Unfallneigung" ist wissenschaftlich widerlegt und nicht haltbar (Burnham, 2008). Abgesehen davon berücksichtigt das Modell weder mögliche technische noch organisatorische Einflüsse.

Trotz dieser Schwächen ist Heinrichs Modell auch gegenwärtig noch sehr präsent. Schließlich hat es dazu beigetragen, die Notwendigkeit zur Sicherheitsqualifikation und zur Unterweisung der Mitarbeitenden zu betonen. Auch moderne Konzepte eines verhaltensbasierten Arbeitsschutzes sind letztendlich zu großen Teilen auf Heinrichs Überlegungen zurückzuführen (Bördlein, 2015, S. 19).

- „Schweizer-Käse-Modell" nach Reason

Das menschliche Fehlverhalten steht auch im Mittelpunkt der Untersuchungen, die Reason Ende der 1980er Jahre anstellt. Allerdings verzichtet Reason auf statistische Analysen. Stattdessen stützt er seine Ergebnisse auf die Auswertung von sechs Großschadensereignissen, die weltweit für Aufsehen sorgten. Dazu gehörten die Reaktorunfälle von Three Mile Island und Tschernobyl, der Chemieunfall in Bhopal, der Absturz der „Challenger"-Raumfähre, ein Fähruntergang sowie Feuer in der Londoner U-Bahn.

Aus den Analysen dieser Fallbeispiele zieht Reason folgende Schlüsse:

- Technische Systeme werden durch Maßnahmen vor dem Wirksamwerden möglicher Gefährdungen geschützt. Diese haben ein unterschiedliches Niveau, das von der Bereitstellung persönlicher Schutzausrüstungen bis hin zur Implementierung komplexer Sicherheitssysteme reicht („defences in depth") (Reason, 1990, S. 207). Jede diese Maßnahmen kann als Barriere aufgefasst werden, die einem Schadenseintritt entgegenwirkt. Allerdings sind die Barrieren nie vollkommen. Die Gründe sind vielfältig. So besteht die Möglichkeit, dass zum Schadenseintritt besondere Bedingungen vorherrschen („Atypical conditions") oder aber das System mängelbehaftet ist („Intrinsic defects"). Es können aber auch regionale Gründe ursächlich sein („Local triggers"). Allen Sicherheitsmängeln gemeinsam ist, dass sie nicht offensichtlich erkennbar sind (Reason, 1990, S. 208).

- Im Vorfeld eines Schadensereignisses treffen Führungskräfte Entscheidungen, deren Tragweite sie nicht abschätzen können. Reason nennt diese Entscheidungen „latente Fehler" (Reason, 1990, S. 203/208).
- Der Schaden wird letztendlich durch die Handlung eines Menschen ausgelöst. Diese Handlung ist lediglich der Abschluss einer Reihe vorausgehender Fehler (Reason, 1990, S. 209). Sie ist aber nicht die alleinige Ursache für den Schadenseintritt.

Bild 2.6 veranschaulicht das Entstehungsmodell nach Reason. Die Lücken in den Sicherheitsbarrieren werden durch die Öffnungen in der Darstellung symbolisiert. Auf Grund der Analogie zum Käse („Lücken in den Barrieren") wird dieses Modell auch als „Schweizer-Käse-Modell" bezeichnet (Fahlbruch, Meyer, 2013, S. 10).

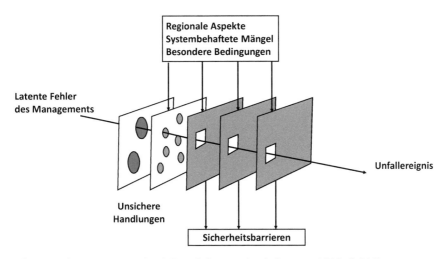

Bild 2.6   Schweizer-Käse-Modell nach Reason (nach Reason, 1990, S. 208)

Der „Eisenbahnunfall Bad Münder" kann als Beispiel für das Entstehungsmodell nach Reason herangezogen werden (s. Kasten).

 Praxisbeispiel: Eisenbahnunfall Bad Münder

Am 09.09.2002 kam es im Bahnhof Bad Münder zu einem folgenreichen Zusammenstoß zweier Güterzüge. Ein aus Richtung Hameln kommender, mit Kalisalz beladener Güterzug KC 62848 erhielt auf Grund seiner Verspätung die Genehmigung, vor dem entgegenkommenden Zug IRC 51219 den Bahnhof Bad Münder auf Gleis 2 zu durchfahren. Der Zugführer des Güterzuges IRC 51219 erhielt daher

die Anweisung, vor einem Haltesignal zu halten und die Vorbeifahrt des Güterzuges KC 62848 abzuwarten. Bei Annäherung an das Haltesignal bemerkte der Zugführer des Güterzuges IRC 5 12 19, dass die Bremsen nicht reagierten. Daraufhin fuhr IRC 5 12 19 in das Gleis 2 ein. Obwohl der Zugführer des Güterzuges KC 62848 noch ein Bremsmanöver einleitete, kam es zu einem Zusammenstoß beider Güterzüge. In der Folge entgleisten mehrere Waggons. Unter anderem schlug ein von IRC 5 12 19 mitgeführter Kesselwagen leck, so dass Epichlorhydrin auslaufen und sich entzünden konnte. Neben Personenschäden (Zugführer) waren erhebliche Sachschäden die Folge.

Bei der Unfalluntersuchung wurde festgestellt:

- Die Bremswirkung des Güterzuges IRC 5 12 19 war nicht ausreichend. Hierfür waren technische Gründe maßgeblich. Die Ursache konnte nicht festgestellt werden.
- Bei der Zugbildung vor Fahrtantritt hätte die unzureichende Bremswirkung auffallen müssen. Inwieweit dieses tatsächlich der Fall war und warum nicht gehandelt wurde, konnte nicht ermittelt werden.
- Der Zugführer des Güterzuges IRC 5 12 19 wusste auf Grund eines vorangegangenen Bremsmanövers von der unzulänglichen Bremswirkung. Allerdings reagierte er darauf nicht.

Quelle: Eisenbahnbundesamt, 2004

Das von Reason erarbeitete Entstehungsmodell ist komplexer als das Domino-Modell von Heinrich. Reason beschränkt sich nicht auf die unmittelbaren Handlungen der Mitarbeitenden vor Eintritt des Schadensereignisses, sondern er bezieht die Entstehungshistorie ein. Neben technischen Einflüssen betont er die Rolle der Führungskräfte und deren Entscheidungen. Es wird deutlich, dass Sicherheit das Ergebnis eines Prozesses ist. Damit führt Reasons Entstehungsmodell letztendlich zu der Erkenntnis, dass Sicherheit „gemanagt" werden muss.

- Ganzheitliches Entstehungsmodell nach Rasmussen

Das menschliche Verhalten der Mitarbeitenden und die Entscheidungen der Führungskräfte stehen auch im Mittelpunkt des von Rasmussen im Jahr 1997 veröffentlichten Modells. Rasmussen geht davon aus, dass das Verhalten der Beteiligten nur zu verstehen ist, wenn die technologischen und wirtschaftlichen Entwicklungen berücksichtigt werden. So können beispielsweise technologische Entwicklungen die Festlegung geeigneter Sicherheitsroutinen erschweren. Weiterhin haben wirtschaftliche Zwänge Einfluss auf das Management, indem sie möglicherweise dazu führen, dass notwendige Sicherheitsaspekte im betrieblichen Alltag nicht oder nur unvollkommen berücksichtigt werden.

Die Mitarbeitenden nehmen dieses Verhalten wahr und reagieren darauf, indem sie eigene Sicherheitsroutinen schaffen oder aber dem Druck der Führungskräfte nachgeben. Es entsteht ein Wechselspiel zwischen den Prioritäten des Managements und dem reaktiven Verhalten der Mitarbeitenden. Dieses Wechselspiel, das Rasmussen in Anlehnung an die Wärmelehre als „Brownsche Molekularbewegung" bezeichnet, führt dazu, dass ein Fehlerbereich entsteht („error margin"). In diesem Bereich besteht eine erhöhte Wahrscheinlichkeit für das Auftreten eines Schadensereignisses (Rasmussen, 1997, S. 188).

Bild 2.7 stellt die Zusammenhänge der Ereignisentstehung nach Rasmussen dar.

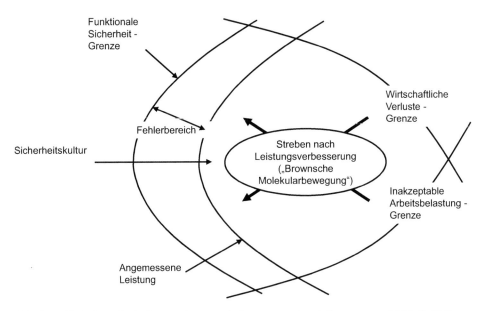

Bild 2.7   Modell zur Ereignisentstehung nach Rasmussen (nach Rasmussen, 1997, S. 190)

Die Zusammenhänge, die diesem Modell zugrunde liegen, sind in der Praxis nur schwer zu belegen. Ein konstruiertes Beispiel soll daher dazu dienen, Rasmussens Überlegungen auf die Praxis zu übertragen (s. Kasten „Unfallbeispiel: Störungsbeseitigung in einem automatisierten Hochregallager").

 Unfallbeispiel: Störungsbeseitigung in einem automatisierten Hochregallager

In einem automatisierten Hochregallager, das durch eine Umzäunung gesichert ist, kommt es zu einer Störung im Arbeitsablauf. Um die Störung zu beheben, verschafft sich Mitarbeiter B. Zugang zu dem umzäunten Bereich. Beim Versuch, die Störung zu beheben, läuft die Anlage plötzlich an. B. erleidet schwere Quetschungen am gesamten Körper.

> Die anschließende Unfalluntersuchung führt zu folgendem Ergebnis:
>
> - Der Zugang zum automatisierten Hochregallager war möglich, weil Mitarbeiter B. die vorhandenen Schutzeinrichtungen überbrückt hatte.
> - Die Arbeitsweise, die zum Arbeitsunfall geführt hatte, war unter den Mitarbeitern üblich. Das schnelle Beheben möglicher Störungen war von den Führungskräften ausdrücklich gewünscht, um zeitverzögerte Auslieferungen an den Kunden zu vermeiden.
> - Der direkten Führungsebene war das abweichende Verhalten der Mitarbeiter grundsätzlich bekannt. Allerdings wurde nicht korrigierend eingegriffen.

Rasmussens Modell ist das komplexeste Modell. Er entwickelt das von Reason erarbeitete Entstehungsmodell weiter und liefert eine Erklärung für das Auftreten latenter Fehler und Barrieren, die in Reasons Entstehungsmodell eine entscheidende Rolle spielen. Außerdem lenkt Rasmussen die Aufmerksamkeit auf die Sicherheitskultur und damit auf Einflussgrößen jenseits festgeschriebener Routinen.

Jedes dieser drei genannten Modelle repräsentiert eine Etappe in der historischen Entwicklung des Sicherheitsverständnisses. Dennoch wirken die Erkenntnisse als Blaupause für wichtige Präventionsaktivitäten bis in die Gegenwart fort. Heinrichs Modell dient dazu, auf die Notwendigkeit für Sicherheitsqualifizierungen und -unterweisungen hinzuweisen. Reasons Modell kann als Begründung für die Einführung und Gestaltung von Sicherheitsmanagement herangezogen werden, während Rasmussens Überlegungen zur Verbesserung der Sicherheitskultur führen.

■ 2.3 Schadensquellen

Alle Entstehungsmodelle lassen den Schluss zu, dass Schadensereignisse grundsätzlich vermeidbar sind. Voraussetzung ist jedoch, dass Schadensquellen und mögliche Wechselwirkungen bekannt sind.

Neben dem menschlichen Verhalten, das in den Entstehungsmodellen betont wird, sind weitere Quellen denkbar. Sie ergeben sich u. a. aus der Art der Tätigkeit, dem Umfeld und ihren Wechselwirkungen zueinander. Um die Identifizierung zu erleichtern, ist es empfehlenswert, die Schadensquellen zu strukturieren. Dieses soll durch eine Systembetrachtung erfolgen.

Ein System ist ein

> *„nach Funktion und Struktur abgrenzbarer Teilbereich der natürlichen materiellen Welt"*

DWDS, Abruf 14. 08. 2019

In der Systemtheorie werden von Menschen geschaffene Systeme (z. B. technische Systeme, soziale Systeme) von natürlichen Systemen (z. B. biologische Systeme) unterschieden. Treten technische Systeme in Interaktion mit dem Menschen, spricht man von sozio-technischen Systemen (Schlick u. a., 2018, S. 20). Ein Unternehmen kann nach dieser Definition als ein sozio-technisches System aufgefasst werden.

Das sozio-technische System „Unternehmen" lässt sich wiederum in Teilsysteme untergliedern. Deren kleinstes ist das Arbeitssystem (Schlick u. a., 2018, S. 21). Es setzt sich zusammen aus dem Menschen, den Arbeitsmitteln und den Arbeitsobjekten. Diese drei Systemelemente treten durch den Arbeitsauftrag in Interaktion miteinander. Das Ergebnis dieser Interaktion, die Ausgabe, ist gleichzeitig Eingabe für ein sich anschließendes Arbeitssystem. So entsteht eine Kette miteinander verbundener Arbeitssysteme. Bild 2.8 zeigt den Aufbau eines Arbeitssystems.

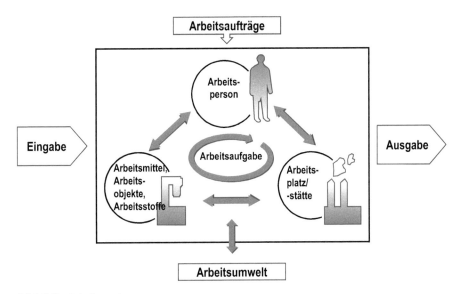

Bild 2.8 Arbeitssystem

Das Arbeitssystem hilft dabei, mögliche Schadensquellen zu identifizieren und zu strukturieren. Folgende Schadensquellen sind denkbar:

- Technik

  Die „Technik" kann als Oberbegriff für die Systemelemente „Arbeitsmittel" und „Arbeitsobjekte" verwendet werden. Zu den Arbeitsmitteln zählen Maschinen, Anlagen, Geräte, Werkzeuge, Fahrzeuge und persönliche Schutzausrüstungen (Kahl, 2019, S. 71). Arbeitsobjekte bezeichnen die zu bearbeitenden Werkstücke. Arbeitsstoffe setzen sich aus den Roh-, Hilfs- und Betriebsstoffen zusammen.

Technische Systeme haben einen unterschiedlichen Komplexitätsgrad. Sie können sehr einfach sein (z. B. Handhubwagen im Lager) oder aber sehr komplex (z. B. automatisiertes Hochregallager). Die Sicherheitseinrichtungen sind Teil des technischen Systems und ebenfalls vielschichtig.

Zur „Technik" zählen auch alle Arbeitsschritte, die zur Erfüllung der Arbeitsaufgabe notwendig sind.

■ Menschliche Handlungen

Aufgabe der Arbeitspersonen ist es, den Arbeitsauftrag unter Beachtung der Arbeitsaufgabe mit den zur Verfügung stehenden Mitteln auszuführen Daraus ergeben sich die Handlungsschritte. Abweichungen von diesen Handlungsschritten, werden im allgemeinen als menschliche Fehlhandlungen bezeichnet.

Die Schadensentstehungsmodelle gehen davon aus, dass menschliche Fehlhandlungen nicht ausgeführt werden, um damit bewusst Schadensereignisse herbeizuführen (s. Kapitel 2.2). Der Schaden ereignet sich eher zufällig oder unbeabsichtigt. Allerdings ist es auch denkbar, dass der Mensch einen Schaden herbeiführen will. In diesem Fall ist die Handlung von einem besonderen Motiv geprägt. Sie ist „gewollt".

Das Spektrum möglicher Motive, die zu gewollten Handlungen führen, ist umfangreich. Es reicht von Diebstählen über Vandalismus bis hin zu massiven Angriffen. Allen gewollten Handlungen liegt ein Streben nach Wertzuwachs zugrunde. Dieser kann materieller Natur sein, wie z. B. beim Diebstahl, oder aber auf ideelle Ziele ausgerichtet sein (Beyerer u. a., 2010, S. 45). Letzteres ist bei einem terroristischen Angriff der Fall. Das Motiv lässt Rückschlüsse auf die Schadensart und das Schadensausmaß zu.

Bild 2.9 verdeutlicht die Möglichkeiten der menschlichen Handlungen in Bezug auf die Sicherheit.

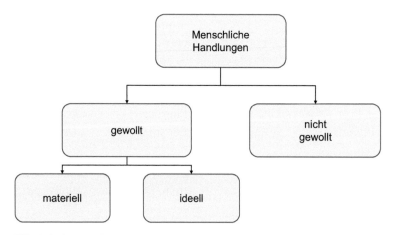

Bild 2.9 Unterteilung menschlicher Handlungsweisen (nach Beyerer u. a., 2010, S. 50)

■ Umwelt

Schadensereignisse können ihren Ursprung auch in der Umwelt haben. Vor allem Naturereignisse wie beispielsweise Starkregen, Dürre, Erdbeben oder Seuchen werden darunter verstanden. Das UNDRR (United Nation Office for Disaster Risk Reduction) ordnet alle natürlichen Schadensquellen drei Hauptgruppen zu. Tabelle 2.2 zeigt eine Auflistung möglicher Naturgewalten und deren Zuordnung zu den Hauptgruppen.

Tabelle 2.2 Übersicht über Naturgewalten (Eigenübersetzung UNDRR, 2004, S. 39)

Ursprung	Erscheinungen/Beispiele
Hydrometeorologische Gefahren Natürliche Prozesse oder Phänomene atmosphärischer, hydrologischer oder ozeanographischer Natur	■ Überflutung, Geröll- und Schlamm-lawinen ■ Tropische Zyklonen, Sturmfluten, Wind, Regen, Blitze, Schneestürme ■ Dürre, Wüstenbildung, Waldbrände, Temperaturextreme, Sandstürme
Geologische Gefahren Natürliche Prozesse der Erde oder Phänomene endogenen, tektonischen Ursprungs und exogenen Ursprungs, wie Massenbewegungen	■ Erdbeben, Tsunamis ■ Vulkanische Aktivität ■ Massenbewegung, Erdrutsche, Fels-stürze, Bodenverflüssigung, Unter-wasser-Erdrutsche ■ Kraterbildung
Biologische Gefahren Prozesse organischer oder biologischer Natur einschließlich dem Kontakt zu pathogenen Mikroorganismen, Giften und bioaktiven Substanzen	■ Ausbruch einer Krankheitsepidemie ■ Tier- und Pflanzenseuchen

Weitere Schadensquellen können in der direkten Umgebung des Unternehmens zu finden sein. Hierzu zählen beispielsweise Nachbarunternehmen oder Ansiedlungen. Ein Schaden an diesen Einrichtungen (z.B. Brand) kann sich möglicherweise auf das eigene Unternehmen ausdehnen („Domino-Effekt"). Ein Schaden kann sich auch durch Ausfall der Infrastruktur (z.B. Energieversorgung), eines Dienstleistungsunternehmens oder eines sonstigen Fremdunternehmens ergeben. Nicht zuletzt sind auch gesellschaftspolitische Entscheidungen (z.B. Fahrverbote) oder bewusst herbeigeführte Angriffe wie z.B. Terrorangriffe oder Piraterie mögliche Schadensquellen deren Ursprung der Umwelt zugeordnet werden kann.

Bild 2.10 führt potenzielle Schadensquellen in einer Darstellung zusammen. Ausgangspunkt dieser Darstellung ist das Arbeitssystem. Die Pfeile symbolisieren die Wechselwirkungen zwischen den Schadensquellen. Der Doppelpfeil weist darauf hin, dass auch das Unternehmen eine Schadensquelle für andere darstellen kann.

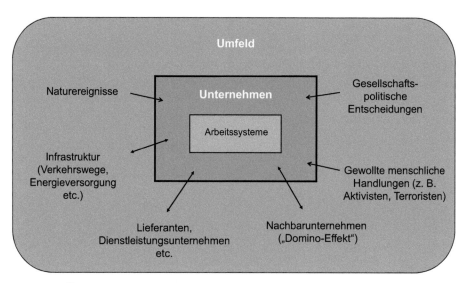

Bild 2.10 Übersicht über potenzielle Schadensquellen und deren Wechselwirkungen

Literatur

12. BImSchV, § 3. 2017. Zwölfte Verordnung zur Durchführung des Bundes-Immissionsschutzgesetzes. 2017

ArbSchG. Arbeitsschutzgesetz vom 7. August 1996 (BGBl. I S.1246), zuletzt geändert durch Artikel 427 der Verordnung vom 31. August 2015 (BGBl. I S.1474)

BAuA, DGUV. 2016. Ausbildung zur Fachkraft für Arbeitssicherheit. *Grundbegriffe des Arbeitsschutzes.* Berlin: s.n., Juli 2016. Version 1.05

BBK. 2010. *Methode für die Risikoanalyse im Bevölkerungsschutz.* [Hrsg.] Bundesamt für Bevölkerungsschutz und Katastrophenhilfe. Bonn: s.n., 2010

Beyerer, J. et al.: Sicherheit: Systemanalyse und -design. [Buchverf.] Petra Winzer, Eckehard Schnieder und Friedrich-Wilhelm Bach (Hrsg.). *acatech DISKUTIERT Sicherheitsforschung – Chancen und Perspektiven.* Berlin: Springer-Verlag, 2010

BImSchG. Bundes-Immissionsschutzgesetz in der Fassung der Bekanntmachung vom 17. Mai 2013 (BGBl. I S.1274), zuletzt geändert durch Artikel 1 des Gesetzes vom 8. April 2019 (BGBl. I S.432)

BKV. Berufskrankheiten-Verordnung vom 31. Oktober 1997 (BGBl. I S.2623), zuletzt geändert durch Artikel 1 der Verordnung vom 10. Juli 2017 (BGBl. I S.2299)

Bördlein, C.: *Verhaltensorientierte Arbeitssicherheit Baviour Based Safety (BBS).* Berlin: Erich Schmidt Verlag, 2015

Brockhaus. 1989. *Brockhaus Enzyklopädie Band 21.* Mannheim: s.n., 1989

Burnham, J. C.: The syndrome of accident proneness (Unfallneigung): Why psychiatrists did not adopt and medicalize it. *History of Psychiatry.* 19 (3), 2008, S.251–274

Digitales Wörterbuch der deutschen Sprache. www.dwds.de. [Online] [Zitat vom: 14. August 2019.]

DIN 13050. 2015. Begriffe im Rettungswesen. 2015

DIN 820-12. 2014. Norm DIN 820-12:2014-06 Normungsarbeit – Teil 12: Leitfaden für die Aufnahme von Sicherheitsaspekten in Normen (ISO/IEC Guide 51:2014). 2014

DIN EN ISO 14001. 2015. Umweltmanagementsysteme – Anforderungen mit Anleitung zur Anwendung (ISO 14001:2015). 2015

Eisenbahn-Bundesamt. 2004. Untersuchungsbericht Zusammenstoß der Güterzüge IRC 51219 und KC 62848 im Bahnhof Bad Münder am 09.09.2002 um 20:44 Uhr. [Online] 2004. [Zitat vom: 2018. August 14.] https://www.eisenbahn-unfalluntersuchung.de/SharedDocs/Downloads/EUB/Untersu chungsberichte/aelter/001_Bad_Muender.pdf?__blob=publicationFile&v=4

Eisenbrand, G.; Metzler, M.; Hennecke, F. J.: Toxikologie für Naturwissenschaftler und Mediziner. Stoffe, Mechanismen, Prüfverfahren. Weinheim: WilLEY-VCH Verlag, 2005

Fahlbruch,B.; **Meyer**, **I.:** *Ganzheitliche Unfallanalyse – Leitfaden zur Ermittlung grundlegender Ursachen von Arbeitsunfällen in kleinen und mittleren Unternehmen.* Dortmund: BAuA, 2013

Heinrich, H. W.: Industrial Accident Prevention A Scientific Approach. New York: McGraw-Hill Book Company, 1959

International Organization for Standardization. www.iso.org. [Online] [Zitat vom: 15. August 2019.] https://www.iso.org/iso-guides.html

ISO Guide 51. 2014. Safety aspects – Guidelines for their inclusion in standards. 2014

Kahl, **A.:** *Arbeitssicherheit Fachliche Grundlagen.* Berlin: Erich Schmidt Verlag, 2019

Maslow, A. H.: A Theory of Human Motivation. [Online] 1943. [Zitat vom: 15. August 2019.] http://citese erx.ist.psu.edu/viewdoc/summary?doi=10.1.1.334.7586

Pieper, R.: *ArSchR Arbeitsschutzrecht Arbeitsschutzgesetz, Arbeitssicherheitsgesetz und andere Arbeitsschutzvorschriften.* Frankfurt am Main: Bund-Verlag, 2009

Rasmussen, J.: Risk Management in a Dynamic Society: A Modelling Problem. Safety Science. 1997, Bd. Nr. 2/3, S. 183-213

Reason, J.: Human Error. New York: Cambridge University Press, 1990

Schlick, C.; Bruder, R.; Luczak, H.: *Arbeitswissenschaft.* Berlin: Springer-Verlag, 2018

SGB 7. Das Siebte Buch Sozialgesetzbuch – Gesetzliche Unfallversicherung – (Artikel 1 des Gesetzes vom 7. August 1996, BGBl. I S. 1254), zuletzt geändert durch Artikel 9 des Gesetzes vom 06. Mai 2019 (BGBl. I S. 646)

UNDRR. 2004. www.unisdr.org. [Online] 2004. [Zitat vom: 14. August 2019.] https://www.unisdr.org/ files/657_lwr1.pdf

Verordnung (EU) Nr. 349/2011. Verordnung (EU) Nr. 349/2011 v. 11. April 2011 zur Durchführung der Verordnung (EG) Nr. 1338/2008 zu Gemeinschaftsstatistiken über öffentliche Gesundheit und über Gesundheitsschutz und Sicherheit am Arbeitsplatz betreffend Statistiken über Arbeitsunfälle

Wöhe, G.; Döring, U.; Brösel, G.: *Einführung in die Allgemeine Betriebswirtschaftslehre.* München: Franz Vahlen, 2016

3 Organisation der Sicherheit

Das Sicherheitsniveau eines Unternehmens wird bestimmt durch die Technologie, den Vollzug öffentlich-rechtlicher Regelungen und das Engagement betrieblicher Fach- und Führungskräfte.

Im Mittelpunkt dieses Kapitels stehen die betrieblichen und außerbetrieblichen Akteure der Sicherheit. Zunächst geht es um die Gruppe der überbetrieblichen Akteure. Diese wird gebildet durch die regelsetzenden Institutionen und die vollziehenden Behörden und Institutionen. Es folgen Erläuterungen zu Aufgaben und Pflichten der innerbetrieblichen Akteure. Sowohl die außerbetrieblichen als auch die innerbetrieblichen Akteure stehen in Wechselbeziehungen zueinander. Welcher Art diese sind und worauf sie sich stützen, ist Thema des letzten Abschnittes.

■ 3.1 Überbetriebliche Akteure

Fragen der Sicherheit sind von einem hohen gesellschaftlichen Interesse. Das belegen die öffentlichen Diskussionen über die Auswirkungen betrieblichen Handelns auf die Gesundheit oder aber die Umwelt. Diese Diskussionen werden besonders dann intensiv geführt, wenn neue Technologien eingeführt werden sollen. Die Argumente, die Skeptiker und Befürworter anführen , beziehen sich nicht allein auf Sicherheitsaspekte, sondern schließen wirtschaftliche Betrachtungen ein. Aufgabe des Gesetzgebers ist es, zwischen den Argumenten abzuwägen und das Ergebnis in Gesetzen und Verordnungen festzuhalten. Diese beschreiben damit das von der Gesellschaft akzeptierte Sicherheitsniveau.

Gesetze und Verordnungen sind jedoch nicht durch sich selbst wirksam. Aufgaben der Behörden und verwandter Institutionen ist es, diese zu interpretieren, mögliche Lücken in der Umsetzung zu schließen und so für eine allgemeine Umsetzbarkeit und Anwendung der Regelungen zu sorgen. Erlasse und Verwaltungsvorschriften entstehen, um eine Gleichbehandlung zu gewährleisten. Neben staatlichen Behörden übernehmen auch andere Organisationen diese Aufgabe, indem sie ergänzende Regelungen erarbeiten oder aber Interpretationshilfen zur Verfügung stellen. Allen voran sind die Unfallversicherungsträger und die zugelassenen Überwachungsstellen (z. B. Technische Überwachungsvereine, Ingenieurbüros etc.) zu nennen.

3.1.1 Institutionen der Legislative

Der Bund und die Länder nehmen durch ihre Gesetzgebungsbefugnisse Einfluss auf das Sicherheitsniveau. Hierzu sind sie vom Grundgesetz aufgefordert. Sowohl „Leben und körperliche Unversehrtheit" (GG, 2019, Artikel 2 Abs. 2) als auch der Schutz der Umwelt (Artikel 20 a GG) sind verfassungsmäßig garantiert.

Die Gesetzgebungskompetenz liegt grundsätzlich bei den Bundesländern. Allerdings steht dem Bund das Gesetzgebungsrecht für definierte Themenbereiche im Rahmen der konkurrierenden Gesetzgebung zu. Betroffen sind z. B. der Arbeitsschutz und Teile des Umweltschutzes (z. B. Luftreinhaltung, Lärmbekämpfung, Naturschutz). Macht der Bund von seinem Recht Gebrauch, dann ist den Bundesländern die Möglichkeit zur eigenen Gesetzgebung genommen (GG, 2019; Artikel 72, Artikel 74 Abs. 1 GG).

Ungeachtet der verfassungsmäßigen Verpflichtung sind viele der gegenwärtigen nationalen Regelungen zur betrieblichen Sicherheit nicht von den Ländern oder dem Bund initiiert worden, sondern haben mehrheitlich ihren Ursprung in den Verträgen zur Europäischen Union (EU).

Zu den wesentlichen Zielen der EU gehört seit ihrer Gründung die Schaffung eines einheitlichen europäischen Binnenmarktes. Kennzeichen des Binnenmarktes sind die vier Freiheiten, zu denen der freie Verkehr von Waren, Dienstleistungen, Personen und Kapital gehören (Artikel 26 Abs. 1 AEUV). Erklärte Absicht der Europäischen Union ist es, die Realisierung des Binnenmarktes durch Maßnahmen zum Schutz der Gesundheit und der Umwelt zu flankieren. Der „Vertrag über die Arbeitsweise der Europäischen Union" (AEUV) konkretisiert diese Absicht in folgender Weise:

- Artikel 114 AEUV

  Der Aufbau und die Funktion des Binnenmarktes sollen durch die Angleichung der Rechts- und Verwaltungsvorschriften in den Mitgliedsstaaten realisiert werden. Diese sind inhaltlich darauf ausgerichtet, die Anforderungen an Ausführung und Gestaltung handelbarer Produkte zu vereinheitlichen. Dieses kann nicht ohne die gleichzeitige Festlegung von Sicherheits- und Umweltstandards erfolgen. Die Anforderungen gehen von einem hohen Schutzniveau aus. Die Regelungen auf der Grundlage des Artikels 114 sind von allen Mitgliedsstaaten in gleicher Weise umzusetzen und zu berücksichtigen.

- Artikel 153 AEUV

  Zu den erklärten Zielen der Europäischen Union gehört im Rahmen der Sozialpolitik u. a. die Angleichung der Lebens- und Arbeitsbedingungen in den Mitgliedsstaaten. Zu diesem Zweck sollen die Arbeitsumwelt zum Schutz der Gesundheit und der Sicherheit der Arbeitnehmer ebenso verbessert werden wie die Arbeitsbedingungen. Dieses Ziel soll durch die Formulierung von Mindeststandards erreicht werden. Den einzelnen Mitgliedsstaaten ist es daher erlaubt, einen höheren Standard festzuschreiben.

- Artikel 192 AEUV

  Auch die Umweltpolitik gehört zu den Aufgaben der EU. Neben dem Umwelt- und Ressourcenschutz gehört der Schutz der menschlichen Gesundheit zu den vertraglich vereinbarten Zielen. Die zur Erreichung dieser Ziele verabschiedeten Rechtsakte können ebenso wie die Maßnahmen nach Artikel 153 AEUV von den Mitgliedsstaaten durch darüberhinausgehende Maßnahmen ergänzt werden, sofern sie den grundlegenden Vereinbarungen nicht widersprechen.

Für die Umsetzung der genannten Ziele stehen den Organen der Europäischen Union die folgenden Rechtsakte zur Verfügung (AEUV, 2012, Artikel 288):

- Verordnungen

  Verordnungen gelten vollumfänglich und unmittelbar in allen Mitgliedsstaaten. Eine innerstaatliche Inkraftsetzung ist nicht erforderlich.

- Richtlinien

  Richtlinien wenden sich an die gesetzgebenden Institutionen der Mitgliedsstaaten der EU. Sie entfalten keine unmittelbare Wirkung in den Mitgliedsstaaten, sondern erfordern eine Umsetzung in das jeweilige nationale gesetzliche Regelwerk. Dabei sind die in der Richtlinie genannten Ziele und Fristen zu beachten.

- Beschlüsse

  Beschlüsse können im Unterschied zu den Verordnungen und Richtlinien auch an andere Adressaten als die Mitgliedsstaaten gerichtet sein. Sie sind jedoch für den bezeichneten Adressaten rechtsverbindlich.

Als weitere Rechtsakte sieht das Vertragswerk der Europäischen Union rechtlich unverbindliche Empfehlungen und Stellungnahmen vor (AEVU, 2012, Artikel 288).

Zur Regelung der Sicherheitsaspekte werden von der EU grundsätzlich alle Rechtsakte genutzt. Es überwiegen jedoch die Richtlinien. Diese These lässt sich anhand der Umsetzung der sozialpolitischen Ziele belegen. Bereits 1989 veröffentlichte die EU die Richtlinie 89/391/EWG des Rates vom 12. Juni 1989 über die Durchführung von Maßnahmen zur Verbesserung der Sicherheit und des Gesundheitsschutzes der Arbeitnehmer bei der Arbeit. Diese Richtlinie, die auch als Rahmenrichtlinie Arbeitsschutz bezeichnet wird, enthält in Artikel 16 die Ermächtigung zum Erlass weiterer Einzelrichtlinien. In der Folge sind zahlreiche Einzelrichtlinien mit unterschiedlichen Regelungsinhalten veröffentlicht worden. Ihre Überführung in das deutsche Rechtssystem erfolgt teils durch Gesetze und teils durch Verordnungen.

Verordnungen der EU mit Bezug zur Sicherheit dienen vor allem der Umsetzung der Ziele nach Artikel 114 AEUV. Betroffen waren bisher vor allem die Festlegungen zu Stoffen, Stoffgemischen und Erzeugnissen. Hierzu gehören insbesondere

- REACH-Verordnung

  Die Verordnung (EG) Nr. 1907/2006 des Europäischen Parlaments und des Rates vom 18. Dezember 2006 zur Registrierung, Bewertung, Zulassung und Beschränkung chemischer Stoffe (REACH) verpflichtet die Hersteller und Lieferanten dazu, die gefährlichen Eigenschaften von Stoffen, Gemischen und Erzeugnissen zu ermitteln und diese im Hinblick auf ihre Wirkung auf die Umwelt und die Gesundheit zu bewerten. Damit soll sichergestellt werden, dass nur Stoffe auf den europäischen Markt gelangen, die unbedenklich für Mensch und Umwelt sind. Die Daten werden von einer europäischen Behörde ECHA mit Sitz in Helsinki verwaltet.

- CLP-Verordnung

  Die Verordnung (EG) Nr. 1272/2008 des Europäischen Parlaments und des Rates vom 16. Dezember 2008 über die Einstufung, Kennzeichnung und Verpackung von Stoffen und Gemischen, zur Änderung und Aufhebung der Richtlinien 67/548/EWG und 1999/45/EG und zur Änderung der Verordnung (EG) Nr. 1907/2006 (CLP-Verordnung) regelt die Einstufung, Verpackung und Kennzeichnung von Stoffen, Gemischen und Erzeugnissen innerhalb der EU. Dadurch soll ein einheitlicher Informations- und Sicherheitsstandard innerhalb der EU. sichergestellt werden. Die Festlegungen entsprechen weitestgehend den internationalen Regelungen, die im Globally Harmonized System (GHS) der Vereinten Nationen festgeschrieben sind.

Die jüngste EU-Verordnung mit Bezug zur Sicherheit regelt das Inverkehrbringen und die Voraussetzungen für die Herstellung persönlicher Schutzausrüstungen.

3.1.2 Behörden

Die vorrangige Zielgruppe gesetzlicher Sicherheitsbestimmungen ist der Arbeitgeber und seine Mitarbeitenden. Gegenüber diesen müssen die gesetzlichen Regelungen vertreten und in die Praxis überführt werden. Gegebenenfalls kann es notwendig werden, die Vorschriften auch mit Rechtsmitteln durchzusetzen. Hierfür sind hoheitliche Befugnisse notwendig. Diese werden von Behörden oder öffentlich-rechtlichen Körperschaften wahrgenommen. Daher fällt ihnen die Aufgabe zu, für die Umsetzung und Anwendung der gesetzlichen Regelungen zu sorgen.

Allerdings gibt es keine Behörde, die einen universellen Anspruch erhebt, alle Sicherheitsaspekte gleichermaßen zu vertreten. Vielmehr findet in der Praxis eine Aufteilung möglicher Sicherheitsthemen auf mehrere Behörden statt. Hinzu kommen regionale Zuständigkeiten, die dem föderalen Aufbau geschuldet sind. Für eine erste Orientierung ist es hilfreich, zunächst auf den organisationalen Behördenaufbau einzugehen.

Die Zuständigkeit für die Verwaltung und deren Aufbau ist in der Verfassung festgeschrieben und liegt bei den Ländern (GG, 2019, Artikel 30, 84). Den Ländern obliegt damit auch die Entscheidung über Anbindung, Zuschnitt und Bezeichnung der Behörden. Obwohl jedes Bundesland von der Möglichkeit einer individuellen Gestaltung Gebrauch macht, lassen sich dennoch gemeinsame Strukturen ableiten. In den Flächenländern findet sich in der Regel ein dreistufiger Aufbau der Verwaltung (Bild 3.1), bestehend aus einer Oberinstanz (z. B. Ministerium), einer mittleren Ebene (z. B. Bezirksregierungen, Regierungspräsidien) und einer unteren Instanz (z. B. Behörden). In dieser Unterteilung spiegelt sich nicht nur die Art der Über- oder Unterstellung wider, sondern auch die damit verbundene Aufgabenverteilung. Während Ober- und Mittelinstanz mit der Erarbeitung grundsätzlicher Auslegungs- und Verfahrensregelungen beschäftigt sind, kümmern sich die unteren Instanzen bevorzugt um die Umsetzung vor Ort in den Unternehmen. In den Stadtstaaten Berlin, Bremen und Hamburg ist der Verwaltungsaufbau schlanker. In diesen Ländern ist ein zweistufiger Aufbau üblich (Bild 3.1). Die Aufgabenverteilung erfolgt jedoch nach denselben grundlegenden Prinzipien (Umweltbundesamt, 2019, S. 54 ff.)

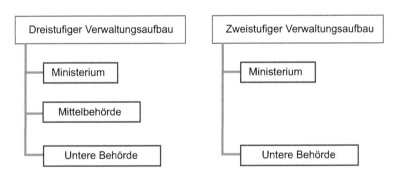

Bild 3.1 Verwaltungsaufbau in den Bundesländern (Quelle: nach Umweltbundesamt, 2019, S. 54)

Weitaus schwieriger als die organisationale Struktur ist es, Gemeinsamkeiten im Hinblick auf die Bezeichnung der Behörden und deren Aufgabenzuschnitt abzuleiten. Zum Verständnis ist ein Blick in die historische Entwicklung hilfreich.

Eine in allen Ländern bekannte Bezeichnung für eine Behörde, die sich mit Sicherheitsaufgaben beschäftigt, ist die Gewerbeaufsicht. Diese Bezeichnung stammt aus der Gewerbeordnung, die ihren Ursprung wiederum in der „Preußischen Gewerbeordnung" aus dem Jahr 1845 hat (Weber, 1988, S. 16). Einst u. a die rechtliche Grundlage für die Einführung der allgemeinen Fabrikaufsicht durch die Novelle von 1878, enthält die Gewerbeordnung auch heute noch die grundlegenden Rechte der Mitarbeitenden der Behörden (GewO, 2019, § 139 b Abs. 1).

Ursprünglich lag der Handlungsschwerpunkt der Gewerbeaufsichtsbehörde auf dem technischen Arbeitsschutz. Veränderte Arbeitsbedingungen, gesellschaftliche Diskussionen und neue Regelungen führten zu einer stetigen Aufgabenerweiterung. Themen wie der soziale Arbeitsschutz und der allgemeine Gefahrenschutz kamen ebenso hinzu wie Umwelt- und Verbraucherschutz. Einige Bundesländer siedelten diese Aufgaben bei der Gewerbeaufsichtsbehörde an (s. Kasten „Aufgabenspektrum der Niedersächsischen Gewerbeaufsicht"). Andere schufen neue Behördenstrukturen und -bezeichnungen (z. B. Landesamt für Arbeitsschutz, Gesundheitsschutz und technische Sicherheit Berlin, Amt für Arbeitsschutz Hamburg u. a.). Unabhängig von Aufgabenzuschnitt und Behördenorganisation kennt jedes Bundesland die Bezeichnung der „Gewerbeaufsicht".

 Aufgabenspektrum der Niedersächsischen Gewerbeaufsicht

Die Aufgaben der Staatlichen Gewerbeaufsicht in Niedersachsen umfassen:

- Arbeitsschutz mit den Themen Baustellen, gesetzliche Arbeitszeitgestaltung, Arbeitsstätten, betriebliche Arbeitsorganisation, Aspekte des sozialen Arbeitsschutzes sowie Gefahrstoffe und biologische Arbeitsstoffe;
- Gefahrenschutz mit den Themen Anlagensicherheit, explosionsgefährliche Stoffe, überwachungsbedürftige Anlagen, Beförderung gefährlicher Güter, Strahlenschutz und Gentechnik;
- Umweltschutz mit den Themen Luftreinhaltung, Lärm, Erschütterung, Bauleitplanung, Bodenschutz, Kreislauf- und Abfallwirtschaft und anlagenbezogener Gewässerschutz;
- Verbraucherschutz mit den Themen Produktsicherheit, umweltgerechte Gestaltung und Kennzeichnung von Produkten, Chemikaliensicherheit, Arzneimittel- und Medizinprodukteüberwachung.

Quelle: Niedersächsisches Ministerium für Umwelt, Energie, Bauen und Klimaschutz: Arbeitsschutz Gefahrenschutz Umweltschutz Verbraucherschutz, November 2018, www.umwelt.niedersachsen.de

Auch wenn der Eindruck erscheint, dass die Gewerbeaufsichtsverwaltung nahezu alle Themenfelder der Sicherheit abdeckt, so bleiben dennoch viele Fragenstellungen unberührt, die von anderen Behörden bearbeitet werden. Hierzu gehören z. B. der Naturschutz, Gewässer- und Bodenschutz sowie Emissionsschutz (UBA, 2019, S. 56). Diese Aufgaben werden von den kommunalen Behörden in den Landkreisen, Städten oder Gemeinden wahrgenommen.

Zusätzlich zu den Länderbehörden gibt es verschiedene Bundesbehörden, die Sicherheitskompetenzen wahrnehmen. Tabelle 3.1 liefert einen Überblick.

Tabelle 3.1 Bundesbehörden mit Bezug zum Arbeits- und Umweltschutz

Bundesministerium für Umwelt, Naturschutz und nukleare Sicherheit	Umweltbundesamt
	Bundesamt für Naturschutz
	Bundesamt für Strahlenschutz
	Bundesamt für die Sicherheit in der nuklearen Entsorgung
Bundesministerium für Arbeit und Soziales	Bundesanstalt für Arbeitsschutz und Arbeitsmedizin

Der Aufgabenschwerpunkt der Bundesbehörden besteht in erster Linie in der Beratung der Politik und der Mitarbeit an Gesetzesvorschlägen Darüber führen sie wissenschaftliche Untersuchungen durch oder aber fördern diese im Zusammenwirken mit den Universitäten und Hochschulen. Die hoheitlichen Aufgaben stehen dahinter zurück. Eine Ausnahme bildet lediglich das Bundesamt für die Sicherheit in der nuklearen Entsorgung. Diese nimmt auf Grund der ausschließlichen Gesetzgebung des Bundes hoheitliche Aufgaben im Bereich der Lagerung, des Transports und des Umgangs mit hochradioaktiven Abfällen wahr (BASE, 2020).

3.1.3 Träger der gesetzlichen Unfallversicherung

Die gesetzliche Unfallversicherung blickt auf eine annähernd lange Historie zurück wie die Gewerbeaufsichtsbehörden. Auf Grund der „Kaiserlichen Botschaft vom 17. 11. 1881" tritt am 01. 10. 1885 das Unfallversicherungsgesetz in Kraft. Es sieht den Zusammenschluss der Unternehmen zu Berufsgenossenschaften vor. Ihre Aufgabe besteht darin, die Entschädigungsleistungen an den Verletzten im Falle eines Arbeitsunfalls zu übernehmen (Weber, 1988, S. 108). Damit wird die bis dahin geltende zivilrechtliche Unternehmerhaftpflicht durch einen gesetzlichen Entschädigungsanspruch abgelöst, der vollkommen unabhängig von der Verschuldensfrage ist (Weber, 1988, S. 108). Obwohl das Unfallversicherungsgesetz im Laufe der Jahrzehnte mehrfach angepasst und erweitert wurde (s. Kasten „Meilensteine der gesetzlichen Unfallversicherung") Meilensteine der gesetzlichen Unfallversicherung), hat sich diese Grundidee bis heute gehalten.

 Meilensteine der gesetzlichen Unfallversicherung

- 1885: Unfallversicherungsgesetz
- 1911: Überführung des Unfallversicherungsgesetzes in die Reichsversicherungsordnung
- 1925: Einbeziehung der Wegeunfälle und der Berufskrankheiten in den Unfallversicherungsschutz
- 1963: Unfallversicherungs-Neuregelungsgesetz (u. a. Verpflichtung zur Bestellung eines betrieblichen Sicherheitsbeauftragten)

- 1971: Einführung der Unfallversicherung für Schüler, Studierende und Kinder in Kindergärten
- 1996: Ablösung der Reichsversicherungsordnung durch das „Siebte Buch Sozialversicherung – Gesetzliche Unfallversicherung"

Das „Siebte Buch Sozialgesetzbuch – Gesetzliche Unfallversicherung" bildet gegenwärtig die Grundlage für das Handeln der Unfallversicherung. Der Name „Berufsgenossenschaft" als Bezeichnung für die Träger der gesetzlichen Unfallversicherung hat sich jedoch bis heute gehalten.

Die gewerblichen Unternehmen haben sich nach fachlichen Gesichtspunkten zu neun Berufsgenossenschaften zusammengefunden (s. Kasten „Gewerbliche Berufsgenossenschaften"). Logistikunternehmen sind entweder Mitglied der Berufsgenossenschaft für Handel und Warenlogistik oder der Berufsgenossenschaft Verkehrswirtschaft Post-Logistik Telekommunikation. Beide gehören dem Spitzenverband der Deutschen Gesetzlichen Unfallversicherung e. V. (DGUV) an.

 Gewerbliche Berufsgenossenschaften

1. Berufsgenossenschaft Rohstoffe und chemische Industrie,
2. Berufsgenossenschaft Holz und Metall,
3. Berufsgenossenschaft Energie Textil Elektro Medienerzeugnisse,
4. Berufsgenossenschaft Nahrungsmittel und Gastgewerbe,
5. Berufsgenossenschaft der Bauwirtschaft,
6. Berufsgenossenschaft Handel und Warenlogistik,
7. Verwaltungs-Berufsgenossenschaft,
8. Berufsgenossenschaft Verkehrswirtschaft Post-Logistik Telekommunikation,
9. Berufsgenossenschaft für Gesundheitsdienst und Wohlfahrtspflege.

Quelle: Siebtes Sozialgesetzbuch (SGB VII) Anlage 1

Die Aufgaben der Berufsgenossenschaften umfassen Prävention, Rehabilitation und Entschädigung. Die Prävention beinhaltet die Verhütung von Arbeitsunfällen, Berufskrankheiten und arbeitsbedingten Gesundheitsgefahren. Hierzu wird den Berufsgenossenschaftern das Recht eingeräumt, Unfallverhütungsvorschriften zu erlassen. Diese als „autonome Rechtsnormen" bezeichneten Vorschriften richten sich an die Unternehmer und die dort tätigen Mitarbeitenden (Versicherte). Die Unfallverhütungsvorschriften sind für diese Personengruppen rechtsverbindlich.

Die Unfallverhütungsvorschriften bilden die Grundlage für die Überwachung und Beratung der Unternehmer und der Mitarbeitenden. Diese Aufgabe wird von Aufsichtspersonen wahrgenommen. Sie verfügen über hoheitliche Rechte, zu denen die Anordnungsbefugnis ebenso gehört wie das Recht zur jederzeitigen Besichtigung des Unternehmens während der Geschäfts- und Öffnungszeiten (SGB VII, 2019, § 19).

Die Aufgaben der Berufsgenossenschaften decken sich in Bezug auf die Vermeidung unfallbedingter Verletzungen und arbeitsbedingter Erkrankungen mit denen der staatlichen Behörden. Man spricht von „Dualismus". Im Sinne einer wirkungsvollen Prävention sind beide Institutionen zu einer wirksamen Zusammenarbeit aufgefordert (SGB VII, 2019, § 20).

Die Prävention der Berufsgenossenschaften beschränkt sich jedoch nicht auf die hoheitlichen Aufgaben, sondern schließt die Beratung der Unternehmen und der dort tätigen Mitarbeitenden ein. Daher führen die Berufsgenossenschaften nicht nur Betriebsbesichtigungen durch, sondern bieten auch weitere Präventionsleistungen an. Zu diesen gehören z. B. (DGUV, 2019)

- Beratung der Unternehmen und Mitarbeitenden auf Anforderung (z. B. bei geplanten Umbau- oder Erweiterungsmaßnahmen, Neuanschaffung von Maschinen und technischen Einrichtungen, Arbeitsplatzergonomie etc.);
- Unfall- und Vorfalluntersuchung zur Ableitung möglicher Verbesserungsmaßnahmen;
- Unterstützung von Forschungs- und Entwicklungsprojekten zur Verbesserung betrieblicher Präventionsarbeit;
- Vorbereitung, Durchführung und Evaluation von Präventionskampagnen;
- Prüfung und Zertifizierung z. B. von Arbeitsmitteln und persönlichen Schutzausrüstungen, Begutachtungen von Arbeitsschutzmanagementsystemen;
- Qualifizierungsmaßnahmen für Unternehmen, Mitarbeitende und Beauftragte.

3.1.4 Sonstige Institutionen

Zahlreiche weitere Organisationen und Institutionen nehmen teils im öffentlich-rechtlichen und teils im privatwirtschaftlichen Interesse Sicherheitsaufgaben wahr. Zu den bekanntesten zählen

- Prüforganisationen

  Zu den ältesten Prüforganisationen zählen die Technischen Überwachungsvereine (TÜV). Sie sind aus den Dampfkesselüberwachungsvereinen hervorgegangen, die Mitte des 19. Jahrhunderts entstanden sind, um durch regelmäßige Inspektionen ein Versagen technischer Anlagen auszuschließen. Obwohl sich die Aufgabenschwerpunkte im Laufe der Zeit verschoben haben, gehören die Prüfungen technischer Anlagen auch heute noch zu den Kernaufgaben. Neben dem TÜV gibt es weitere Prüforganisationen, die als Zugelassene Überwachungsstellen (ZÜS) bezeichnet werden, sofern sie den Anforderungen des Produktsicherheitsgesetzes und der Betriebssicherheitsverordnung entsprechen und akkreditiert sind. Ihre zentrale Aufgabe ist die Durchführung technischer Prüfungen z. B. an überwachungsbedürftigen Anlagen, zu denen u. a. Druckbehälter, Dampfkessel oder Aufzugsanlagen gehören (ProdSG, 2015, § 2). Obwohl die Prüfer keine hoheitlichen Befugnisse übernehmen, hat der Unternehmer die Durchführung der Prüfungen durch ZÜS zu unterstützen (ProdSG, 2015, § 36). Neben Prüfungen arbeiten die ZÜS in technischen Ausschüssen zur Erarbeitung technischer Regeln mit (ProdSG, 2015, § 34 Abs. 1).

- Deutsches Institut für Normung e. V. (DIN)

  Das DIN wurde 1917 als Normenausschuss der Deutschen Industrie gegründet und versteht sich als unabhängige Organisation für Normung und Standardisierung (DIN 2020). DIN hat sich zur Berücksichtigung öffentlicher Interessen bei der Erarbeitung der Normen verpflichtet. Dadurch ist ein Verweis gesetzlicher Regelungen auf Normen möglich (DIN 2020). Das DIN vertritt als einzige nationale Normungsorganisation die deutschen Interessen in europäischen und internationalen Organisationen (z. B. International Organisations for Standardization ISO).

- Technisch-wissenschaftliche Vereine

  Technisch-wissenschaftliche Vereine übernehmen Sicherheitsaufgaben im Bereich der Regulierung und Standardisierung. Zu ihnen gehören z. B. der Verein Deutscher Ingenieure e. V. (VDI) und der VDE Verband der Elektrotechnik Elektronik Informationstechnik e. V.

Das Aufgabenspektrum des überwiegenden Teils der Institutionen ist präventiv ausgerichtet. Es existieren jedoch auch Behörden und Organisationen, die erst dann aktiv werden, wenn der Schadensfall längst eingetreten ist. Auch sie nehmen Sicherheitsaufgaben wahr, die als reaktiv bezeichnet werden können. Zu ihnen gehören z. B. die Polizei, der Zoll oder auch die Feuerwehren. Es ist üblich, diese Institutionen unter der Bezeichnung „Behörden und Organisationen mit Sicherheitsaufgaben" (BOS) zusammenzufassen. Das Bundesamt für Bevölkerungsschutz und Katastrophenhilfe (BBK) definiert diese als (BBK, 2013, S. 15):

Staatliche (polizeiliche und nichtpolizeiliche) sowie nichtstaatliche Akteure, die spezifische Aufgaben zur Bewahrung und/oder Wiedererlangung der öffentlichen Sicherheit und Ordnung wahrnehmen.

Bundesamt für Bevölkerungsschutz und Katastrophenhilfe, Glossar, S. 15

Nach dieser Definition gehören auch das Technische Hilfswerk (THW) oder aber der Rettungsdienst zu den BOS.

3.1.5 Rechtliche Grundlagen

Das Handeln der überbetrieblichen Akteure wird maßgeblich von rechtlichen Regelungen geprägt. Sie bestimmen sowohl das Vorgehen als auch die inhaltlichen Schwerpunkte. Den Behörden und den Unfallversicherungsträgern fällt die Aufgabe des Vollzugs zu. Dazu stehen sie im direkten Austausch mit den Unternehmen. Für die Unternehmen ist es daher sinnvoll, nicht nur die Aufgaben der Vollzugsbehörden zu kennen, sondern auch den Stellenwert der verschiedenen Regelungen unterscheiden zu können.

Die verfassungsmäßige Garantie auf Leben und körperliche Unversehrtheit wird durch zahlreiche Gesetze und Verordnungen konkretisiert. Inhaltlich orientieren sie sich an den Bestimmungen der Europäischen Union (s. Abschnitt 3.1.1). Tabelle 3.2 enthält einige ausgewählte EU-Richtlinien mit Bezug zur Logistik und deren Umsetzung in das nationale Recht.

Tabelle 3.2 EU-Richtlinien zum Schutz der Sicherheit und der Gesundheit der Arbeitnehmer und deren Umsetzung in das deutsche Recht mit Bedeutung für die Logistik

EU-Richtlinien	Umsetzung ins deutsche Rechtssystem
EG-RL 89/391/EWG Durchführung von Maßnahmen zur Verbesserung der Sicherheit und des Gesundheitsschutzes der Arbeitnehmer bei der Arbeit-Rahmen-Richtlinie	Gesetz über die Durchführung von Maßnahmen des Arbeitsschutzes zur Verbesserung der Sicherheit und des Gesundheitsschutzes der Beschäftigten bei der Arbeit (Arbeitsschutzgesetz – ArbSchG)
EG-RL 89/654/EWG Mindestvorschriften für Sicherheit und Gesundheitsschutz in Arbeitsstätten (1. Einzelrichtlinie zur Arbeitsschutz-Rahmenrichtlinie)	Verordnung über Arbeitsstätten (Arbeitsstättenverordnung – ArbStättV)
EG-RL 2009/104/EG Benutzung von Arbeitsmitteln durch Arbeitnehmer bei der Arbeit (2. Einzelrichtlinie im Sinne des Artikels 16 Absatz 1 der Richtlinie 89/391/EWG)	Verordnung über Sicherheit und Gesundheitsschutz bei der Verwendung von Arbeitsmitteln (Betriebssicherheitsverordnung – BetrSichV)
EG-RL 89/656/EWG Mindestvorschriften für Sicherheit und Gesundheitsschutz bei Benutzung persönlicher Schutzausrüstungen durch Arbeitnehmer bei der Arbeit (3. Einzelrichtlinie zur Arbeitsschutz-Rahmenrichtlinie)	Verordnung über Sicherheit und Gesundheitsschutz bei der Benutzung persönlicher Schutzausrüstungen bei der Arbeit (PSA-Benutzungsverordnung – PSA-BV)
EG-RL 90/269/EWG Mindestvorschriften für Sicherheit und Gesundheitsschutz bei der manuellen Handhabung von Lasten, die für die Arbeitnehmer insbesondere eine Gefährdung der Lendenwirbelsäule mit sich bringt (4. Einzelrichtlinie zur Arbeitsschutz-Rahmenrichtlinie)	Verordnung über Sicherheit und Gesundheitsschutz bei der manuellen Handhabung von Lasten bei der Arbeit (Lastenhandhabungsverordnung – LasthandhabV)

Tabelle 3.2 EU-Richtlinien zum Schutz der Sicherheit und der Gesundheit der Arbeitnehmer und deren Umsetzung in das deutsche Recht mit Bedeutung für die Logistik *(Fortsetzung)*

EU-Richtlinien	Umsetzung ins deutsche Rechtssystem
EG-RL 90/270/EWG Mindestvorschriften bezüglich der Sicherheit und des Gesundheitsschutzes bei der Arbeit an Bildschirmgeräten (5. Einzelrichtlinie zur Arbeitsschutz-Rahmenrichtlinie)	Verordnung über Arbeitsstätten (Arbeitsstättenverordnung – ArbStättV)
EG-RL 90/394/EWG Schutz der Arbeitnehmer gegen Gefährdung durch Karzinogene bei der Arbeit (6. Einzelrichtlinie zur Arbeitsschutz-Rahmenrichtlinie) (kodifiziert im April 2004 durch RL 2004/37/EG)	Verordnung zum Schutz vor Gefahrstoffen (Gefahrstoffverordnung – GefStoffV)
Richtlinie 2006/42/EG des Europäischen Parlaments und des Rates vom 17. Mai 2006 über Maschinen und zur Änderung der Richtlinie 95/16/EG	9. Verordnung zum Produktsicherheitsgesetz
EG-RL 2014/34/EU Geräte und Schutzsysteme zur bestimmungsgemäßen Verwendung in explosionsgefährdeten Bereichen	11. Verordnung zum Produktsicherheitsgesetz
EU-RL 2012/18/EU zur Beherrschung der Gefahren schwerer Unfälle mit gefährlichen Stoffen	12. Verordnung zur Durchführung des Bundesimmissionsschutzgesetzes (Störfallverordnung)
EG-RL 2008/68/EG über die Beförderung gefährlicher Güter im Binnenland	Verordnung über die innerstaatliche und grenzüberschreitende Beförderung gefährlicher Güter auf der Straße, mit Eisenbahnen und auf Binnengewässern (Gefahrgutverordnung Straße, Eisenbahn und Binnenschifffahrt – GGVSEB)

Neben Gesetzen und Verordnungen gibt es Unfallverhütungsvorschriften. Sie ergänzen das staatliche Arbeitsschutzrecht, indem sie mögliche Regelungslücken abdecken oder aber dessen Konkretisierung anstreben. Um eine Einflussnahme auf den europäischen Binnenmarkt auszuschließen, beschränken sie sich inhaltlich auf die sozialpolitischen Aspekte im Sinne des Artikels 153 AEUV.

Eine Übersicht über die in der Logistik relevanten Unfallverhütungsvorschriften enthält Tabelle 3.3. Die Unfallverhütungsvorschriften werden üblicherweise als „DGUV Vorschrift" bezeichnet und durch die Angabe einer zusätzlichen Nummer präzisiert.

Tabelle 3.3 Unfallverhütungsvorschriften mit Bezug zur Logistik

Titel der DGUV Vorschrift	Nummerierung der DGUV Vorschrift
Arbeiten im Bereich von Gleisen	77/78
Bauarbeiten	38
Betriebsärzte und Fachkräfte für Arbeitssicherheit	2
Druckluftbehälter auf Wasserfahrzeugen	65
Eisenbahnen	72
Elektrische Anlagen und Betriebsmittel	37
Elektromagnetische Felder	15/16
Fahrzeuge	70/71
Flurförderzeuge	68/69*
Grundsätze der Prävention	1
Hafenarbeit	36/37*
Krane	52/53*
Maschinenanlagen auf Wasserfahrzeugen und schwimmenden Geräten	62/63*
Schienenbahnen	73
Schwimmende Geräte	64
Seeschifffahrt	84
Seilschwebebahnen und Schlepplifte	74
Verwendung von Flüssiggas	79/80*
Wasserfahrzeuge mit Betriebserlaubnis auf Binnengewässern	60/61*
Winden, Hub- und Zuggeräte	54/56*
Organische Peroxide	13

* Mehrfachnummerierungen gehen zurück auf die Verwendung unterschiedlicher Nummerierungen in den jeweiligen Spitzenverbänden der gewerblichen Berufsgenossenschaften und der Unfallversicherungsträger der öffentlichen Hand vor deren Fusionierung zur Deutschen gesetzlichen Unfallversicherung e.V. (DGUV).

Die Basis der rechtlichen Regelungen bildet das untergesetzliche Regelwerk, das häufig auch als „Allgemein anerkannte Regeln der Technik", „Stand der Technik" und „Stand von Wissenschaft und Technik" bezeichnet wird. Obwohl diese Bezeichnungen häufig synonym verwendet werden, unterscheiden sie sich in ihrer Bedeutung.

- Allgemein anerkannte Regeln der Technik

  Voraussetzung für die „Allgemein anerkannten Regeln der Technik" ist neben der „wissenschaftlichen Anerkennung" deren „praktische Bewährung" (Seibel, 2013, S. 3001). Üblicherweise zählen die von diversen Institutionen und Organisationen veröffentlichten Regelwerke dazu (z. B. DIN-Normen, VDI-Richtlinien etc.). Aus der Tatsache, dass die Regeln veröffentlicht sind, lässt sich nicht automatisch deren allgemeine Anerkennung ableiten (Seibel 2013, S. 3002).

- Stand der Technik

  In vielen arbeitsschutz- und umweltschutzrechtlichen Regelungen findet sich der Hinweis auf den „Stand der Technik". Im Unterschied zu den „allgemein anerkannten Regeln der Technik" ist mit dem „Stand der Technik" eine Vermutungswirkung verbunden. Das bedeutet, der Anwender kann davon ausgehen, dass bei Beachtung die in Gesetzen und Verordnungen beschriebenen Ziele umgesetzt werden. Typische Vertreter des „Stand der Technik" sind beispielsweise die Technischen Regeln (z.B. Technische Regeln für Gefahrstoffe, Technische Regeln zur Betriebssicherheit) oder Anleitungen (z.B. Technische Anleitung Luft).

- Stand von Wissenschaft und Technik

  Der „Stand von Wissenschaft und Technik" beschreibt den fortschrittlichsten Stand (Seibel, 2013, S. 3003). Dieser kann sich zum „Stand der Technik" entwickeln. Zum Zeitpunkt der Veröffentlichung ist dieser Status jedoch noch nicht erreicht.

Auch die Unfallversicherungsträger veröffentlichen neben den Unfallverhütungsvorschriften ergänzende Reglungen. Je nach inhaltlicher Ausrichtung werden diese unter den Bezeichnungen DGUV Regel, DGUV Information oder DGUV Grundsatz geführt. Zweck dieser Regelungen ist die Konkretisierung der Gesetze, Verordnungen und Unfallverhütungsvorschriften. Lediglich der DGUV Regel wird der Status einer anerkannten Regel der Technik beigemessen (Hussing, 2012). Tabelle 3.4 zeigt eine Übersicht über das Regelwerk der DGUV und Beispiele ausgewählter Regelungen mit logistischem Bezug.

Tabelle 3.4 Regelwerk der Deutschen Gesetzlichen Unfallversicherung e. V. (DGUV)

Bezeichnung	Zweck, Inhalt	Status	Beispiele
DGUV Regeln	Konkretisierung abstrakter staatlicher Gesetze und Verordnungen und der DGUV Vorschriften	Anerkannte Regel der Technik, rechtlich unverbindlich	DGUV Regel „Lagereinrichtungen und -geräte" (DGUV Regel 108-007)
DGUV Informationen	Empfehlungen zur Anwendung und Umsetzung	Rechtlich unverbindlich	DGUV Information „Gabelstapler" (DGUV Information 2008-004)
DGUV Grundsätze	Regelungen zu Verfahrensfragen (z. B. Prüfungen, Auswahl besonderer Personen etc.)	Verbindlich für Mitglieder der DGUV e. V.	DGUV Grundsatz „Ausbildung und Beauftragung der Fahrer von Flurförderzeugen mit Fahrersitz und Fahrerstand" (DGUV Grundsatz 308-001)

Das untergesetzliche Regelwerk ist im Allgemeinen als rechtlich unverbindlich anzusehen. Allerdings liefert es einen Orientierungsrahmen und kann daher den betrieblichen Umsetzungsprozess unterstützen.

Bild 3.2 fasst die Ausführungen über den Rechtsaufbau zusammen.

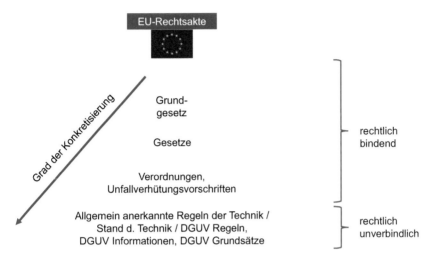

Bild 3.2 Rechtsaufbau

Die Darstellung ist nach dem Top-down-Prinzip aufgebaut. Das bedeutet, dass die Regelungen im Hinblick auf ihren Konkretisierungsgrad von oben nach unten abnehmen.

3.2 Innerbetriebliche Funktionsträger

Gute Sicherheitsleistungen eines Unternehmen sind im Allgemeinen nicht auf die Handlungen einzelner Personen oder Personengruppen zurückzuführen, sondern das Ergebnis gemeinsamer Anstrengungen, an der alle Mitarbeitenden jeder Ebene beteiligt sind. Sicherheit gelingt nur, wenn jeder Mitarbeitende die an ihn gestellten Erwartungen kennt und die sich daraus abzuleitenden Aufgaben wahrnimmt.

Zunächst ist die Unternehmensleitung gefordert, die durch die Unternehmenspolitik ein Sicherheitsleitbild propagiert, das durch das Engagement der Führungskräfte und der Beteiligung der Mitarbeitenden schrittweise in die Praxis umgesetzt wird. Zur Unterstützung stehen im Unternehmen Beauftragte mit ihrem Wissen und ihrer Einsatzbereitschaft zur Verfügung.

Welche Rollen die einzelnen Akteure einnehmen und welche Aufgaben damit verknüpft sind, soll nun das Thema sein.

3.2.1 Unternehmer und Führungskräfte

Der Hauptadressat gesetzlicher Regelungen, die sich mit Sicherheit beschäftigen, ist im Allgemeinen der Unternehmer oder Arbeitgeber. Die Gründe dafür gehen zurück auf die politische Entwicklung des 19. Jahrhunderts. Mit Beginn der Industrialisierung und der Entstehung einer Industriearbeiterschaft entwickelte sich der Gedanke, dass das Unternehmen für Krankheit und Unfallfolgen der Beschäftigten einzutreten habe. Daraus entstand 1871 das Haftpflichtgesetz, das Unternehmer zum Schadensersatz verpflichtete. Voraussetzung für die Inanspruchnahme war jedoch, dass der Geschädigte dem Unternehmer oder einem seiner Beauftragten ein persönliches Verschulden nachweisen konnte. Auch wenn dieser Beweis nicht immer gelang, so war dennoch die abstrakte Verantwortung des Unternehmers und seiner Führungskräfte erstmals rechtlich fixiert und findet sich auch gegenwärtig noch in den entsprechenden gesetzlichen Regelwerken. die abstrakte Verantwortung des Unternehmers für seine Mitarbeitenden rechtlich fixiert.

Doch was bedeutet es konkret für den Unternehmer, Verantwortung für die Sicherheit zu übernehmen? Diese Frage lässt sich auf Grund der langen Tradition am anschaulichsten am Beispiel des Arbeitsschutzes beantworten.

Im allgemeinen Sprachgebrauch bedeutet Verantwortung (DWDS, 2020)

> *[…] (mit einer bestimmten Aufgabe, einer bestimmten Stellung verbundene) Verpflichtung, dafür zu sorgen, dass […] alles einen möglichst guten Verlauf nimmt, das jeweils Notwendige und Richtige getan wird und möglichst kein Schaden entsteht*

DWDS, 2020

Der zentrale Begriff dieser Definition ist die Verpflichtung. Die Frage, welche Pflichten den Unternehmer im Einzelnen treffen, kann letztlich nur unter Berücksichtigung des Einzelfalls beantwortet werden. Dennoch lassen sich aus dem einschlägigen gesetzlichen Regelwerk (s. Tabelle 3.5) Grundpflichten ableiten.

einige Grundpflichten ableiten. enthält eine Auflistung grundlegender Arbeitsschutzregelungen.

Tabelle 3.5 Zusammenstellung grundlegender Arbeitsschutzpflichten

Rechtliche Grundlage	Inhalt
§ 618 Abs. 1 Bürgerliches Gesetzbuch	„Der Dienstberechtigte hat Räume, Vorrichtungen oder Gerätschaften, die er zur Verrichtung der Dienste zu beschaffen hat, so einzurichten und zu unterhalten und Dienstleistungen, die unter seiner Anordnung oder seiner Leitung vorzunehmen sind, so zu regeln, dass der Verpflichtete gegen Gefahr für Leben und Gesundheit soweit geschützt ist, als die Natur der Dienstleistung es gestattet."

Rechtliche Grundlage	Inhalt
§ 62 Abs. 1 Handelsgesetzbuch	„Der Prinzipal ist verpflichtet, die Geschäftsräume und die für den Geschäftsbetrieb bestimmten Vorrichtungen und Gerätschaften so einzurichten und zu unterhalten, auch den Geschäftsbetrieb und die Arbeitszeit so zu regeln, dass der Handlungsgehilfe gegen eine Gefährdung seiner Gesundheit, soweit die Natur des Betriebs es gestattet, geschützt und die Aufrechterhaltung der guten Sitten und des Anstandes gesichert ist."
§ 3 Abs. 1 Arbeitsschutzgesetz	„Der Arbeitgeber ist verpflichtet, die erforderlichen Maßnahmen des Arbeitsschutzes unter Berücksichtigung der Umstände zu treffen, die Sicherheit und Gesundheit der Beschäftigten bei der Arbeit beeinflussen. Er hat die Maßnahmen auf ihre Wirksamkeit zu überprüfen und erforderlichenfalls sich ändernden Gegebenheiten anzupassen […]"
§ 130 Abs. 1 Ordnungswidrigkeitengesetz	„Wer als Inhaber eines Betriebes oder Unternehmens […] die Aufsichtsmaßnahmen unterlässt, die erforderlich sind, um in dem Betrieb oder Unternehmen Zuwiderhandlungen gegen Pflichten zu verhindern, die den Inhaber treffen und deren Verletzung mit Strafe oder Geldbuße bedroht ist, handelt ordnungswidrig, wenn eine solche Zuwiderhandlung begangen wird, die durch gehörige Aufsicht verhindert oder wesentlich erschwert worden wäre. Zu den erforderlichen Aufsichtsmaßnahmen gehören auch die Bestellung, sorgfältige Auswahl und Überwachung von Aufsichtspersonen."

Diese sind:

- Organisationspflicht

  Die Organisationspflicht lässt sich aus den Forderungen des Bürgerlichen Gesetzbuches (BGB) („Räume, Vorrichtungen, Gerätschaften") und des Handelsgesetzbuches (HGB) („Geschäftsräume, Vorrichtungen, Gerätschaften") ableiten Besondere Beachtung verdient der Umstand, dass es nicht nur um die Bereitstellung und Beschaffung der genannten Einrichtungen geht, sondern auch um den Erhalt.

- Auswahlpflicht

  Die Auswahlpflicht lässt sich u. a. aus dem Ordnungswidrigkeitengesetz ableiten. Dabei geht es in erster Linie um die Auswahl der Führungskräfte.

- Aufsichtspflicht

  Die Aufsichtspflicht ergibt sich aus dem Arbeitsschutzgesetz („überprüfen") und dem Ordnungswidrigkeitengesetz („Überwachung"). Sie bezieht sich sowohl auf sachbezogene als auch auf personenbezogene Aspekte der Sicherheit.

Wie diese Pflichten ineinandergreifen und zu bewerten sind, kann an dem fiktiven Unfallbeispiel (s. Kasten „Unfall bei Arbeiten mit dem Gabelstapler") verdeutlicht werden.

Unfall bei Arbeiten mit dem Gabelstapler

In einer Lagerhalle kommt es zu einem plötzlichen Stromausfall. Der Unternehmer verständigt daraufhin die Elektrofachkraft M., sich den möglichen Schaden anzusehen. Dieser vermutet die Ursache für den Stromausfall in einem Anschluss, der sich in einer Höhe von ca. drei Metern an der Hallenwand befindet. Um diesen erreichen zu können, bittet M. den Gabelstaplerfahrer G., ihn nach oben zu fahren. Da kein Arbeitskorb vorhanden ist, wird M. auf einer Palette stehend hochgefahren. Der Unternehmer, der zugegen ist, greift nicht ein, sondern beschränkt sich lediglich darauf, auf die Verwendung einer Arbeitsbühne hinzuweisen. Beim Rangieren verliert M. den Halt und fällt auf den Betonboden.

Es stellt sich die Frage nach den Grundpflichten, die verletzt wurden und zum Unfallereignis geführt haben. Im Einzelnen sind zu berücksichtigen:

Organisationspflicht

Es steht keine Arbeitsbühne für die Mitnahme von Personen auf dem Gabelstapler zur Verfügung. Alternative Aufstiegsmöglichkeiten (z. B. Leiter, Gerüst, Hubarbeitsbühne) werden nicht erwogen.

Auswahlpflicht:

Es ist davon auszugehen, dass sowohl der Gabelstaplerfahrer G. als auch die Elektrofachkraft M. über die notwendigen Qualifizierungen verfügen. Sie können daher als geeignet für die Ausführung der Arbeiten angesehen werden.

Aufsichtspflicht:

Die Arbeit wird im Beisein des Unternehmers ausgeführt. Trotz Kenntnis der konkreten Pflichten unterbindet er die Tätigkeit nicht.

Zusammenfassend ist von einem Pflichtversäumnis des Unternehmers auszugehen. Durch die Wahrnehmung der Aufsichtspflicht hätte der Unfall verhindert werden können.

Es ist nachzuvollziehen, dass die Grundpflichten von den Unternehmensleitungen desto schwieriger wahrzunehmen sind, je größer das Unternehmen ist. Das Arbeitsschutzgesetz berücksichtigt diesen Umstand, indem es die Verantwortung auf weitere Personen ausdehnt. Zu diesen Personen gehören z. B. der gesetzliche Vertreter und das vertretungsberechtigte Organ einer juristischen Person. Aber auch alle Führungskräfte gehören dazu (ArbSchG, § 13 Abs. 1; Stürk, 1997, S. 99). Um den Umfang der Verantwortung festzulegen und eindeutige Abgrenzungen zwischen den Führungskräften einer Ebene herzustellen sieht die DGUV Vorschrift „Grundsätze der Prävention" (DGUV Vorschrift 1) eine schriftliche Übertragung der Unternehmerpflichten vor. Aber auch dann, wenn eine Pflichtenübertragung erfolgt ist, bleibt die Unternehmensleitung verantwortlich, denn Auswahl- und Aufsichtspflicht der Führungskräfte können nicht delegiert werden (Stürk, 1997, S. 99).

Die am Beispiel des Arbeitsschutzes abgeleitete Unternehmerverantwortung gilt grundsätzlich auch für den Umweltschutz. Überdies ist nicht auszuschließen, dass

Defizite im Arbeitsschutz auch Auswirkungen auf die Umwelt haben. Insofern ist es ratsam, die Pflichtenübertragung auch auf den Umweltschutz auszudehnen (Schliephake, 1992, S. 151).

3.2.2 Beauftragte

Eine zunehmende Arbeitsverdichtung und eine wachsende Zahl an Detailregelungen machen es den Unternehmensleitungen und Führungskräften schwer, ihrer Sicherheitsverantwortung in vollem Umfang nachzukommen. Neben der Zeit mangelt es häufig auch an dem notwendigen Spezialwissen. Betriebliche Beauftragte sollen die Lücke schließen und Unternehmensleitungen und Führungskräfte in der Wahrnehmung ihrer vielfältigen Sicherheitsaufgaben unterstützen. Die Anforderungen, die an Qualifikation, Aufgaben und Stellung gestellt werden, sind Gegenstand gesetzlicher Regelungen.

Im Folgenden werden einige der wichtigsten Funktionsträger beschrieben. Dabei folgt die Beschreibung einer Systematik. Zunächst geht es um Fragen rund um die Beauftragung, d. h. um die Voraussetzungen und die Einsatzzeiten. Es folgen Anmerkungen zur Qualifikation. Zum Schluss wird auf die Aufgaben und die betriebliche Stellung eingegangen.

Fachkraft für Arbeitssicherheit

Die Fachkraft für Arbeitssicherheit übernimmt die zentrale Rolle in der Sicherheitsorganisation eines Unternehmens. Seit 1974 besteht mit dem Inkrafttreten des Gesetzes über Betriebsärzte, Sicherheitsingenieure und andere Fachkräfte für Arbeitssicherheit (Arbeitssicherheitsgesetz) für alle Unternehmen mit wenigstens einem Beschäftigten eine gesetzliche Verpflichtung zur Bestellung (§ 5 ASiG). Auch der Aufgabenkatalog ist gesetzlich verankert und umfasst die Unterstützung und Beratung der Unternehmensleitung und der Führungskräfte (ASiG, § 6).

Eine Konkretisierung erfährt das Arbeitssicherheitsgesetz durch die DGUV Vorschrift „Betriebsärzte und Fachkräfte für Arbeitssicherheit" (DGUV Vorschrift 2). Sie enthält Details zur Beauftragung und präzisiert die wahrzunehmenden Aufgaben. Für Unternehmen gibt es grundsätzlich die folgenden Möglichkeiten (DGUV Vorschrift 2, 2012):

- Regelbetreuung

  Die Regelbetreuung steht für ein Modell, bei dem die Aufgaben der Fachkraft für Arbeitssicherheit entweder von einem Mitarbeitenden des eigenen Unternehmens wahrgenommen oder aber von einem Dienstleistungsunternehmen im Rahmen eines Dienstleistungsvertrages erbracht werden. Der Umfang und die Art der Betreuungsleistung richten sich nach der Zahl der Beschäftigten (Anlage 1 und Anlage 2, DGUV Vorschrift 2).

- Alternative Betreuung

  Eine alternative Betreuung ist für alle Unternehmen mit bis zu 50 Beschäftigten möglich Nach diesem Modell verpflichtet sich die Unternehmensleitung zur Teilnahme an speziellen Ausbildungs- und Fortbildungsmaßnahmen. Zusätzlich ist eine ergänzende Beratung durch externe Dienstleistungsunternehmen in geringerem Umfang vorgesehen (DGUV Vorschrift 2, Anlage 3).

Im Falle der Regelbetreuung werden die Einsatzzeiten der Fachkraft für Arbeitssicherheit für Unternehmen mit mehr als zehn Beschäftigten nach Branche und nach betrieblichen Erfordernissen festgelegt.

Die Branchenzugehörigkeit entscheidet über die Höhe der Grundbetreuung. Hierzu wird ein Zeitanteil je Beschäftigten festgelegt. Für Logistikunternehmen werden die in Tabelle 3.6 dargestellten Ansätze zugrunde gelegt.

Tabelle 3.6 Einsatzzeiten für die Grundbetreuung

	Gruppe I	Gruppe II	Gruppe III
Branchenbeispiel	Behandlung und Beseitigung gefährlicher Abfälle	Personen- und Güterbeförderung in der See- und Küstenschifffahrt sowie in Binnenschifffahrt; Hafenbetrieb, Lagerei etc.	Personenbeförderung im Eisenbahnverkehr; Personen- und Güterbeförderung in der Luftfahrt etc.
Einsatzzeit je Jahr und Beschäftigtem/ Beschäftigter	2,5 Stunden	1,5 Stunden	0,5 Stunden

Durch die Festlegung der Einsatzzeiten soll gewährleistet werden, dass die Aufgaben nach Arbeitssicherheitsgesetz wahrgenommen werden (s. Kasten „Aufgaben der Fachkraft für Arbeitssicherheit im Rahmen der Grundbetreuung") Die Einsatzzeiten der Grundbetreuung schließen die Einsatzzeiten für die Betriebsärzte ein.

 Aufgaben der Fachkräfte für Arbeitssicherheit im Rahmen der Grundbetreuung

- Unterstützung bei der Gefährdungsbeurteilung (Beurteilung der Arbeitsbedingungen)
- Unterstützung bei grundlegenden Maßnahmen der Arbeitsgestaltung (z. B. Unterstützung bei Mitarbeiterunterweisung, Betriebsanweisungen, Information etc.)
- Unterstützung bei der Schaffung einer geeigneten Organisation und Integration in die Führungstätigkeit
- Untersuchung nach Unfallereignissen
- Allgemeine Beratung von Arbeitgebern und Führungskräften, betrieblichen Interessenvertretungen, Beschäftigten

- Erstellung von Dokumentationen, Erfüllung von Meldepflichten
- Mitwirken in betrieblichen Besprechungen

Quelle: DGUV Vorschrift 2 – Ausgabe der Berufsgenossenschaft für Handel und Warenlogistik

Zur Grundbetreuung kann ein betriebsspezifischer Betreuungsanteil hinzukommen. Damit sollen besondere Aufgaben berücksichtigt werden, die über den gesetzlich festgelegten Aufgabenumfang hinausgehen. Ein zusätzlicher Betreuungsaufwand kann sich beispielsweise ergeben durch betriebliche Veränderungen, neue Vorschriften oder bei besonderen betrieblichen Aktionen (DGUV Vorschrift 2, 2012, Anhang 4). Der dafür anzusetzende Zeitanteil wird zwischen Unternehmensleitung und Fachkraft für Arbeitssicherheit verabredet.

Ein Tätigkeit als Fachkraft für Arbeitssicherheit kann nur von Personen wahrgenommen werden, die über eine einschlägige Qualifikation verfügt. Als Voraussetzung für die Teilnahme an den Qualifizierungsmaßnahmen ist ein Berufsabschluss als Ingenieur, Techniker oder Meister und eine mindestens zweijährige Berufstätigkeit vorgesehen (DGUV Vorschrift 2, 2012, § 4).

In der innerbetrieblichen Organisation wird die Position der Fachkraft für Arbeitssicherheit als Stabsstelle auf der Ebene der Unternehmensleitung geführt. Sie nehmen nur Weisungen von der oberen Unternehmensleitung entgegen. Ein Weisungsrecht haben sie nicht.

Betriebsarzt

Die Verpflichtung zur Bestellung eines Betriebsarztes geht ebenfalls auf das Arbeitssicherheitsgesetz zurück. Auch diese Funktion ist in jedem Unternehmen mit wenigstens einem Beschäftigten zu besetzen. Allerdings unterscheiden sich die Aufgaben deutlich voneinander. Der fachliche Schwerpunkt des Betriebsarztes liegt auf dem Erhalt und der Förderung der Gesundheit. Daher haben auch die Aufgaben einen gesundheitlichen Schwerpunkt. Konkret werden beispielsweise erwartet (ASiG § 3):

- Beratung bei ergonomischen und arbeitshygienischen Fragestellungen;
- Organisation der Ersten Hilfe im Unternehmen;
- arbeitsmedizinische Untersuchungen und Beurteilungen;
- Ursachenuntersuchung arbeitsmedizinischer Erkrankungen.

Der zeitliche Umfang der Betreuung setzt sich aus dem Zeitanteil der Grundbetreuung und aus dem betriebsbezogenen Teil zusammen. Der Anteil der Betreuungsleistung an der Gesamtbetreuung soll mindestens 20 % und bezogen auf die Einsatzzeit je Mitarbeitenden nicht weniger als 0,2 Stunden je Jahr betragen (DGUV Vorschrift 2, 2012, Anlage 2).

Voraussetzung für die Bestellung ist eine abgeschlossene Ausbildung zum Arzt verbunden mit der Zusatzqualifikation „Arbeitsmedizin" oder „Betriebsmedizin" (DGUV Vorschrift 2, 2012, § 3).

Ihre Stellung innerhalb der Unternehmensorganisation entspricht der der Fachkraft für Arbeitssicherheit.

Sicherheitsbeauftragter

Der Sicherheitsbeauftragte ist seit 1963 im Unternehmen bekannt. Unternehmen mit durchschnittlich mehr als 20 Beschäftigte sind seit diesem Zeitpunkt zur Bestellung einer oder mehrerer Sicherheitsbeauftragter verpflichtet (Peters 1978, S. 180).

Auch wenn die Bezeichnung des Sicherheitsbeauftragten häufig mit der Fachkraft für Arbeitssicherheit verwechselt wird, so unterscheiden sich Aufgaben, Qualifikation und Position deutlich voneinander.

Die Aufgaben des Sicherheitsbeauftragten sind beratender und unterstützender Art. Allerdings werden diese nicht gegenüber der Unternehmensleitung wahrgenommen, sondern in erster Linie gegenüber den Mitarbeitenden. So sind die Sicherheitsbeauftragten konkret aufgefordert, auf Schutzeinrichtungen und persönliche Schutzausrüstungen zu achten (SBG VII § 22 Abs. 2).

Die Zahl der Sicherheitsbeauftragten, die im Unternehmen zu bestellen sind, richtet sich u. a. nach dem Risiko und der Beschäftigtenzahl. Logistikunternehmen, die Mitglied der Berufsgenossenschaft Handel und Warenlogistik (BGHW) sind, orientieren sich an den in Tabelle 3.7 aufgeführten Mindestzahlen.

Tabelle 3.7 Zahl der mindestens zu bestellenden Sicherheitsbeauftragten

Anzahl der Beschäftigten in der Betriebsstätte	Gruppe II[1]	Gruppe III[1]
21 – 50	1	1
51 – 150	2	1
151 – 200	2	2
201 – 500	3	2
501 – 1000	4	3
1001 und mehr	4	4

[1] Die Gruppen entsprechen den Betreuungsgruppen nach DGUV Vorschrift 2

Es ist festzuhalten, dass Sicherheitsbeauftragte ihre Aufgaben grundsätzlich zusätzlich zu ihren sonstigen Aufgaben wahrnehmen sollen. Inwieweit Freistellungen von anderen Tätigkeiten erfolgen, ist Angelegenheit des Unternehmens. In jedem Fall haben Sicherheitsbeauftragte keine Weisungsbefugnis. Ihr Wirken geht allein auf ihre Überzeugungskraft zurück. Daher erhalten Sicherheitsbeauftragte die Gelegenheit, sich auf ihre Aufgaben vorzubereiten. Hierzu werden Ausbildungsveranstaltungen angeboten, die beispielsweise bei der BGHW in Grund- und Aufbauseminar von je drei Tagen unterteilt werden. Eine besondere berufliche Qualifikation ist nicht erforderlich.

Gefahrgutbeauftragter

Eine Notwendigkeit zur Bestellung eines Gefahrgutbeauftragten ergibt sich nur dann, wenn das Unternehmen Pflichten als Transportbeteiligter gefährlicher Güter übernimmt (GbV, § 3 Abs. 1). Neben der Beförderung gehören auch Tätigkeiten wie z. B. das Verladen oder Verpacken dazu. Einzelheiten enthalten die Gefahrgutverordnung Straße, Eisenbahn und Binnenschifffahrt (GGVSEB) oder die Gefahrgutverordnung See (GGVSee).

Die Anforderungen an Bestellung, Aufgaben und Qualifikation regelt die Verordnung über die Bestellung von Gefahrgutbeauftragten in Unternehmen (Gefahrgutbeauftragtenverordnung).

Im Vergleich zur Bestellverpflichtung der Fachkraft für Arbeitssicherheit und der Sicherheitsbeauftragten lassen sich folgende Unterschiede festmachen:

- Es gibt keine Festlegungen über die Einsatzzeiten oder die Anzahl der zu bestellenden Gefahrgutbeauftragten.

- Der Unternehmer kann selbst die Funktion des Gefahrgutbeauftragten wahrnehmen (GbV § 3 Abs. 2).

- Der Name des Gefahrgutbeauftragten ist der zuständigen Behörde schriftlich mitzuteilen (GbV § 3 Abs. 2).

Der Gefahrgutbeauftragte übernimmt weitreichende Beratungs-, Überwachungs-, Überprüfungs- und Dokumentationspflichten (z. B. Jahresbericht, Tätigkeitsbericht, Unfallberichte). Gleichwohl bleibt der Unternehmer für die ordnungsgemäße Beförderung verantwortlich (GGBefG § 9 Abs. 5).

Da die Gefahrgutregelungen sehr umfangreich sind, ist eine Qualifikation des Gefahrgutbeauftragten vorgesehen. Umfang und Dauer der Qualifikation richten sich nach der Art der Verkehrsträger. Die Dauer der Qualifizierungsmaßnahmen beträgt mindestens 22,5 Stunden und schließt mit einer Prüfung ab. Nur wenn diese erfolgreich abgeschlossen wird, darf der Gefahrgutbeauftragte vom Unternehmen bestellt werden. Die Prüfungsbescheinigung ist auf fünf Jahre befristet.

Immissionsschutzbeauftragter

Grundlage für die Bestellung eines Immissionsschutzbeauftragten ist das Gesetz zum Schutz vor schädlichen Umwelteinwirkungen durch Luftverunreinigungen, Geräusche, Erschütterungen und ähnliche Vorgänge (Bundes-Immissionsschutzgesetz – BImSchG) in Verbindung mit der Fünften Verordnung zur Durchführung des Bundes-Immissionsschutzgesetzes (Verordnung über Immissionsschutz- und Störfallbeauftragte – 5. BImSchV).

Die Verpflichtung zur Bestellung eines Immissionsschutzbeauftragten richtet sich an den Betreiber genehmigungsbedürftiger Anlagen, die im Anhang der 5. BImSchV aufgeführt sind. Die Aufgaben des Immissionsschutzbeauftragten sind beratender Natur und umfassen beispielsweise die Beratung zur Einführung umweltfreundlicher Verfahren und die Aufklärung der Betriebsangehörigen über schädliche Umwelteinwirkungen.

Vorgaben zur Anzahl und zu den Einsatzzeiten gibt es nicht. Dagegen sind die Anforderungen an die erforderlichen Qualifikationen konkret beschrieben. Diese umfassen (5. BImSchV §7) den erfolgreichen Abschluss eines Hochschulstudiums (Ingenieurwesen, Chemie, Physik), die erfolgreiche Teilnahme an einem behördlich anerkannten Lehrgang sowie eine mindestens zweijährige Berufserfahrung in der Anlage, in der der Immissionsschutzbeauftragte bestellt werden soll, oder in einer vergleichbaren Anlage. Unter bestimmten Voraussetzungen kann die Behörde Ausnahmen zulassen.

Neben der fachlichen Qualifikation muss der Immissionsschutzbeauftragte festgeschriebene Zuverlässigkeitskriterien erfüllen (5. BImSchV § 10 Abs. 2).

Störfallbeauftragter

Die Verpflichtung zur Bestellung eines Störfallbeauftragten basiert auf denselben rechtlichen Regelungen wie für den Immissionsschutzbeauftragten. Eine Verpflichtung zur Bestellung besteht für den Betreiber jedoch nur dann, wenn die Betriebsbereiche der Störfallverordnung unterliegen (5. BImSchV (§ 1 Abs. 2). Ein weiterer Unterschied zum Immissionsschutzbeauftragten ist die Aufgabenzuteilung. Zwar hat auch der Störfallbeauftragte beratende Aufgaben, aber diese sind nur gegenüber dem Betreiber wahrzunehmen und nicht gegenüber den Betriebsangehörigen.

Die Forderungen nach Eingangsvoraussetzungen und Qualifikation entsprechen dem Grunde nach denen des Immissionsschutzbeauftragten.

Sonstige Beauftragte

Neben den genannten Funktionsträgern gibt es weitere Beauftrage, die Sicherheitsaufgaben im weiteren Sinne wahrnehmen. Eine Kurzübersicht enthält Tabelle 3.8.

Eine besondere Funktion innerhalb der Sicherheitsorganisation übernimmt der Betriebsrat. Aus der Überlegung heraus, die Interessen der Mitarbeitenden zu vertreten, hat der Betriebsrat nicht nur Mitwirkungs- und Mitbestimmungsrechte, sondern er hat auch das Recht, Vorschläge zu unterbreiten, die zu einer Verbesserung der Sicherheit beitragen.

Tabelle 3.8 Sonstige Beauftragte mit Sicherheitsaufgaben

Funktion	Zentrale Aufgabe	Rechtsquelle
Brandschutzbeauftragter	Beratung und Unterstützung in Fragen des vorbeugenden, abwehrenden und organisatorischen Brandschutzes sowie im betrieblichen Notfallmanagement	Landesbauordnungen
Brandschutzhelfer	Aufgabe der Brandbekämpfung bei Entstehungsbränden	Arbeitsschutzgesetz, Verordnung über Arbeitsstätten (Arbeitsstättenverordnung) in Verbindung mit Technische Regel für Arbeitsstätten ASR A2.2
Ersthelfer	Gewährleistungen der Ersten Hilfe im Unternehmen	§ 10 Arbeitsschutzgesetz, § 26 DGUV Vorschrift „Grundsätze der Prävention"
Betriebssanitäter	Gewährleistungen einer erweiterten Ersten Hilfe im Unternehmen	§ 27 DGUV Vorschrift „Grundsätze der Prävention"
Betriebsbeauftragter für Abfall	Beratung der Verantwortlichen und der Betriebsangehörigen in Fragen zur Abfallvermeidung und Abfallbewirtschaftung	Bundesimmissionsschutzgesetz, Kreislaufwirtschaftsgesetz, Abfallbeauftragtenverordnung
Gewässerschutzbeauftragter	Beratung der Gewässerbenutzer und der Betriebsangehörigen in Fragen des Gewässerschutzes	Wasserhaushaltsgesetz

■ 3.3 Instrumente zur Verbesserung der Wirksamkeit

Die Vielfalt der beteiligten Akteure und deren Aufgabenteilung lässt den Eindruck entstehen, Sicherheit ließe sich allein durch den linearen Prozess zwischen Gesetzgeber, Aufsichtsbehörden und den jeweiligen Funktionsträgern im Unternehmen erzeugen. Eine derartige Schlussfolgerung setzt voraus, dass die ursprünglich intendierten Ziele von allen Beteiligten akzeptiert werden und keine Entwicklungen eintreten, die das Erreichen der Ziele beeinträchtigen können. Tatsächlich ist das jedoch nicht der Fall. Ein rasant fortschreitender technologischer Wandel, Veränderungen in der gesellschaftlichen Akzeptanz bestehender Risiken und wirtschaftliche Zwänge der Unternehmen lassen Abweichungen vom ursprünglichen Ziel erwarten. Eine Steuerung der Sicherheit allein durch Vorgabe und Umsetzung ist vor diesem Hintergrund nicht sinnvoll. Vielmehr muss es darum gehen, Erfahrungen zu sammeln und Rückschlüsse daraus zu ziehen. Nur so lässt sich eine Verbesserung der Sicherheitsleistung erreichen.

Der erste Schritt auf diesem Weg ist es, den Austausch der beteiligten Akteure zu fördern. Folgende Instrumente werden hierzu bereits genutzt:

- Überbetriebliche Ebene

  Die Koordinierung der Länder auf dem Gebiet der Sicherheit wird durch den Länderausschuss für Arbeitsschutz und Sicherheitstechnik (LASI) gewährleistet. Dieses Gremium setzt sich aus hochrangigen Vertretern der Bundesländer zusammen. Zu den wesentlichen Aufgaben gehören die Beratung der Konferenz der Arbeits- und Sozialminister der Länder sowie die Bearbeitung grundlegender Fragestellungen. Die Ergebnisse werden in Form von LASI-Veröffentlichungen publiziert. Ziel ist eine einheitliche Beratungs- und Vollzugspraxis (SLIC-Bericht, 2017, S. 13).

  Die Abstimmung der Länder mit den Unfallversicherungträgern erfolgt in Bezug auf die Präventionsaktivitäten durch die „Gemeinsame Deutsche Arbeitsschutzstrategie" (GDA) (ArbSchG, § 20a). Die Abstimmung gemeinsamer Ziele und Vorgehensweisen bildet die Grundlage für eine nachhaltige Sicherheit.

- Innerbetriebliche Ebene

  Auch innerhalb eines Unternehmens ist ein enger Austausch aller betrieblichen Entscheidungs- und Funktionsträger sinnvoll. Der Arbeitsschutzausschuss (ASA), der in allen Unternehmen mit mehr als 20 Beschäftigten einzurichten ist, übernimmt diese Aufgabe (ASiG, § 11). Der ASA tritt mindestens viermal jährlich zusammen. Aufgabe des ASA ist es, sich über den Stand des Arbeitsschutzes auszutauschen (ASiG § 11). Um zu gewährleisten, dass mögliche Synergien genutzt werden, kann es sinnvoll sein, über den gesetzlichen Rahmen hinaus weitere Funktionsträger einzubinden. Bild 3.3 enthält Vorschläge, um welche Funktionen der ASA über den rechtlich geforderten Personenkreis hinaus erweitert werden kann.

Die beispielhaft aufgeführten Instrumente sind vor allem geeignet, die Effektivität innerhalb der jeweiligen Ebenen zu verbessern. Eine Steigerung der Wirksamkeit ist zu erwarten, wenn es gelingt, die Grenzen zwischen der überbetrieblichen und der innerbetrieblichen Ebene zu durchbrechen und ein übergreifendes organisationales Lernen zu ermöglichen. Rasmussen schlägt hierzu ein Modell vor, das aus einem „Top-down-Ansatz" und einem „Bottom-up-Ansatz" besteht (Rasmussen, 1997, S. 185). Ritz hat dieses Modell an die europäischen Gegebenheiten angepasst und konkretisiert. Sein modifiziertes Modell besteht aus sechs Ebenen. Die beiden obersten Ebenen werden vom Gesetzgeber und den Aufsichtsbehörden gebildet. Die vier unteren Ebenen beschreiben den Unternehmensaufbau von der Unternehmensleitung und den Führungskräften bis zu den Mitarbeitenden. Den Sockel bildet die Arbeitsebene (Ritz, 2015, S. 15).

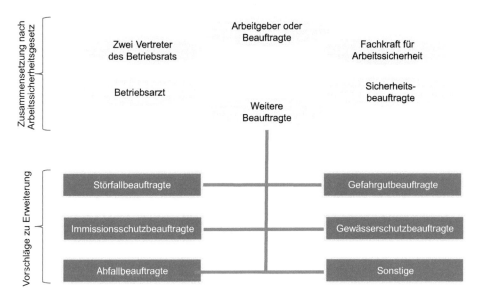

Bild 3.3 Zusammensetzung des Arbeitsschutzausschusses nach Arbeitssicherheitsgesetz und Vorschläge zur Erweiterung

Der „Top-down-Ansatz" wird durch die Aufgabenwahrnehmung der beteiligten Akteure verwirklicht. Das bedeutet, dass die erarbeiteten Regelungen von den Vollzugsbehörden in die Unternehmen getragen werden. Dort erfolgt die Umsetzung der Maßnahmen unter Beteiligung der Führungskräfte und der Mitarbeitenden. Das Ergebnis hat Auswirkungen auf die konkrete Arbeit.

Die Erfahrungen, die mit der Umsetzung gewonnen werden, gelangen im „Bottom-up-Ansatz" über die Mitarbeitenden und Führungskräfte zu den Unternehmensleitungen. Von dort erfolgt die Weiterleitung an die Aufsichtsbehörden und letztlich zum Gesetzgeber. Dessen Aufgabe ist es, die tatsächlichen Ergebnisse mit den Zielen zu vergleichen und so Rückschlüsse für Verbesserungen abzuleiten. So ließe sich ein Regelkreis aufbauen, der zu einer stetigen Verbesserung der Sicherheitsleistungen führt (Ritz, 2015, S. 15).

Bild 3.4 zeigt ein vereinfachtes Modell des Aufbaus in Form eines Regelkreises.

In der Praxis ist das skizzierte Modell allenfalls in ersten Ansätzen erkennbar. So sind beispielsweise die Unfalluntersuchungen durch die Behörden und Unfallversicherungsträger durchaus geeignet, Rückschlüsse über die Wirksamkeit intendierter Maßnahmen zu ziehen. Allerdings sind diese Maßnahmen alleine nicht ausreichend, eine messbare Verbesserung der Wirksamkeit zu erzielen, zumal dieser Schritt nur von den Aufsichtsbehörden ausgeht. Erfahrungsberichte unabhängig von Unfällen könnten zu zusätzlichen Erkenntnissen führen und zu nachhaltigen Verbesserungen beitragen.

Bild 3.4 Regelkreis zur Verbesserung des Sicherheitsniveaus durch Zusammenwirken aller Akteure

Literatur

5. BImSchV. Verordnung über Immissionsschutz- und Störfallbeauftragte vom 30. Juli 1993 (BGBl. I S. 1433), die zuletzt durch Artikel 4 der Verordnung vom 28. April 2015 (BGBl. I S. 670) geändert worden ist

AEUV. 2012. Konsolidierte Fassung des Vertrags über die Arbeitsweise der Europäischen Union. 2012

ArbSchG. *Arbeitsschutzgesetz vom 7. August 1996 (BGBl. I S. 1246), das zuletzt durch Artikel 113 des Gesetzes vom 20. November 2019 (BGBl. I S. 1626) geändert worden ist*

ASiG. *Gesetz über Betriebsärzte, Sicherheitsingenieure und andere Fachkräfte für Arbeitssicherheit vom 12. Dezember 1973 (BGBl. I S. 1885), das zuletzt durch Artikel 3 Absatz 5 des Gesetzes vom 20. April 2013 (BGBl. I S. 868) geändert worden ist*

BASE. 2020. www.base.bund.de. [Online] Bundesamt für die Sicherheit der nuklearen Entsorgung, 2020. [Zitat vom: 22.02.2020.] https://www.base.bund.de/DE/base/bundesamt/aufgaben/aufga ben_node.html;jsessionid=B80D22CA34A5B7E265354D8E923FEDA4.2_cid382

BAuA, DGUV (Hrsg.): 2016. Ausbildung zur Fachkraft für Arbeitssicherheit. *Grundbegriffe des Arbeitsschutzes.* Berlin: s. n., Juli 2016

BBK. 2013: *BBK-Glossar Ausgewählte zentrale Begriffe des Bevölkerungsschutzes.* Spangenberg: Werbedruck GmbH, 2013

BGHW. 2015: BGHW-Kompakt Bestellung und Aufgaben der Sicherheitsbeauftragten. [Online] 05. Januar 2015. [Zitat vom: 05. Februar 2020.] https://kompendium.bghw.de/bghw/xhtml/document.jsf ?activeToolbarTab=document&event=navigation&docId=bghw_kom%2Fbghw_kom-Documents%2F b12m084%2Fb12m084_0_.html&alias=bghw_kom_b12m084_1_&start=0&highlighting=true&high lightingTerm=sicherheitsbeauftragte++++

BImSchG: *Bundes-Immissionsschutzgesetz in der Fassung der Bekanntmachung vom 17. Mai 2013 (BGBl. I S. 1274), das zuletzt durch Artikel 1 des Gesetzes vom 8. April 2019 (BGBl. I S. 432) geändert worden ist*

DGUV e. V. 2019: Präventionsleistungen der Unfallversicherungsträger der Deutschen Gesetzlichen Unfallversicherung. [Online] Mai 2019. [Zitat vom: 22.02.2010.] https://publikationen.dguv.de/wid gets/pdf/download/article/3170

DGUV Vorschrift 2. 2012: *Unfallverhütungsvorschrift Betriebsärzte und Fachkräfte für Arbeitssicherheit – abgestimmter Mustertext in der Fassung vom 1. Januar 2012.* 2012

DIN 2020. www.din.de [Online] DIN – kurz erklärt [Zitat vom 05.08.2020] https://www.din.de/de/ueber-normen-und-standards/basiswissen

Einhaus, M.; Lugauer, F.; Häußinger, C. 2018: *Arbeitsschutz und Sicherheitstechnik. Der Schnelleinstieg für (angehende) Führungskräfte: Basiswissen, Haftung, Gefährdung, Rechtslage.* München: Carl Hanser Verlag GmbH & Co. KG, 2018

GbV: *Gefahrgutbeauftragtenverordnung in der Fassung der Bekanntmachung vom 11. März 2019 (BGBl. I S. 304)*

GewO: *Gewerbeordnung in der Fassung der Bekanntmachung vom 22. Februar 1999 (BGBl. I S. 202), die zuletzt durch Artikel 15 des Gesetzes vom 22. November 2019 (BGBl. I S. 1746) geändert worden ist*

GG: *Grundgesetz für die Bundesrepublik Deutschland in der im Bundesgesetzblatt Teil III, Gliederungsnummer 100-1, veröffentlichten bereinigten Fassung, das zuletzt durch Artikel 1 des Gesetzes vom 15. November 2019 (BGBl. I S. 1546) geändert worden ist*

GGVSEB: *Gefahrgutverordnung Straße, Eisenbahn und Binnenschifffahrt in der Fassung der Bekanntmachung vom 11. März 2019 (BGBl. I S. 258), die durch Artikel 14 des Gesetzes vom 12. Dezember 2019 (BGBl. I S. 2510) geändert worden ist*

GGVSee: *Gefahrgutverordnung See in der Fassung der Bekanntmachung vom 21. Oktober 2019 (BGBl. I S. 1475), die zuletzt durch Artikel 16 des Gesetzes vom 12. Dezember 2019 (BGBl. I S. 2510) geändert worden ist*

Hussing, Marc. 2012: Das Vorschriften- und Regelwerk der Unfallversicherungsträger. *Kommission Arbeitsschutz und Normung.* [Online] 2012. [Zitat vom: 20. Februar 2020.] https://www.kan.de/publikationen/kanbrief/vorschriften-und-regeln-im-arbeitsschutz/das-vorschriften-und-regelwerk-der-unfallversicherungstraeger/

Kahl, A. 2019: *Arbeitssicherheit Fachliche Grundlagen.* Berlin: Erich Schmidt Verlag, 2019

LASI. 2019: Abschlussbericht SLIC-Revision 2017 des staatlichen Arbeitsschutzsystems der Bundesrepublik Deutschland. *Länderausschuss für Arbeitsschutz und Sicherheitstechnik.* [Online] 2019. [Zitat vom: 10. Februar 2020.] https://lasi-info.com/fileadmin/user_upload/publikationen/SLIC-Bericht/SLIC-Report_2017_DE_Druckvorlage_komplett_final_19-06-2019_8_.pdf

Peters, H. 1978: *Die Geschichte der sozialen Versicherung.* Sankt Augustin: Asgard Verlag Hippe, 1978

ProdSG. 2015: *Produktsicherheitsgesetz vom 8. November 2011 (BGBl. I S. 2178, 2179; 2012 I S. 131), zuletzt geändert durch Artikel 435 der Verordnung vom 31. August 2015 (BGBl. I S. 1474).* 2015

Rasmussen, J. 1997: Risk Management in a Dynamic Society: A Modelling Problem. *Safety Science.* 1997, Bd. Nr. 2/3, S. 183-213

Ritz, F. 2015: *Betriebliches Sicherheitsmanagement Aufbau und Entwicklung widerstandsfähiger Arbeitssysteme.* Stuttgart: Schäffer-Pöschel Verlag, 2015

Sauer, J.; Schell, M.; Töpfer, G.; von Kiparski, R. (Hrsg.). 2019: *Arbeitsschutz von A-Z 2019.* Freiburg: Haufe-Lexware GmbH & Co. KG, 2019

Schliephake, J. 1992: *Arbeitssicherheitsmanagement Organisation Delegation Führung Aufsicht Band 1 Rechtliche Vorgaben und organisatorische Möglichkeiten.* Frankfurt am Main: Frankfurter Allgemeine Zeitung, 1992

Stürk, P. 1997: *Wegweiser Arbeitsschutzgesetz Kurzinformation für die Praxis.* Bielefeld: Erich Schmidt Verlag GmbH & Co KG, 1997

UBA. 2019: Umweltbundesamt. [Online] Juli 2019. [Zitat vom: 22. 02 2020.] https://www.umweltbundesamt.de/sites/default/files/medien/376/publikationen/190722_uba_lf_environadmin_21x21_bf.pdf

Weber, W. 1988: *Arbeitssicherheit Historische Beispiele – aktuelle Analysen.* Reinbek bei Hamburg: Rowohlt Taschenbuch Verlag GmbH, 1988

4 Risikobeurteilung

Die Sicherheitsdefinition ist mit dem Risiko verknüpft. Die Frage, ob Sicherheit gegeben ist, lässt sich daher nur beantworten, wenn die Risiken bekannt sind. Diese zu ermitteln ist das Ziel der Risikobeurteilung.

Im folgenden Kapitel werden Vorgehen und ausgewählte Verfahren und Werkzeuge der Risikobeurteilung vorgestellt. Ein besonderer Abschnitt ist den Sonderformen der Risikobeurteilung gewidmet. Hierzu zählen die Gefährdungsbeurteilung in den Unternehmen und die Risikobeurteilung, die der Hersteller einer Maschine durchzuführen hat. Zum Schluss wird auf die Risikominderung eingegangen.

■ 4.1 Grundlagen und Begriffe

Eine oberflächliche Recherche im Internet unter dem Stichwort „Risikobeurteilung in Unternehmen" liefert mehr als 850000 Einträge. Nimmt man die Ergebnisse näher unter die Lupe, so stellt man fest, dass der Begriff „Risikobeurteilung" in vielen Zusammenhängen verwendet wird. Neben der Konstruktion sicherer Maschinen taucht die Bezeichnung vor allem im Kontext mit der Informationssicherheit auf. Aber auch finanzielle Entscheidungen werden mit der Risikobeurteilung in Verbindung gebracht. Weiterhin finden sich Einträge, bei denen die Risikobeurteilung als Synonym für die „Gefährdungsbeurteilung" oder aber für eine „Gefahrenanalyse" steht. Die Beispiele sind ein deutlicher Beleg dafür, dass eine Erläuterung des Begriffes dringend notwendig ist.

Dieser Aufgabe stellte sich die Internationale Organisation für Normung (ISO), als sie in 2008 erstmalig mit ISO 31000 „Risk management – Principles and guidelines" eine Norm zum Thema veröffentlichte. Die Risikobeurteilung, eingebettet in ein betriebliches Risikomanagement, folgt einem iterativen Vorgehen bestehend aus den drei Schritten Identifizierung, Analyse und Bewertung. Doch nicht alle nationalen Normungsgremien überführten diese Norm in das jeweilige eigene Regelwerk. Auch das Deutsche Institut für Normung (DIN) verweigerte sich. Dieses änderte sich erst mit dem Inkrafttreten der ersten Revision. Seit Oktober 2018 liegt mit der DIN ISO 31000 „Risikomanagement-Leitlinien" auch eine deutsche Version der internationalen Norm vor. Die Risikobeurteilung ist Bestandteil eines übergeordneten Risikomanagements (Bild 4.1). Das Vorgehen ist iterativ (DIN ISO 31000: 2018-10, S. 17).

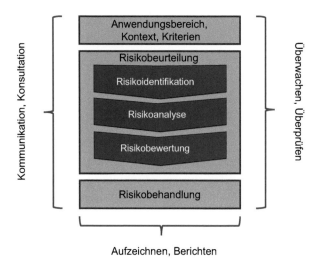

Bild 4.1 Risikobeurteilung als Bestandteil eines Risikomanagements (nach DIN ISO 31000)

Die Risikobeurteilung nach DIN ISO 31000 ist nicht auf technische oder sozio-technische Systeme beschränkt. Vielmehr ist das beschriebene Vorgehen universell anwendbar und eignet sich daher auch für die Beurteilung wirtschaftlicher oder finanzieller Risiken. Um die Anwendung der Norm für Sicherheitsfragestellungen möglich zu machen, ist es daher notwendig, einen Bezug zur Begriffswelt der Sicherheit herzustellen (s. Kapitel 2). Hierzu soll ein Modell vorgestellt werden, das die Begriffe der Sicherheit mit dem Risiko in Verbindung bringt.

Bild 4.2 zeigt ein Begriffsmodell, das für die Risikobeurteilung technischer oder sozio-technischer Systeme genutzt werden kann.

Die Risikobeurteilung dient dazu, einen möglichen Schaden für Mensch, Umwelt oder Güter auszuschließen. Diese Schutzgüter sind Teile eines technischen oder sozio-technischen Systems. (s. Kapitel 2.3). Die Kenntnis dieses Systems und seiner Grenzen ist Voraussetzung für die Durchführung einer Risikobeurteilung.

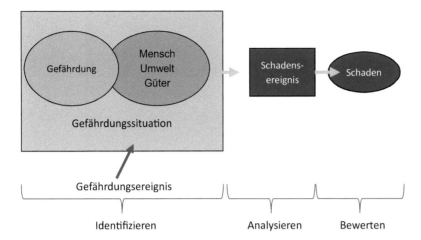

Bild 4.2 Begriffsmodell zur Risikobeurteilung

Das Schutzgut ist spezifischen Gefährdungen ausgesetzt. Diese stellen „potenzielle Schadensquellen" dar und haben ihren Ursprung in dem System (DIN 820:2014-06, S. 11). System und Gefährdungen konkretisieren mögliche Gefährdungssituationen. Dabei handelt es sich um einen

Zustand, in dem Menschen, Güter oder die Umwelt einer oder mehreren Gefährdungen ... ausgesetzt sind.

DIN 820-12:2014-06

Die Gefährdungssituation ermöglicht es, den Schaden unter Berücksichtigung der vom System ausgehenden Gefährdungen zu konkretisieren. Obwohl grundsätzlich alle Gefährdungssituationen geeignet sind, einen Schaden herbeizuführen, erfolgt dieses nicht zwingend. In der Regel bedarf es hierzu besonderer Ereignisse, sogenannter Gefährdungsereignisse (DIN 820:2014-06, S. 11). Erst durch das Gefährdungsereignis wird aus der abstrakten Gefährdungssituation ein konkretes Schadensereignis. Das Beispiel „Fußgänger im Straßenverkehr" soll zur Erläuterung der Zusammenhänge dienen

 Anwendungsbeispiel Fußgänger im Straßenverkehr

System: Fußgänger im Straßenverkehr

Gefährdungen: Fahrzeuge, Radfahrer, Fußgänger, Hunde, Beschaffenheit der Gehwege, Witterungseinflüsse etc.

Gefährdungssituationen (Beispiele):

- Fußgänger wird von Fahrzeug oder Radfahrer angefahren;
- Fußgänger wird von einem anderen Fußgänger angerempelt,
- Fußgänger wird von Hund attackiert;
- Fußgänger stürzt auf dem Gehweg u. a.

> **Gefährdungsereignisse (Beispiele):**
> - Ablenkung des Fahrzeugfahrers;
> - Radfahrer überfährt rote Fußgängerampel zeitglich mit Überqueren der Straße;
> - Fußgänger hat einen Schwächeanfall und stürzt auf die Fahrbahn;
> - Hund ist nicht angeleint und fällt Passanten an;
> - Gehwege sind uneben, so dass es zum Sturz kommt.

Folgt man diesem Begriffsmodell, dann ist die Gefährdungssituation grundsätzlich immer vorhanden. Sie ist real und daher vorhersehbar. Vollkommen anders verhält es sich dagegen mit dem Gefährdungsereignis. Welches Ereignis möglich ist und wann und in welcher Art und Weise es auftritt, ist Gegenstand einer Abschätzung.

Das Schadensereignis kann unterschiedliche Ausmaße annehmen. Ein Fußgänger, der von einem Radfahrer angefahren wird, kann schwere Verletzungen erleiden. Es ist jedoch auch möglich, dass der Zusammenstoß nahezu folgenlos bleibt. Ein Schadensereignis liegt jedoch in beiden Fällen vor. Zur Beantwortung der Frage, wann aus dem Schadensereignis ein Schaden wird, ist die Definition des Risikos hilfreich.

Nach DIN ISO 31000 bezeichnet das Risiko die

Auswirkung von Unsicherheit auf Ziele

DIN ISO 31000:2018-10

In der Sicherheit ist das Risiko grundsätzlich negativ konnotiert. Das hängt damit zusammen, dass die Risikobeurteilung immer auf einen möglichen Schaden fixiert ist. Ob der angenommene Schaden tatsächlich eintreten wird, lässt sich nicht mit Gewissheit voraussagen. Allenfalls lässt sich hierfür eine Wahrscheinlichkeit angeben. Aus diesem Grunde wird das Risiko für Sicherheitsbetrachtungen definiert als

Kombination der Wahrscheinlichkeit eines Schadenseintritts [...] und seines Schadensausmaßes.

DIN 820-12:2014-06

Ob das Schadensereignis tatsächlich als Schaden wahrgenommen wird, hängt von den Umständen oder aber von der individuellen Bewertung ab. Der Sturz eines Fußgängers auf dem Gehweg kann zu einem Schrecken beim Betroffenen führen oder aber zu einer ernsten Verletzung. In beiden Fällen handelt es sich um ein Schadensereignis. Im ersten Fall wird der Fußgänger aber kaum von einem Schaden sprechen, während das im zweiten Fall sicherlich so gesehen wird. Die Frage, ob ein Schaden im Sinne der Sicherheit vorliegt, wird zu einer Frage der Bewertung.

Mit dem Begriffsmodell ist es möglich, das allgemeine Vorgehen nach DIN ISO 31000 für die Beurteilung technischer oder sozio-technischer Risiken zu konkretisieren. Es ergibt sich folgender Ablauf:

- Identifizieren der Gefährdungssituationen

  Die Risikobeurteilung beginnt mit der Identifizierung der Gefährdungssituationen. Dieser Schritt setzt voraus, dass das Schutzgut (Mensch, Umwelt, Güter) konkretisiert ist und das System (technisch, sozio-technisch) und seine Grenzen festgelegt ist.

- Analyse der Risiken

  Der Zweck der Risikoanalyse besteht darin, mögliche Schadensszenarien abzuleiten und diese Im Hinblick auf Schadensausmaß und Wahrscheinlichkeiten zu konkretisieren. Dazu sind Gefährdungsereignisse festzulegen und deren mögliche Wirkung unter Berücksichtigung der Systemeigenschaften abzuschätzen. Neben Schadensausmaß gilt es, auch die Wahrscheinlichkeit für den Schadenseintritt festzulegen. Da Angaben zu den Wahrscheinlichkeiten in den allerwenigsten Fällen vorliegen, gibt es häufig nur die Option, auf Erfahrungswerte im Sinne von Möglichkeiten oder Tendenzen zurückzugreifen (subjektive Wahrscheinlichkeit).

- Bewertung der Risiken

  Das Ergebnis der Risikobewertung liefert die Antwort auf die Frage, welche der analysierten Risiken zu einen Gefahr werden und daher nicht mehr vertretbar sind. An dieser Stelle der Risikobeurteilung fließen die Wertvorstellungen des Unternehmens und weiterer Interessengruppen ein.

■ 4.2 Ausgewählte Verfahren und Werkzeuge

Im Laufe der Zeit haben sich zahlreiche Verfahren und Werkzeuge etabliert, die zur Unterstützung bei einer Risikobeurteilung herangezogen werden können. In der europäischen Norm DIN EN 31010 „Risikomanagement – Verfahren zur Risikobeurteilung" sind insgesamt 31 Verfahren aufgeführt (DIN EN 31010:2010-11, S. 20). Jedes dieses Verfahren hat Stärken und Schwächen. Und nicht jedes der Verfahren eignet sich für Risikobeurteilungen technischer oder sozio-technischer Systeme.

Im Folgenden werden drei Verfahren exemplarisch vorgestellt, die sich in der Praxis zur Unterstützung bei der Risikobeurteilung bewährt haben.

4.2.1 PAAG-Verfahren

Die Risikobeurteilung startet mit der Identifizierung der Gefährdungssituationen. Die Herausforderung besteht darin, Gefährdungen und mögliche Gefährdungsereignisse zu bestimmen. Hierzu ist neben Erfahrungswissen auch Kreativität gefragt. Daher sind Kreativitätstechniken besonders gut für diesen Schritt der Risiko-beurteilung geeignet.

DIN EN 31010 empfiehlt für die Identifizierung der Risiken 15 Werkzeuge. Diese reichen von einfachen Verfahren wie z. B. dem Brainstorming bis hin zu spezifi-schen Techniken wie der Delphi-Methode und der Methode zur Beurteilung der menschlichen Zuverlässigkeit (DIN EN 31010:2010-11, S. 20). Nicht alle der emp-fohlenen Werkzeuge eignen sich gleichermaßen gut für Risikobeurteilungen in der Sicherheit.

Für technische Systeme hat sich das HAZOP-Verfahren bewährt. HAZOP ist ein Akronym, das für „Hazard and Operability studies" steht. Diese ursprünglich in Großbritannien entwickelte Methode ist in Deutschland unter dem Namen PAAG-Verfahren bekannt. Auch bei PAAG handelt es sich um ein Akronym. Es setzt sich aus folgenden Bestandteilen zusammen:

- Prognose von Abweichungen,
- Auffinden der Ursache,
- Abschätzen der Auswirkungen,
- Gegenmaßnahmen.

Das PAAG-Verfahren wurde ursprünglich entwickelt, um Risiken bei Neuerrich-tung oder Umbau verfahrenstechnischer Anlagen zu erkennen und Vorschläge für Präventionsmaßnahmen abzuleiten. Es eignet sich daher besonders gut für alle prozessorientierten Systeme. Eine Übertragung auf sozio-technische Systeme ist jedoch möglich (Preiss, S. 69, DIN EN 31010:2010-11, S. 33).

Besonderes Kennzeichen des PAAG-Verfahrens ist die Anwendung von Leitworten (Tabelle 4.1). Diese werden mit dem bestimmungsgemäßen Ablauf in Verbindung gebracht, so dass ungewöhnliche Situationen beschrieben und mögliche Gefähr-dungsereignisse erkannt werden können. Durch die Leitworte wird die Kreativität des Anwenders angeregt.

Tabelle 4.1 Leitworte des PAAG-Verfahrens und deren Bedeutung (DIN EN 31010:2010-11, S. 33)

Leitwort	Bedeutung
Nein (nicht/kein/keine)	Verneinung des bestimmungsgemäßen Ablaufes
Mehr/weniger	Quantitative Zunahme/quantitative Abnahme
Sowohl als auch	Qualitative Zunahme, d. h., bestimmungsgemäßer Ablauf wird erreicht und Weiteres geschieht
Teilweise	Qualitative Abnahme, d. h., der bestimmungsgemäße Ablauf wird nur unvollständig erreicht
Umkehrung	Entgegengesetzter Ablauf
Anders als	Vollkommen anderer Ablauf als bestimmungsgemäß vorgesehen

Das PAAG-Verfahren lässt sich besonders gut für die Bestimmung möglicher Gefährdungsereignisse heranziehen. Die mittels der Leitworte erzeugten, nicht bestimmungsgemäßen Ablauffolgen lassen sich als Gefährdungsereignisse auffassen. Die weiteren Ergebnisse des PAAG-Verfahrens zur möglichen Ursache, den Folgen und den möglichen Gegenmaßnahmen sind für die Risikoidentifizierung ohne Belang. Ihre Kenntnis kann jedoch dazu beitragen, aus dem Katalog der nicht bestimmungsgemäßen Ablauffolgen diejenigen auszuwählen, deren Betrachtung besonders wichtig erscheint.

Zu den Stärken des PAAG-Verfahrens zählen die strukturierte Vorgehensweise und der weite Anwendungsbereich, der von einfachen Systemen bis hin zu komplexen automatisierten Systemen (z. B. automatisiertes Hochregallager) reicht. Mit der Komplexität steigt jedoch auch die Anforderung an den Anwender. Grundsätzlich sollte dieser über ausreichend Erfahrung mit dem zu betrachtenden System verfügen. Bei komplexen Systemen empfiehlt sich die Anwendung des Verfahrens im Team (Preiss, 2009, S. 69, DIN EN 31010:2010-11, S. 33, 34).

4.2.2 Ereignisbaumanalyse

Aus einer Gefährdungssituation und einem Gefährdungsereignis können sich mehrere Schadensereignisse ergeben, die sich hinsichtlich Schadensausmaß und Wahrscheinlichkeit unterscheiden. Für eine vollständige Risikoanalyse ist es zweckmäßig, möglichst viele Folgeereignisse zu betrachten. DIN ISO 31000 l nennt acht Verfahren, die sich für die Risikoanalyse besonders eignen. Für technische Anwendungen hat sich die Ereignisbaumanalyse bewährt.

In der Ereignisbaumanalyse werden ausgehend von einem Anfangsereignis, dem Gefährdungsereignis, mögliche Folgeereignisse bis hin zum Endzustand, Ergebnis genannt, prognostiziert. Dabei wird stets die Frage nach dem „Was folgt?" gestellt. Um dies Frage beantworten zu können, ist es notwendig, alle Einflussgrößen zu kennen, die der prognostizierten Wirkung des Folgeereignisses entgegenstehen. In der Sicherheit spricht man von schadensmindernden Faktoren. Die Abläufe vom auslösenden Ereignis bis zu den Ergebnissen lassen sich in einer baumartigen Struktur darstellen (Bild 4.3). Diese wird als Ereignisbaum bezeichnet.

Für Sicherheitsbetrachtungen hat es sich als zweckmäßig erwiesen, die Verzweigungen binär aufzubauen. Diese Reduktion förderte die Überschaubarkeit des Ereignisbaumes. Es ist jedoch darauf zu achten, dass die Reduzierung nicht zu Lasten der Ergebnisqualität geht.

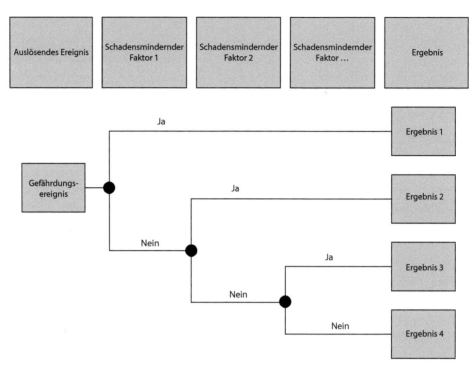

Bild 4.3 Struktur eines Ereignisbaumes

Um eine Ereignisbaumanalyse durchführen zu können, sind grundsätzlich detaillierte System- und Prozesskenntnisse notwendig. Je ausgeprägter diese sind, desto detaillierter können die Folgeereignisse und damit die Ergebnisse ermittelt werden.

Nach Modellierung des Ereignisbaumes lassen sich Schadensfolgen und Häufigkeiten abschätzen.

Zur Abschätzung der Schadensfolgen sind zunächst die Schadensarten festzulegen und die zugehörigen Parameter zu bestimmen (s. Kapitel 2.1). Die Schadenshäufigkeit lässt sich mit Hilfe des Ereignisbaumes berechnen, sofern Kenntnisse über die Häufigkeit des auslösenden Ereignisses und über die Verzweigungswahrscheinlichkeiten vorliegen. In der Regel liegen keine verlässlichen Daten vor, so dass eine subjektive Abschätzung erforderlich wird.

Am Ende der Risikoanalyse sind Schadensereignisse, Schadensfolgen und Häufigkeiten bekannt. Damit ist die Risikoanalyse abgeschlossen.

Zu den Stärken der Ereignisbaumanalysen gehören die Übersichtlichkeit und die Einfachheit in der Darstellungsart. Zu den Schwächen zählt, dass parallele oder zeitgleiche Einflussgrößen nicht ohne Weiteres abgebildet werden können.

4.2.3 Folge-/Wahrscheinlichkeitsmatrix

Die Bewertung stellt den Abschluss der Risikobeurteilung dar. Auch für diesen Schritt benennt DIN EN 31010 diverse Werkzeuge und Methoden. In der Praxis ist die Folge-/Wahrscheinlichkeitsmatrix weit verbreitet. Sie ist besser bekannt unter dem Namen „Risikomatrix" (Preiss, 2009, S. 72).

Die Risikomatrix besteht aus zwei Achsen, von denen die waagerechte das Schadensausmaß und die senkrechte die Wahrscheinlichkeit bezeichnet. Jede Achse wird in Klassen unterteilt, so dass eine Matrixstruktur mit mehreren Elementen entsteht. Die Anzahl der Klassen ist beliebig. Üblich ist jedoch der Aufbau einer quadratischen Matrix mit 3 x 3 oder 5 x 5 Klassen. Jede Klasse symbolisiert einen Risikowert, der sich aus der Kombination der beiden Eingangsgrößen ergibt (DIN EN 31010:2010-11, S. 83, Preiss, 2009, S. 72).

Die Klassenbildung der beiden Variablen kann sowohl nach qualitativen als auch nach quantitativen Kriterien erfolgen. Dabei ist auf eine eindeutige Definition der Achsen zu achten. Während die Definition des Schadensausmaßes auf die drei Schadensarten beschränkt ist, hängt die Definition der Wahrscheinlichkeit davon ab, ob und welche Daten verfügbar sind. Besonders beliebt ist die Angabe von Häufigkeiten je Zeitintervall.

Tabelle 4.2 zeigt ein Beispiel für die Klasseneinteilung der Wahrscheinlichkeitsachse und deren Zuordnung nach qualitativen und quantitativen Kriterien. In diesem Beispiel wird die Häufigkeit als Maß für die Wahrscheinlichkeitsachse gewählt.

Tabelle 4.2 Wahrscheinlichkeitsachse – quantitative und qualitative Beschreibung (nach: Arens, 2017, 7.6.18.2.4)

Klassenbezeichnung	Häufigkeit H je Jahr	Verbale Beschreibung
1	$0 \leq H < 0{,}001$	sehr selten
2	$0{,}001 \leq H < 0{,}01$	selten
3	$0{,}01 \leq H < 0{,}1$	möglich
4	$0{,}1 \leq H < 1$	häufig
5	$1 \leq H$	sehr häufig

Nach der Konstruktion der Risikomatrix werden die zu betrachtenden Ereignisse dem jeweiligen Element der Risikomatrix zugeordnet. Die sich anschließende Aufgabe besteht darin, das Risikoniveau zu bewerten, d. h. eine Entscheidung zwischen vertretbar und unvertretbar zu treffen (s. Kapitel 2.1). Da die Grenze häufig nicht eindeutig bestimmbar ist, ist es üblich, einen Übergangsbereich zu bilden. Dieser ist auch unter dem Akronym ALARP („as low as reasonable practicable") bekannt (Preiss, 2009, S. 73).

Die Einteilung der drei Risikobereiche wird üblicherweise nach Ampelfarben unterschieden. Bild 4.4 zeigt beispielhaft eine 5x5-Risikomatrix mit farblichen Unterscheidungen der Risikobereiche, wobei die grüne Farbe die Sicherheit und die rote die Gefahr darstellt.

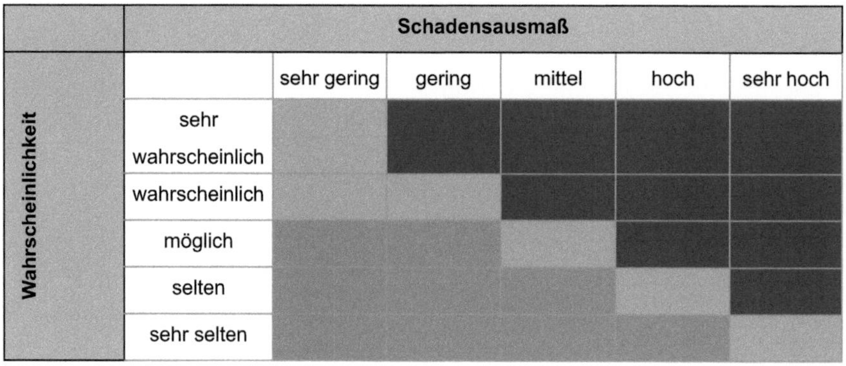

	Schadensausmaß				
	sehr gering	gering	mittel	hoch	sehr hoch
sehr wahrscheinlich					
wahrscheinlich					
möglich					
selten					
sehr selten					

Bild 4.4 Risikomatrix mit Risikobereichen

Die Zuordnung der Risikobereiche liegt in der Verantwortung des Unternehmens. Sie sollte das Ergebnis eines Entscheidungsprozesses sein, bei dem die Wertvorstellungen des Unternehmens und weiterer Interessengruppen einbezogen werden.

Zu den Stärken der Risikomatrix gehören die leichte Anwendbarkeit und die übersichtliche Darstellung. Die Schwächen liegen eher in der Schwierigkeit, die Klassen sinnvoll und eindeutig voneinander abzugrenzen, sowie in der Beschränkung auf eine einzige Schadensart. Sind mehrere Schadensarten möglich, dann ist für jede eine eigene Risikomatrix notwendig (DIN EN 31010:2010-11, S. 82).

4.2.4 Anwendungsbeispiel

Ein Logistik-Unternehmen steht vor der Herausforderung, die Risiken zu beurteilen, die sich durch das Freisetzen von Hexan in einem bestehenden Lager für entzündbare Flüssigkeiten ergeben. Das Lager ist mit einer natürlichen Belüftung versehen. Von den elektrischen und nichtelektrischen Geräten und Komponenten geht im Normalbetrieb keine Zündgefahr aus.

Im Lager werden ausschließlich ortsbewegliche Gebinde mit einem Volumen von je 20 l bis 60 l eingelagert. Der innerbetriebliche Transport erfolgt ausschließlich mit Handhubwagen. Die Lagerung erfolgt sowohl auf dem Boden als auch im Regal. Zukünftig soll das Lager in begrenztem Maß für eine aktive Lagerung genutzt werden. Hierzu ist geplant, etwa viermal täglich kleinere Mengen von ca. 1 l Hexan aus einem liegenden Gebinde (Gesamtvolumen 60 l) von Hand in eine Kunststoffflasche abzufüllen.

Es soll die Frage beantwortet werden, mit welchen Risiken durch die veränderte Betriebsweise zu rechnen ist.

PAAG-Verfahren

Das PAAG-Verfahren wird genutzt, um mögliche Gefährdungsereignisse zu identifizieren. Voraussetzung ist die Bestimmung der Gefährdungen.

Die Gefährdungen gehen vom Hexan aus. Diese lassen sich mit Blick auf das Sicherheitsdatenblatt oder aber in einschlägigen Gefahrstoffdatenbanken konkretisieren. Bei Hexan handelt es sich um eine leicht entzündbare Flüssigkeit. Die Gefährdungen, die von Hexan ausgehen, sind daher in erster Linie physikalischer Art. Mögliche Folgen einer Freisetzung sind Brände oder Explosionen. Eine Gesundheitsgefährdung durch Reizung der oberen Atemwege ist möglich.

Nach der Ermittlung der Gefährdungen geht es im nächsten Schritt darum, mögliche Gefährdungsereignisse zu identifizieren. Betrachtet werden soll die Abfüllung des Hexans von Hand. Der Abfüllprozess besteht aus folgenden Schritten:

- Kleingebinde unter Entnahmeventil des Gebindes halten,
- Entnahmeventil von Hand öffnen,
- Befüllvorgang beobachten,
- Entnahmeventil von Hand schließen.

Die sieben Leitworte des PAAG-Verfahrens werden auf jeden einzelnen dieser Ablaufschritte angewendet und tabellarisch dargestellt. Tabelle 4.3 enthält die Ergebnisse für den Ablaufschritt „Entnahmeventil von Hand schließen".

Tabelle 4.3 Anwendung des PAAG-Verfahrens auf den Prozessschritt „Entnahmeventil von Hand schließen" (Quelle: Arens, 2017, Nr. 7.6.18.3.2.1)

Leitwort	Prognose	Auswirkung	Ursache	Gegenmaß- nahme
Nein	Entnahmeventil wird nicht geschlossen	Abfüller vergisst, das Entnahmeventil zu schließen	Restinhalt des Gebindes läuft aus	Unterweisung der Mitarbeiter, Hinweisschild
Mehr	Entnahmeventil wird mit Kraft geschlossen	Mitarbeiter wendet zu viel Kraft an	Entnahmeventil versagt, Auslaufen möglich	Unterweisung der Mitarbeiter, Hinweisschild
Weniger	Entnahmeventil wird nicht vollständig geschlossen	Unachtsamer Mitarbeiter	Restinhalt des Gebindes läuft aus	Unterweisung der Mitarbeiter, Hinweisschild
Sowohl als auch	Keine sinnvolle Abweichung darstellbar			
Teilweise	Ergebnisse entsprechen dem Leitwort „weniger"			
Umkehrung	Ergebnisse entsprechen dem Leitwort „nein"			
Anders als	Ergebnisse entsprechen den Leitworten „nein" und „weniger"			

Die Anwendung des PAAG-Verfahrens liefert nahezu identische Abweichungen für den beispielhaft ausgewählten Prozessschritt. Für die nachfolgenden Betrachtungen wird das Gefährdungsereignis „Entnahmeventil wird nicht geschlossen" ausgewählt.

Ereignisbaumanalyse

Die Ereignisbaumanalyse wird genutzt, um die möglichen Folgen eines Gefährdungsereignisses zu ermitteln. Hierzu ist die Kenntnis der Gefährdungssituation ebenso notwendig wie die Faktoren, die einem möglichen Schaden entgegenwirken (schadensmindernde Faktoren).

Die Gefährdungssituation resultiert aus dem Zusammentreffen des Schutzgutes und den Gefährdungen des Hexans und lassen sich mit den möglichen Folgen „Lachenbrand" und „Gaswolkenexplosion" hinreichend beschreiben. Weitere Randbedingungen – im Beispielfall die Frage des Zündzeitpunktes – entscheiden darüber, welche der Folgen zuerst eintritt. Diese Randbedingungen lassen sich als schadensmindernde Faktoren formulieren und im Ereignisbaum darstellen.

Bild 4.5 zeigt eine mögliche Variante für die Modellierung des Ereignisbaumes. Insgesamt sind fünf Ergebnisse denkbar. Die ersten drei Ergebnisse lauten „ohne Folgen". Das vierte Ergebnis heißt „Lachenbrand"; das fünfte „Dampfwolkenexplosion".

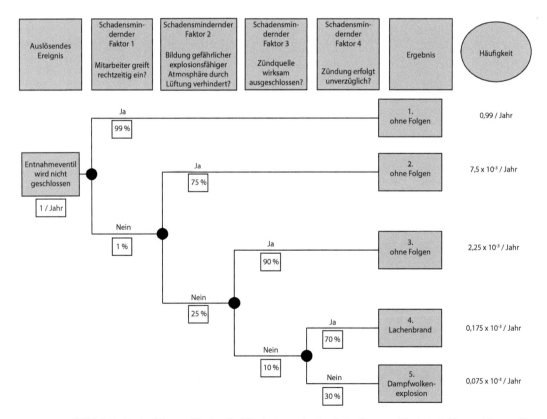

Bild 4.5 Ereignisbaum für das Gefährdungsereignis „Entnahmeventil wird nicht geschlossen" (Quelle: Arens, 2017, 7.6.18.3.2.2)

Nach der Modellierung erfolgt die Abschätzung der Wahrscheinlichkeiten für die abgeleiteten Ergebnisse sowie die Abschätzung des Schadensausmaßes.

Die Zahlenangaben im Ereignisbaum dienen der Abschätzung der Wahrscheinlichkeiten. Im vorliegenden Beispiel werden die Häufigkeiten als Maß für die Wahrscheinlichkeit herangezogen. Ausgehend von einer angenommenen Häufigkeit für das Eintreten des Gefährdungsereignisses ergeben sich unter Berücksichtigung der Verzweigungswahrscheinlichkeiten die Häufigkeiten für die jeweiligen Ergebnisse. Die den Ergebnissen zugeordneten Zahlenwerte errechnen sich unter der Annahme, dass das Gefährdungsereignis durchschnittlich einmal pro Jahr auftritt und die im Ereignisbaum angegebenen Verzweigungswahrscheinlichkeiten anzunehmen sind.

Auch die Schadensfolgen sind in ihrem Ausmaß abzuschätzen. Im Beispielfall können hierfür Simulationsrechnungen genutzt werden. Häufig ist jedoch eine qualitative Folgenabschätzung ausreichend. Unabhängig davon, ob das Schadensausmaß quantitativ oder qualitativ bestimmt wird, ist es notwendig, die Schadensart festzulegen. Beschränken wir uns im Beispielfall auf den Personenschaden, dann sind für den Lachenbrand schwerwiegende Verletzungen mit langen Ausfallzeiten nicht auszuschließen. Im Falle einer Gaswolkenexplosion sind sicherlich tödliche Folgen zu erwarten.

Folge-/Wahrscheinlichkeitsmatrix

Die Risikoanalyse ermöglicht nunmehr die Konstruktion der Risikomatrix. Hierzu ist die Einteilung der Klassen für die Schadensfolgen und die Wahrscheinlichkeit vorzunehmen.

Für die Klasseneinteilung der Häufigkeiten greifen wir auf Tabelle 4.2 zurück. Für die Klasseneinteilung der Schadensfolgen ziehen wir Tabelle 4.4 heran.

Tabelle 4.4 Personenschaden – Zuordnung des Ausmaßes zu Klassen (Quelle: Arens, 2017, Nr. 7.6.18.2.4)

Verbale Beschreibung der Klasse	Ausmaß des Personenschadens
Sehr gering	Ausschließlich Verletzungen ohne Ausfallzeiten
Gering	Verletzungen mit einer Ausfallzeit von bis zu drei Tagen
Mittel	Verletzungen mit einer Ausfallzeit von mehr als drei und höchstens 42 Tagen
Hoch	Irreversible Verletzungen mit Ausfallzeiten von mehr als 42 Tagen
Sehr hoch	Tödliche Verletzungen

Unter Berücksichtigung dieser Ergebnisse lässt sich nunmehr die Risikomatrix konstruieren und die abgeleiteten Szenarien einem jeweiligen Element zuweisen.

Greifen wir hierzu auf das Bild 4.4 zurück und übernehmen die dort vorgenommene Bewertung, dann ergibt sich folgendes Ergebnis:

- Lachenbrand: vertretbares Risiko;

- Dampfwolkenexplosion: Übergangsbereich („ALARP").

Das bedeutet, dass ergänzende Maßnahmen zur Reduzierung des Risikos eines Lachenbrandes nicht erforderlich sind. Risikominderungsmaßnahmen für die Dampfwolkenexplosion sind dagegen in jedem Fall zu prüfen.

Bei Betrachtung der Umwelt oder aber des Güterschadens können sich abweichende Ergebnisse ergeben.

■ 4.3 Bewertungsmaßstäbe

Eine besondere Herausforderung stellt im Allgemeinen die Risikobewertung dar. Die Antwort auf die Frage, wo die Grenze zwischen vertretbaren und unvertretbaren Risiken zu ziehen ist, ist in der Regel das Ergebnis eines innerbetrieblichen Entscheidungsprozesses. Dabei sind verschiedene Einflussfaktoren zu berücksichtigen. Antworten auf die Fragen, welche Faktoren von Bedeutung sind und wie ein praktikables Vorgehen aussehen kann, liefert der folgende Abschnitt.

4.3.1 Orientierungsrahmen

Eine Risikobewertung ist nur möglich, wenn das Grenzrisiko bekannt ist. Dieses festzulegen ist im allgemeinen Aufgabe der Unternehmensleitungen und das Ergebnis eines internen Abstimmungs- und Entscheidungsprozesses. Folgende Einflussfaktoren sind zu berücksichtigen:

- Öffentlich-rechtliche Verpflichtungen

  Der Schutz der menschlichen Gesundheit und der Umwelt ist Gegenstand gesetzlicher und untergesetzlicher Regelungen (s. Abschnitt 3.1.5). Je nach Stellung innerhalb des Rechtsaufbaus enthalten diese allgemeine oder aber konkrete Sicherheitsanforderungen. Aus ihnen lassen sich Hinweise zum geforderten Schutzniveau ableiten.

- Gesellschaftliche Verpflichtungen

  Gesellschaftliche Verpflichtungen ergeben sich aus den Erwartungen und Anforderungen der Öffentlichkeit. Sie stehen häufig in direktem Zusammenhang mit der Branche oder der Tätigkeit des Unternehmens. Beispielsweise wird ein Unternehmen, das mit der Herstellung umweltgerechter Produkte wirbt, kaum glaubhaft sein können, wenn es im Produktionsprozess Risiken für die Umwelt in Kauf nimmt. Eine besondere Verpflichtung obliegt den Branchen, die zu den „Kritischen Infrastrukturen" (KRITIS) gehören. Darunter versteht man

[…] Organisationen und Einrichtungen mit wichtiger Bedeutung für das staatliche Gemeinwesen, bei deren Ausfall oder Beeinträchtigung nachhaltig wirkende Versorgungsengpässe, erhebliche Störungen der öffentlichen Sicherheit oder andere dramatische Folgen eintreten würden.

BMI, 2009, S. 3

Die KRITIS umfassenden Branchen werden in neun Sektoren eingeteilt. Die Logistik wird gemeinsam mit den Verkehrsträgern Luft, See, Binnenschifffahrt, Straßen- und Schienenverkehr dem Sektor „Transport und Verkehr" zugerechnet (BBK, 2019). Daraus leitet sich für die betroffenen Unternehmen die Verpflichtung ab, ungeplanten Betriebsunterbrechungen entgegenzuwirken. Für die Logistik ist das eine besondere Herausforderung, da dieses Ziel nur unter Einbezug der gesamten Lieferkette zu erreichen ist.

- Versicherungsrechtliche Regelungen

Eine Orientierung im Hinblick auf die Risikobewertung können auch die Versicherungen liefern. Da sie im Falle eines Schadens für dessen Regulierung zu sorgen haben, sind sie bestrebt, das Risiko durch Vorgaben zu reduzieren. Diese finden sich neben den Versicherungsbedingungen vor allem in den Fachinformationen, die vom Gesamtverband der Versicherungswirtschaft e. V. (GDV) herausgegeben werden. Besondere Relevanz haben die vom VdS Schadensverhütung GmbH (VdS) als Tochter des GDV veröffentlichten VdS-Richtlinien. Sie umfassen die Themen Brandschutz, Security, Naturgefahren und Cyber-Security (VdS, 2019).

- Vertragliche Verpflichtungen

Anforderungen für die Risikobewertung können sich auch aus vertraglichen Verpflichtungen ableiten. In der Regel beschränken sich diese jedoch auf die Bereitstellung von Nachweisen. Hierzu gehören insbesondere Zertifikate zu Qualitäts-, Umwelt- und Sicherheitsmanagementsystemen. Aber auch im Rahmen externer Audits können Anforderungen gestellt werden, die für die Risikobewertung zu berücksichtigen sind.

In der Logistik hat „The Transported Asset Protection Association" (TAPA) eine besondere Bedeutung. Sie bezeichnet einen Zusammenschluss aus Herstellern, Logistikdienstleistern und Vollzugsbehörden mit dem Ziel, die Risiken durch Diebstahl zu minimieren. Hierzu werden von TAPA Anforderungen zu den Themen „Facility", Trucking, Secure Parking und Sicherheitsunternehmen beschrieben. Die Erfüllung der Anforderungen ist Grundlage für eine entsprechende Zertifizierung (TAPA 2019).

4.3.2 Vorgehensweise

Es ist üblich, dass die öffentlich-rechtlichen Regelungen sowie die versicherungs-rechtlichen und vertraglichen Bestimmungen darauf verzichten, das Grenzrisiko durch Angabe von Schadensausmaß und Wahrscheinlichkeiten zu beschreiben. Es ist daher Aufgabe der Unternehmen, die abstrakten Forderungen zu konkretisie-ren und das Grenzrisiko zu beschreiben. Da das Grenzrisiko erhebliche wirtschaft-liche Auswirkungen haben kann, gehört dessen Festlegung zu den strategischen Aufgaben der Unternehmensleitung und der Führungskräfte. Um den Abstim-mungs- und Entscheidungsprozess vorzubereiten, empfiehlt sich das folgende Vor-gehen:

1. Auswertung des Orientierungsrahmens

    Der erste Schritt besteht darin, sich zunächst einen Überblick über die beste-henden Verpflichtungen zu verschaffen. Die Forderungen werden zusammen-gestellt und im Hinblick auf die Schadensarten priorisiert.

2. Berücksichtigung weiterer Interessengruppen

    Neben Staat, Gesellschaft und Versicherungen gibt es weitere Personengrup-pen, die ein berechtigtes Interesse an der Sicherheitsleistung des Unterneh-mens haben. Zu ihnen gehören Kapitalgeber und Lieferanten ebenso wie Mit-arbeitende und Kunden. Deren Anliegen sind ebenfalls zu erfassen und zu priorisieren.

    Die Berücksichtigung der Interessengruppen in der beschriebenen Weise setzt voraus, dass das Unternehmen ein Interesse daran hat, die Unternehmensziele nach dem Stakeholder-Ansatz zu ermitteln und so alle Anspruchsgruppen zu beteiligen (Wöhe, 2016, S. 66).

3. Priorisierung der Sicherheitsverpflichtungen und -interessen

    Die Ergebnisse der beiden vorausgegangenen Schritte werden dazu genutzt, um eine abschließende Priorisierung vorzunehmen und eine Rangfolge festzu-legen. Diese Rangfolge beschreibt die abstrakten Sicherheitsziele eines Unter-nehmens.

4. Transformation der Sicherheitsziele

    Die abstrakten Sicherheitsziele sind bereits vor dem Start der Risikobeurtei-lung festzulegen. Nach Abschluss gilt es, diese zu konkretisieren und in kon-krete Werte zu überführen. Das Ergebnis sind Schutzziele, die für die Bestim-mung des Grenzrisikos genutzt werden können.

Die Festlegung der Sicherheits- und Schutzziele ist keine einmalige Angelegenheit. Durch Änderung gesetzlicher oder vertraglicher Verpflichtungen können ebenso wie durch Änderungen in den Unternehmen Anpassungen und Neujustierungen notwendig werden.

■ 4.4 Sonderfälle

Eine besondere Form der Risikobeurteilung ist die Gefährdungsbeurteilung. Sie verfolgt das Ziel, sichere Arbeitssysteme herzustellen. Eine weitere Sonderform ist die Risikobeurteilung, die der Hersteller eines Produktes vor dem Inverkehrbringen durchzuführen hat. Als Hersteller gelten jedoch auch Unternehmen, die Maschinen und Anlagen miteinander verketten oder aber für den Eigengebrauch herstellen. Da beide Sonderformen in den Logistikunternehmen von Bedeutung sind, soll darauf im Folgenden näher eingegangen werden.

4.4.1 Gefährdungsbeurteilung

Der Schutz der Beschäftigten vor unfallbedingten Verletzungen und arbeitsbedingten Erkrankungen ist das Ziel der betrieblichen Gefährdungsbeurteilung. Arbeitgeber sind daher aufgefordert,

> *[…] durch eine Beurteilung der für die Beschäftigten mit ihrer Arbeit verbundenen Gefährdung zu ermitteln, welche Maßnahmen des Arbeitsschutzes erforderlich sind.*
>
> *§ 5 Abs. 1 ArbSchG*

Viele der nachgeordneten Verordnungen zum Arbeitsschutzgesetz nehmen auf diese grundlegende Forderung Bezug. Konkretisierende Festlegungen zur Frage, wie die Beurteilung der Arbeitsbedingungen durchzuführen ist, finden sich jedoch weder im Gesetz noch in den zugehörigen Verordnungen. Grundsätzlich entspricht das Prozedere zur Beurteilung der Arbeitsbedingungen dem bereits bekannten Vorgehen. Dennoch sind einige Besonderheiten zu berücksichtigen, die darauf zurückzuführen sind, dass die Schadensart auf den Beschäftigten beschränkt ist. Für die Beurteilung der Arbeitsbedingungen ergibt sich die folgende Vorgehensweise:

1. Festlegung des Arbeitssystems

   Die Gefährdungssituationen für die Mitarbeitenden ergeben sich ausschließlich aus dem Arbeitssystem (s. Abschnitt 2.3). Bevor diese identifiziert werden, ist es notwendig, das Arbeitssystem zu definieren. Hierzu sind die Arbeitssystemelemente und deren Eigenschaften zu bestimmen sowie die Grenzen des Arbeitssystems festzulegen.

2. Identifizieren der Gefährdungen und der Gefährdungssituationen

   Die Gefährdungen resultieren aus den Arbeitssystemelementen und deren Interaktion. Mögliche Gefährdungen lassen sich anhand von Gefährdungsfaktoren identifizieren. Darunter werden besondere Eigenschaften oder Zustände verstanden, die von den einzelnen Elementen des Arbeitssystems ausgehen können (BAuA/DGUV, 2016). Tabelle 4.5 zeigt eine Übersicht möglicher Gefährdungsfaktoren.

Tabelle 4.5 Beispielhafte Auflistung der Gefährdungsfaktoren (GDA, 2017, S. 12 ff.)

Gefährdungsfaktor	Konkretisierende Beschreibung – Beispiele
Mechanische Gefährdungen	ungeschützt bewegte Maschinenteile, Teile mit gefährlichen Oberflächen, bewegte Transportmittel, bewegte Arbeitsmittel, unkontrolliert bewegte Teile, Sturz, Ausrutschen, Stolpern, Umknicken, Absturz
Elektrische Gefährdungen	elektrischer Schlag, Lichtbögen, elektrostatische Aufladungen
Gefahrstoffe	Hautkontakt mit Gefahrstoffen (Feststoffe, Flüssigkeiten, Feuchtarbeit), Einatmen von Gefahrstoffen (Gase, Dämpfe, Nebel, Stäube einschl. Rauche), Verschlucken von Gefahrstoffen, physikalisch-chemische Gefährdungen (z. B. Brand- und Explosionsgefährdungen, unkontrollierte chemische Reaktionen)
Biologische Arbeitsstoffe	Infektionsgefährdung durch pathogene Mikroorganismen (z. B. Bakterien, Viren, Pilze), sensibilisierende und toxische Wirkungen von Mikroorganismen
Brand- und Explosionsgefährdungen	brennbare Feststoffe, Flüssigkeiten, Gase, explosionsfähige Atmosphäre, Explosivstoffe
Thermische Gefährdungen	heiße oder kalte Medien/Oberflächen
Gefährdungen durch spezielle physikalische Einwirkungen	Lärm, Ultraschall, Infraschall, Ganzkörper-vibrationen, Hand-Arm-Vibrationen, optische Strahlung , ionisierende Strahlung, elektromagne-tische Felder, Unter- oder Überdruck
Gefährdungen durch Arbeitsumgebungs-bedingungen	Klima, Beleuchtung, Licht, Ersticken, Ertrinken, unzureichende Flucht- und Verkehrswege, unzureichende Sicherheits- und Gesundheits-schutzkennzeichnung, unzureichende Bewegungsfläche am Arbeitsplatz, ungünstige Anordnung des Arbeitsplatzes, unzureichende Pausen-, Sanitärräume
Physische Belastung/ Arbeitsschwere	schwere dynamische Arbeit (z. B. manuelle Handhabung von Lasten), einseitige dynamische Arbeit, Körperbewegung (z. B. häufig wiederholte Bewegungen), Haltungsarbeit (Zwangshaltung), Haltearbeit, Kombination aus statischer und dynamischer Arbeit
Psychische Faktoren	überwiegende Routineaufgaben, Über-/Unterforderung, Arbeiten unter hohem Zeitdruck, wechselnde und/oder lange Arbeitszeiten, häufige Nachtarbeit, kein durchdachter Arbeitsablauf, fehlende soziale Kontakte, ungünstiges Führungsverhalten, Konflikte, Lärm, Klima, räumliche Enge, unzureichende Wahrnehmung von Signalen und Prozessmerkmalen, unzureichende Softwaregestaltung
Sonstige Gefährdungen	durch Menschen (z. B. Überfall), durch Tiere (z. B. Bisse), durch Pflanzen und pflanzliche Produkte (z. B. sensibilisierende und toxische Wirkungen)

Die Liste möglicher Gefährdungsfaktoren enthält nicht nur solche, die zu akuten Gefährdungssituationen führen, sondern umfasst auch Gefährdungen, die sich erst nach mehrmaliger Einwirkung bemerkbar machen (z. B. physische Gefährdung durch manuelle Handhabung von Lasten).

3. Beurteilen der Gefährdungen

Die Beurteilung der Gefährdungen umfasst die nach DIN ISO 31000 vorgesehenen Schritte der Analyse und Bewertung der Risiken. Eine Zusammenführung beider Schritte ist unter folgenden Grundannahmen möglich:

1. Jede Gefährdung hat dem Grunde nach das Potenzial, die Gesundheit der Mitarbeitenden zu schädigen;

2. Das Arbeitssystem schließt Maßnahmen ein, dem Wirksamwerden einer Gefährdung entgegenwirken.

Unter Berücksichtigung dieser Annahmen reduziert sich die Beurteilung auf einen Vergleich des Ist-Zustandes mit einem möglichen Soll-Zustand. Dieser Soll-Zustand wird durch Bewertungskriterien beschrieben. Hierzu gibt es folgende Möglichkeiten:

- Quantitative Bewertung

    Eine quantitative Bewertung sieht einen Vergleich mit Grenz- oder Schwellenwerten vor, wie sie vor allem im staatlichen Regelwerk zu finden sind (z. B. Technische Regel für Gefahrstoffe „Arbeitsplatzgrenzwerte" – TRGS 900). Werden die dort festgeschriebenen Werte nicht eingehalten, sind ergänzende Maßnahmen erforderlich. Dieses Bewertungsverfahren ist immer grundsätzlich dann anzuwenden, wenn chemische oder physikalische Gefährdungen identifiziert werden.

- Qualitative Bewertung

    Eine qualitative Bewertung erfolgt auf der Grundlage des „Standes der Technik" (s. Abschnitt 3.3.1). Hierzu werden die betrieblichen Verfahrensweisen mit den Anforderungen aus dem „Stand der Technik" abgeglichen. Daraus ergeben sich Rückschlüsse für das betriebliche Handeln. Beispielhaft lassen sich die Technischen Regeln für Gefahrstoffe nennen. Die TRGS 500-599 beschreiben Schutzmaßnahmen in Abhängigkeit von den Tätigkeiten (z. B. TRGS 510 „Lagerung von Gefahrstoffen in ortsbeweglichen Behältern").

- Bewertung anhand der Grundpflichten

    Das Arbeitsschutzgesetz verpflichtet den Arbeitgeber dazu, Maßnahmen zur Vermeidung unfallbedingter Verletzungen und arbeitsbedingter Erkrankungen umzusetzen und diese fortlaufend anzupassen (ArbSchG § 3 Abs. 1). Weiterhin legt es eine Rangfolge der Schutzmaßnahmen fest (ArbSchG § 4). Die Schutzmaßnahmen schließen die menschengerechte

Arbeitsgestaltung unter Berücksichtigung ergonomischer Prinzipien ein (ArbSchG § 2 Abs. 1; Stürk 1997, S. 78).

Eine weitere Möglichkeit zur Orientierung liefern die Bewertungskriterien einer sicheren und gesundheitsgerechten Arbeitssystemgestaltung. Bild 4.6 enthält eine Übersicht dieser Kriterien.

Bild 4.6 Bewertungskriterien zur Arbeitssystemgestaltung (Quelle: nach Schlick, C., Bruder, R., Luczak, H., 2018, S. 48)

Die Bewertung beginnt mit der Frage, inwieweit die Arbeit schädigungslos und erträglich für die Mitarbeitenden gestaltet werden kann. Dieses Kriterium ist eingehalten, wenn die Tätigkeit kurzfristig nicht zu Unfällen führt bzw. langfristig keine körperlichen und geistigen Beeinträchtigungen der Gesundheit zu erwarten sind (Schlick, C., Bruder, R., Luczak, H., 2018, S. 47). Dies ist beispielsweise der Fall, wenn z. B. Grenzwerte eingehalten werden. Die nächsthöhere Bewertungsebene bezieht sich auf die Ausführbarkeit und damit auf ergonomische Aspekte. Eine Arbeit ist als nicht ausführbar zu bewerten, wenn sie die durch Konstitution und Alter vorgegebenen Grenzen nicht berücksichtigt und daher bei kurzzeitiger Belastungsdauer zu Gesundheitsschäden führt (Schlick, C., Bruder, R., Luczak, H., 2018, S. 46). Die dritte Bewertungsebene thematisiert die Zumutbarkeit und die Beeinträchtigungsfreiheit. Beide können als gegeben angenommen werden, wenn die biologisch gesetzten Leistungsgrenzen nicht überschritten und die gesellschaftlichen Normen (z. B. Gesetze, tarifvertragliche Regelungen) eingehalten werden (Schlick, C., Bruder, R., Luczak, H., 2018, S. 46/47). Die Bewertungskriterien der vierten und fünften Ebene umfassen Aspekte, die im weitesten Sinne auf das Wohlbefinden der Mitarbeitenden abstellen und daher über den engen Schadensbegriff hinausgehen. Aspekte wie die individuelle Akzeptanz der Arbeit , die Möglichkeit zur persönlichen Weiterbildung oder aber die Förderung der Kooperation gehören beispielsweise dazu. Ob diese Kriterien als erfüllt anzusehen sind, kann nur mit Blick auf die Unternehmenskultur festgestellt werden (Kahl, 2019, S. 129).

Die Notwendigkeit zur Umsetzung von Maßnahmen ergibt sich aus dem qualitativen Vergleich der Bewertungskriterien mit den identifizierten Gefährdungen.

- Bewertung nach unternehmenseigenen Grundsätzen

  Eine abschließende Bewertung erfolgt durch den Abgleich mit unternehmensinternen Grundsätzen und Zielen (s. Abschnitt 4.3.1).

Mit der Beurteilung der Gefährdungen sind die Vorgehensschritte zur Risikobeurteilung nach DIN ISO 31000 abgeschlossen. Die Beurteilung der Arbeitsbedingungen umfasst dagegen zusätzliche Schritte. zu ihnen gehören Planung und Umsetzung von Maßnahmen, Wirksamkeitsüberprüfung und Dokumentation. Letztere ist dann notwendig, wenn die Wirksamkeitsprüfung zu einem positiven Ergebnis geführt hat. Andernfalls ist eine Anpassung der Maßnahmenplanung und -umsetzung im Sinne eines iterativen Vorgehens angezeigt.

4.4.2 Risikobeurteilung für Maschinen

Auch für die Maschinenhersteller besteht die Verpflichtung zur Durchführung einer Risikobeurteilung. Grundlage ist die Europäische Richtlinie 2006/42/EG, die als Maschinenrichtlinie bekannt ist und unter der Bezeichnung „Maschinenverordnung" in das deutsche Rechtssystem überführt wurde. Im Anhang I der Richtlinie heißt es:

> *Der Hersteller einer Maschine oder sein Bevollmächtigter hat dafür zu sorgen, dass eine Risikobeurteilung vorgenommen wird, um die für die Maschine geltenden Sicherheits- und Gesundheitsschutzanforderungen zu ermitteln. Die Maschine muss dann unter Berücksichtigung der Ergebnisse der Risikobeurteilung konstruiert und gebaut werden.*

> *E 2006/42/EG Anhang I*

Zu den Schutzgütern der Maschinenrichtlinie gehören in erster Linie die Bedienpersonen. Weiterhin zählen Tiere, Güter sowie die Umwelt dazu (9. ProdSV § 3 Abs. 1). Das Vorgehen zur Risikobeurteilung wird in Anhang I der Maschinenrichtlinie beschrieben. Eine Konkretisierung erfolgt durch die harmonisierte Norm DIN EN ISO 12100. Demnach ist folgender Ablauf vorgesehen (DIN EN 12100:2011-03: S. 14):

- Bestimmung der Maschinengrenzen

  Die Grenzen einer Maschine werden durch die Lebensdauer („zeitliche Grenze"), deren Platzbedarf („räumliche Grenze") sowie ihren Verwendungszweck beschrieben.

- Identifizierung der Gefährdungen

  Ausgangspunkt der Betrachtung ist die Maschine und die von ihr ausgehenden Gefährdungen. Um eine systematische Ermittlung zu ermöglichen enthält DIN EN ISO 12100 eine Gefährdungsliste und beispielhafte Gefährdungssituationen und Gefährdungsereignisse.

- Einschätzung der Risiken

  Jede Gefährdungssituation ist im Hinblick auf das Schadensausmaß und die Eintrittswahrscheinlichkeit des Schadens zu analysieren. Die Eintrittswahrscheinlichkeit wird nach den Merkmalen Gefährdungsexposition, Eintritt des Gefährdungsereignisses und Möglichkeit zur Schadensbegrenzung abgeschätzt (DIN EN ISO 12100:2011-03, S. 24)

- Bewertung der Risiken

  Die Risikobewertung entscheidet über die Notwendigkeit zur Risikominderung. Dazu stehen zwei Optionen zur Auswahl weichen Zeilenumbruch einfügen. Das „Drei-Stufen-Verfahren" bezeichnet ein iteratives Vorgehen, bei dem die Wirkung geplanter Risikominderung auf die Risikoeinschätzung so lange geprüft wird, bis eine weitere Risikominderung zu keiner Reduzierung der Risiken führt. Die Risikominderung folgt einem Drei-Stufen-Verfahren, der in Bild 4.7 dargestellt ist.

Bild 4.7
Drei-Stufen-Verfahren der Risikominderung

Die zweite Option sieht einen Vergleich mit einer harmonisierten Produktnorm vor, (s. Kasten „Harmonisierte Normen").

Harmonisierte Normen

> *...eine nicht verbindliche technische Spezifikation, die von einer europäischen Normenorganisation, nämlich dem Europäischen Komitee für Normung (CEN), dem Europäischen Komitee für Elektrotechnische Normung (Cenelec) oder dem Europäischen Institut für Telekommunikationsnormen, aufgrund eines Auftrags der Kommission ...festgelegten Verfahren angenommen (wurde);*
>
> *2006/42 EG Artikel 2 Buchstabe l*

Harmonisierte Normen werden unterteilt nach ((EU) 2019/436, Nr. 3 ff.):

Typ-A-Normen (Grundnorm)

- enthalten grundlegende Begriffe, Definitionen und Gestaltungsleitsätze,
- gelten für sämtliche Maschinenkategorien,
- lassen keine umfassende Konformitätsbewertung zu,
- Beispiele: DIN EN ISO 12100

Typ-B-Normen (Gruppennorm)

- enthalten Festlegungen zu bestimmten Aspekten der Maschinensicherheit oder bestimmten Arten von Schutzeinrichtungen,
- begründen eine Konformitätsvermutung,
- Beispiele: DIN EN ISO 13857

Typ-C-Normen („Produktnorm")

- enthalten Spezifikationen für eine bestimmte Maschinenkategorie,
- begründen eine Konformitätsvermutung mit den grundlegenden Sicherheits- und Gesundheitsschutzanforderungen der Richtlinie 2006/42/EG
- Beispiele:
  - DIN EN 617: Stetigförderer und Systeme – Sicherheits- und EMV-Anforderungen an Einrichtungen für die Lagerung von Schüttgütern in Silos, Bunkern, Vorratsbehältern und Trichtern
  - DIN EN 618: Stetigförderer und Systeme – Sicherheits- und EMV-Anforderungen an mechanische Fördereinrichtungen für Schüttgut ausgenommen ortsfeste Gurtförderer
  - DIN EN ISO 3691-1: Sicherheit von Flurförderzeugen — Sicherheitsanforderungen und Verifizierung — Teil 1: Motorkraftbetriebene Flurförderzeuge mit Ausnahme von fahrerlosen Flurförderzeugen, Staplern mit veränderlicher Reichweite und Lastentransportfahrzeugen

Grundsätzlich ist der Hersteller einer „Maschine" der Normadressat der Maschinenverordnung. Unter einer Maschine wird verstanden

> *[...] eine mit einem anderen Antriebssystem als der unmittelbar eingesetzten menschlichen oder tierischen Kraft ausgestattete oder dafür vorgesehene Gesamtheit miteinander verbundener Teile oder Vorrichtungen, von denen mindestens eines beziehungsweise eine beweglich ist und die für eine bestimmte Anwendung zusammengefügt sind, [...]*
>
> *§ 2 Nr. 2 a Maschinenverordnung*

Der Anwendungsbereich ist sehr groß und reicht gemäß der Definition von der einfachen Bohrmaschine über Stetigförderer oder Flurförderzeuge bis hin zu komplexen Anlagen bestehend aus Förder- und Verteilsystemen. Auch der Materialflussplaner in einem Logistikunternehmen, der beispielsweise Stetigförderer und Kommissionier-Systeme miteinander verbindet, wird ebenfalls zum Hersteller im Sinne der Maschinenverordnung.

■ 4.5 Risikominderung

Im Anschluss an die Risikobeurteilung stellt sich die Frage nach Art und Umfang risikomindernder Maßnahmen. Diese reichen je nach Zielrichtung von der vollständigen Vermeidung der Risiken über deren Reduzierung bis zur Risikoüberwälzung (DIN ISO 31000, S. 21).

Zur Gewährleistung der Sicherheit werden risikomindernde Maßnahmen oder auch Schutzmaßnahmen geplant und umgesetzt. Sie sind definiert als

> *jede Handlung oder jedes Mittel zur Beseitigung von Gefährdungen .. und zur Verminderung von Risiken ..*

DIN 820-12

Die Definition lässt erahnen, dass es vielfältige Möglichkeiten gibt, die Sicherheit eines Systems zu gewährleisten. Welche im konkreten Fall geboten sind, hängt nicht nur vom Schutzgut, sondern möglicherweise auch von Vorgaben ab, wie sie beispielsweise in staatlichen Regelungen oder im Stand der Technik festgeschrieben sind. Sehr weitreichende Festlegungen finden sich im Arbeitsschutz. Das Arbeitsschutzgesetz strukturiert die möglichen Maßnahmen nach ihrer Ausrichtung und nimmt dadurch gleichzeitig eine Priorisierung vor. Diese ist unter dem Akronym „STOP" bekannt. STOP steht für

■ Substitution

Die Substitution umschreibt alle Maßnahmen, die darauf ausgerichtet sind, die möglichen Schadensquellen zu beseitigen. Prominente Beispiele sind der Ersatz eines Gefahrstoffes durch einen ungefährlicheren Stoff oder die Änderung des Arbeitsverfahrens.

■ Technik

Sofern eine Substitution nicht möglich ist, gilt es, durch technische Maßnahmen das Risiko für einen Personenschaden zu reduzieren. In Frage kommen sicherheitstechnische Maßnahmen, zu denen beispielsweise Schutzhauben, Schutzzäune oder aber Absperrungen gehören.

■ Organisation

Die Organisation zielt darauf ab, Personen und Gefährdungen durch Festlegung der Abläufe voneinander zu trennen. Zugangsregelungen, zeitliche
oder räumliche Verlagerung gefahrvoller Arbeiten oder aber die Begrenzung
der exponierten Personen sind nur einige Beispiele dieser Maßnahmengruppe.

■ Person

Zweck dieser Maßnahme ist es, die Personen vor den Wirkungen der Gefährdungen zu schützen. Hierzu gehören sämtliche persönliche Schutzausrüstungen wie z. B. Augenschutz, Handschutz oder Kopfschutz.

Bild 4.8 zeigt weitere Ansatzpunkte für technische, organisatorische und persönliche Maßnahmen.

Bild 4.8 Struktur der Schutzmaßnahmen im Arbeitsschutz (Quelle: DGUV, 2012, S. 24)

Eine ähnliche Strukturierung wie im Arbeitsschutz weist der Maschinenschutz auf
(s. Abschnitt 4.4.2). Auch die Anlagensicherheit, bei der es darum geht, Auswirkungen verfahrenstechnischer Anlagen auf Personen und Güter zu vermeiden,
folgt im Wesentlichen dieser Struktur.

Geht es um den Schutz vor Bedrohungen, dann sind die Maßnahmen darauf ausgerichtet, einem möglichen Angreifer das Erreichen seines Ziels unmöglich zu
machen oder aber soweit wie möglich zu erschweren. Vor diesem Hintergrund ist
eine andere Art der Maßnahmenstrukturierung üblich (Roper, 1999, S. 65; Lichte,
Wolf, 2018, S. 122, Talbot, J., Jakeman, M., 2009, S. 59). Die Maßnahmen gliedern
sich in:

- Protektion

  Die Protektion umfasst alle Maßnahmen, die darauf ausgerichtet sind, das Angriffsziel vor dem physischen Erreichen des Angreifers zu schützen. Der Perimeterschutz ist ein Beispiel dieser Maßnahmengruppe.

- Detektion

  Zweck der Detektion ist es, einen Angreifer rechtzeitig zu erkennen. Akustische Alarmanlagen oder aber Videoüberwachungen gehören dazu.

- Intervention

  Die Intervention bezeichnet alle Maßnahmen, die darauf ausgerichtet sind, den Zugang eines Angreifers durch das Eingreifen von Personen zu unterbinden. Beispiele sind Wachpersonal und Personenschutz.

Literatur

(EU) 2019/436: Durchführungsbeschluss (EU) 2019/436 der Kommission vom 18. März 2019 über die harmonisierten Normen für Maschinen zur Unterstützung der Richtlinie 2006/42/EG des Europäischen Parlaments und des Rates

9. ProdSV: Neunte Verordnung zum Produktsicherheitsgesetz (Maschinenverordnung) vom 12. Mai 1993 (BGBl. I S. 704), die zuletzt durch Artikel 19 des Gesetzes vom 8. November 2011 (BGBl. I S. 2178) geändert worden ist

ArbSchG: Arbeitsschutzgesetz vom 7. August 1996 (BGBl. I S. 1246), das zuletzt durch Artikel 113 des Gesetzes vom 20. November 2019 (BGBl. I S. 1626) geändert worden ist

Arens, U. 2017: Risikobeurteilung nach ISO 31000 – Vorgehen und Methoden am Beispiel der Gefahrstoff-Logistik. [Buchverf.] U.-H., Süssenguth, W., Piontek, J., Schwolgin, A. F. (Hrsg.) Pradel. Praxishandbuch Logistik Erfolgreiche Logistik in Industrie, Handel und Dienstleistungsunternehmen. Köln: Deutscher Wirtschaftsdienst, 2017

BAuA, DGUV (Hrsg.). 2016: Ausbildung zur Fachkraft für Arbeitssicherheit. Grundbegriffe des Arbeitsschutzes. Berlin: s. n., Juli 2016

BBK. 2018: Sektoren und Branchen Kritischer Infrastrukturen. s. l.: Bundesamt für Bevölkerungsschutz und Katastrophenhilfe, 2018. Sektoreneinteilung Kritischer Infrastrukturen. [Online] [Zitat vom: 20. Oktober 2019] https://www.kritis.bund.de/SharedDocs/Downloads/BBK/DE/Downloads/Kritis/neue_Sektoreneinteilung.pdf?__blob=publicationFile

BMI. 2009: Nationale Strategie zum Schutz Kritischer Infrastrukturen (KRITIS-Strategie). [Broschüre] Berlin: MEDIA CONSULTA Deutschland GmbH, 2009

DGUV. 2012: DGUV Report 2/2012 Die Ausbildung zur Fachkraft für Arbeitssicherheit Optimierung 2012. [Online] 08 2012. [Zitat vom: 22. 02 2020] https://publikationen.dguv.de/widgets/pdf/download/article/2587

DIN 820-12. 2014: Norm DIN 820-12:2014-06 Normungsarbeit – Teil 12: Leitfaden für die Aufnahme von Sicherheitsaspekten in Normen (ISO/IEC Guide 51:2014). 2014

DIN EN 12100:2011-03: Sicherheit von Maschinen – Allgemeine Gestaltungsleitsätze – Risikobeurteilung und Risikominderung (ISO 12100:2010)

DIN EN 31010:2010-11: Risikomanagement – Verfahren zur Risikobeurteilung (IEC/ISO 31010:2009). 2010

DIN ISO 31000:2018-10: Risikomanagement – Leitlinien (ISO 31000:2018). Oktober 2018

GDA. 2017: Arbeitsschutz gemeinsam anpacken Leitlinie Gefährdungsbeurteilung und Dokumentation. [Online] 22. 05 2017. [Zitat vom: 22. 02 2020] https://www.gda-portal.de/DE/Downloads/pdf/Leitlinie-Gefaehrdungsbeurteilung.pdf?__blob=publicationFile&v=2

Hussing, M. 2012: Das Vorschriften- und Regelwerk der Unfallversicherungsträger. Kommission Arbeitsschutz und Normung. [Online] 2012. [Zitat vom: 20. Oktober 2019] https://www.kan.de/publikationen/kanbrief/vorschriften-und-regeln-im-arbeitsschutz/das-vorschriften-und-regelwerk-der-unfallversicherungstraeger/

Lichte, D., Wolf, K.-D. 2018: Anwendung systemtheoretischer Ansätze am Beispiel konkreter Problemstellungen. [Buchverf.] J. Beyerer, P. Winzer und Hrsg. Beiträge zu einer Systemtheorie Sicherheit (acatech DISKUSSION). München: Herbert Utz Verlag, 2018

Preiss, R. 2009: Methoden der Risikoanalyse in der Technik Systematische Analyse komplexer Systeme. Wien: TÜV Austria Akademie GmbH, 2009. 10-3-901942-09-2

Richtlinie 2006/42/EG: Richtlinie 2006/42/EG des Europäischen Parlaments und des Rates vom 17. Mai 2006 über Maschinen und zur Änderung der Richtlinie 95/16/EG

Roper, C. A. 1999: Risk Management for Security Professionals. Boston: Butterworth Heinemann, 1999

Schlick, C., Bruder, R., Luczak, H. 2018: Arbeitswissenschaft. Berlin: Springer-Verlag, 2018

Seibel, M. 2013: Abgrenzung der allgemein anerkannten „Regeln der Technik" vom „Stand der Technik". Neu Juristische Wochenschrift. 2013, Heft 4

TAPA: The Transported Asset Protection Association. [Online] [Zitat vom: 20. Oktober 2019] https://www.tapa-global.org/

VdS: VdS. [Online] VdS Schadenverhütung GmbH. [Zitat vom: 20. Oktober 2019] https://vds.de

Wöhe, G., Döring, U., Brösel, G. 2016: Einführung in die Allgemeine Betriebswirtschaftslehre. München: Franz Vahlen, 2016

5 Managementsysteme für Sicherheit

Die Risikobeurteilung ist ein zentrales Instrument der betrieblichen Sicherheitsarbeit. Allerdings ist es nicht das einzige Werkzeug, das in den Unternehmen zur Verbesserung der Sicherheit angewendet wird. Eine Zusammenführung aller Werkzeuge und Aktivitäten der Sicherheit erfolgt im Sicherheitsmanagementsystem.

Viele Modelle und Konzepte zum Sicherheitsmanagementsystem lassen sich auf das Qualitätsmanagement zurückführen. Welche Gemeinsamkeiten und Unterschiede bestehen, ist Thema des Abschnitts 5.1. Im Unterschied zum Qualitätsmanagement gibt es in der Sicherheit mehrere Modelle, die in den Unternehmen angewendet werden. Einen Überblick über diejenigen Modelle, die für die Logistik von Bedeutung sind, gibt Abschnitt 5.2. Der letzte Abschnitt befasst sich mit der Sicherheitskultur und erlaubt einen Ausblick auf mögliche zukünftige Entwicklungen.

■ 5.1 Einführung

Managementsysteme sind vor allem im Zusammenhang mit der Qualität von Produkten und Dienstleistungen bekannt. Eine gängige Definition für das Managementsystem findet sich daher auch in einer internationalen Norm zum Qualitätsmanagement. In der DIN EN ISO 9000:2015 heißt es:

> *„Satz zusammenhängender oder sich gegenseitig beeinflussender Elemente einer Organisation ..., um Politiken ..., Ziele ..., und Prozesse ... zum Erreichen dieser Ziele festzulegen.*

DIN EN ISO 9000:2015-11 Abschnitt 3.5.3

Der zentrale Begriff dieser Definition ist „Elemente". Darunter wird z. B. die Organisationsstruktur, die Festlegung von Aufgaben und Verantwortlichkeiten und die Umsetzung von Prozessen zum Erreichen der gesteckten Ziele verstanden (DIN EN

ISO 9000:2015-11, S. 36). Allerdings bleibt der Begriff des Managementsystems auch mit diesen Erläuterung abstrakt. Besser lässt sich das Managementsystem unter Betrachtung der historischen Entwicklung verstehen.

Zu Beginn des 20. Jahrhunderts beschäftigen sich die Unternehmen erstmals intensiv mit der Frage, wie die Qualität der Produkte gewährleistet werden kann. Anlass dazu bildeten nicht so sehr die Kundenbedürfnisse, sondern vielmehr der Wunsch nach einer effektiven Produktion. Durch die beginnende Massenproduktion in der Automobilindustrie und die damit einhergehende Arbeitsteilung war es notwendig geworden, mehr Wert auf die Austauschbarkeit der Teile zu legen. Abweichungen in Maß und Güte führten zu Störungen im Produktionsablauf. Qualität bedeutete, die Einhaltung technischer Vorgaben zu überprüfen. (Zollondz, 2014, S. 21). Erst mit dem Wirken Demings (1900 – 1993), einer der ersten Pioniere des Qualitätsmanagements, veränderte sich der Blick auf die Qualität. (Zollondz, 2011, S. 88). Demings Ansatz bestand darin, die Qualität an den Kundenbedürfnissen auszurichten und Qualitätsanforderungen zu einer Aufgabe der Unternehmensleitung und der Führungskräfte zu machen. Dazu sollten die In seinem „14-Punkte-Programm" konkretisiert Deming diese Aspekte (s. Kasten „14 Management-regeln").

 14 Managementregeln

1. Schaffung von Beständigkeit in der Absicht, Produkte und Dienstleistungen zu verbessern, mit dem Ziel, wettbewerbsfähig zu werden, im Geschäft zu bleiben und Arbeitsplätze zu schaffen.
2. Annahme der neuen Philosophie. Wir befinden uns in einem neuen wirtschaftlichen Zeitalter. Das westliche Management muss sich der Herausforderung stellen, muss Verantwortung und die Führung für den Wandel übernehmen.
3. Schluss mit der Abhängigkeit von Inspektionen, um Qualität zu erreichen. Beseitigen Sie die Notwendigkeit von Inspektionen auf Massenbasis, indem Sie die Qualität bereits in das Produkt einbauen.
4. Beenden Sie die Praxis der Vergabe von Aufträgen auf der Grundlage von Preisschildern. Stattdessen sollten die Gesamtkosten minimiert werden. Hinwendung zu einem einzigen Lieferanten für jeden einzelnen Artikel auf der Grundlage einer langfristigen Beziehung mit Loyalität und Vertrauen.
5. Verbessern Sie ständig und für immer das Produktions- und Dienstleistungssystem, um Qualität und Produktivität zu verbessern und so die Kosten ständig zu senken.
6. „Training on the Job" einführen.
7. „Leadership" einführen … Das Ziel der Aufsicht sollte es sein, Menschen und Maschinen und Geräten zu helfen, eine bessere Arbeit zu leisten. Die Aufsicht über die Leitung ist überholungsbedürftig, ebenso wie die Aufsicht über die Produktionsarbeiter.
8. Die Angst vertreiben, damit alle effektiv für das Unternehmen arbeiten können
   …

9. Barrieren zwischen Abteilungen abbauen ...
10. Eliminieren Sie Slogans, Ermahnungen und Zielvorgaben für die Belegschaft, die Null Fehler und ein neues Produktivitätsniveau fordern....
11. Abschaffung von Arbeitsnormen (Quoten) in der Fabrikhalle.
Abschaffung der Führung nach Zielen. Eliminieren Sie Management nach Zahlen, numerische Ziele. Durch Führung ersetzen.
12. Beseitigung von Barrieren, die dem Stundenlohnarbeiter sein Recht auf Stolz auf seine Arbeitsleistung rauben. ...
13. Setzen Sie ein energisches Programm zur Ausbildung und Selbstverbesserung ein.
14. Setzen Sie alle Mitarbeiter des Unternehmens ein, um die Transformation zu vollenden. Die Transformation ist jedermanns Aufgabe.

Quelle: Deming, 1997, S. 23 ff.

Zum Kern seiner Philosophie gehört das Streben nach ständiger Verbesserung. Diese ist unter dem Akronym „PDCA" bekannt geworden. (Zollondz, 2011, S. 90). Das Akronym bedeutet (Wagner, 2014, S. 186, Zollondz, 2011, S. 89):

- P für *Plan* (Planung)

  Planung umfasst die Festlegung der Ziele und Bestimmung des Vorgehens zur Erreichung der Ziele.

- D für *Do* (Ausführung)

  Die Planungen werden umgesetzt.

- C für *Check* (Überprüfen)

  Die Ausführung des Vorgehens und das Ergebnis werden im Hinblick auf den Grad der Zielerreichung überprüft.

- A für *Act* (Agieren)

  Agieren beinhaltet die Ermittlung und Festlegung von Verbesserungen.

Der PDCA-Ansatz wird zum Synonym für einen Qualitätsanspruch, der nach einer kontinuierlichen Verbesserung strebt. Demings Ideen tragen dazu bei, dass sich aus der Qualitätsprüfung und -sicherung ein Qualitätsmanagement entwickelt.

In der Betriebswirtschaftslehre ist das Streben nach Verbesserungen unter Berücksichtigung des PDCA-Prinzips mittlerweile Bestandteil guter Unternehmensführung. Im Mittelpunkt steht das Handlungsmuster Planung, Entscheidung, Ausführung und Kontrolle (Wöhe, 2016, S. 98). Weitere Aufgaben der Unternehmensleitung sind Organisation und Personalführung (Wöhe, 2016, S. 98). Diese Aufgaben werden zu den zentralen Aufgaben eines Management- oder Führungssystems. Dem gegenüber steht das Leistungssystem, durch das die Wertschöpfung erfolgt (Bild 5.1).

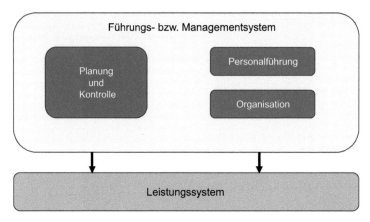

Bild 5.1 Gliederung eines Managementsystems (nach Hagenloch, S. 76)

Folgt man diesem Ansatz, dann verfügt jedes Unternehmen über ein Management-system.

In vielen Unternehmen ist der Gedanke, die Qualität in die strategischen Unter-nehmensentscheidungen einfließen zu lassen, längst angekommen. Von der Unter-nehmensleitung werden Qualitätsziele formuliert, die Führungskräfte für das Erreichen in die Pflicht genommen und Mitarbeitende in Problemlösezirkel zusam-mengeführt. Das alles geschieht, um durch die Berücksichtigung der Kundenbe-dürfnisse die Marktposition auszubauen. Auch in der Sicherheitsarbeit sind viele Methoden, die ihren Ursprung in dem Qualitätsgedanken haben, sinnvoll. Einige sind sogar rechtlich notwendig. Folgende Parallelen lassen sich zwischen Quali-täts- und Sicherheitsmanagement ziehen:

- Engagement der Unternehmensleitung und der Führungskräfte

  Es besteht eine rechtliche Verpflichtung für Unternehmensleitung und Füh-rungskräfte, sich für die Sicherheit der Mitarbeitenden einzusetzen (s. Ab-schnitt 3.2.1). Es ist damit nur folgerichtig, wenn sich Unternehmensleitung und Führungskräfte für die Sicherheit engagieren.

- Zielorientierung

  Weder Sicherheit noch Qualität gehören zu den Primärzielen eines Unterneh-mens. Allerdings tragen beide zum Erreichen wirtschaftlicher Ziele bei. Es ist daher sinnvoll, wenn Sicherheit zum Bestandteil der unternehmerischen Ziel-hierarchie wird (s. Abschnitt 4.3).

- Mitarbeiterorientierung

  Die Mitarbeitenden sind diejenigen, die durch ihre Handlungen zur Sicherheit beitragen. Eine Beteiligung der Mitarbeitenden an der Gestaltung sicherer Ar-beitsprozesse ist daher zweckmäßig.

- Prozessorientiertes Vorgehen

  Maßnahmen zum Schutz von Personen, Umwelt und Gütern sind das Ergebnis eines Prozesses, der als Risikobeurteilung bezeichnet wird. Da die Wirkung der Maßnahmen nicht ohne weiteres vorhergesagt werden kann, ist der PDCA-Ansatz zweckmäßig (s. Abschnitt 4.1).

Eine Häufung von Industrieunfällen in der chemischen Industrie (z. B. Gefahrstofffreisetzungen bei Höchst AG, Großbrand in Herborn) lässt Ende 1980 die Idee entstehen, Sicherheit stärker als bisher zu einer Aufgabe der Führung zu machen. In der Folge entwickeln sich erste Modelle, deren Entwicklung bis in die jüngste Zeit anhält.

Alle Modelle weisen Gemeinsamkeiten auf. Hierzu zählen folgende Elemente (Grote, 2011, S. 1984):

- Sicherheitspolitik,
- Ressourcen und Verantwortlichkeiten,
- Risikoidentifizierung und -minderung,
- Standards und Prozeduren,
- Sicherheitstraining,
- Überprüfung der Sicherheitsleistung,
- Unfallerfassung und -analyse,
- Audit.

Trotz Gemeinsamkeiten gleicht kein Sicherheitsmanagementsystem dem anderen. Es ist stets betriebsindividuell zu betrachten. Sicherheitsmanagementsysteme unterscheiden sich nicht nur in der Art der Umsetzung, sondern auch durch das zugrunde liegende Konzept.

Konzept ist der Oberbegriff für den theoretischen Hintergrund, der dem Führungssystem zugrunde liegt (Friedli et al., 2014, S. 160). Um das Konzept umsetzen zu können, werden Modelle erarbeitet. Sie bilden die Blaupause für die Umsetzung eines Konzeptes in die Praxis. Im Qualitätsmanagement beschreibt DIN EN ISO 9001 beispielsweise ein Modell. Der von der Norm ausgehende Gedanke ist die Prozessorientierung mit der Ausrichtung auf kontinuierliche Verbesserung. Hierbei handelt es sich um das zugrundeliegende Konzept (Friedli et al., 2014, S. 162).

Auch wenn zwei Unternehmen dasselbe Modell verfolgen, gibt es Unterschiede in der Umsetzung. Diese können auf die Branche, Betriebsgröße oder den Kundenkreis zurückzuführen sein. Das Ergebnis einer betriebsspezifischen Umsetzung eines Modells ist das System (Friedli et al., 2014, S. 162).

Zwischen einem Konzept, dem Modell und dem System besteht damit ein direkter Zusammenhang, der in Bild 5.2 dargestellt ist.

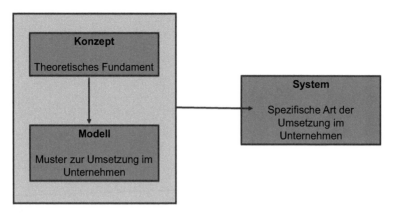

Bild 5.2 Zusammenhang zwischen Konzept – Modell – System (nach Friedli, S. 161)

Im Unterschied zum Qualitätsmanagement hat sich im Sicherheitsmanagement kein Leitmodell herauskristallisiert. Daher gibt es in der Sicherheit eine Reihe unterschiedlicher Modelle und Varianten, auf die im folgenden Abschnitt näher eingegangen wird.

■ 5.2 Modelle

Der Umstand, dass die Unternehmen rechtlich verpflichtet sind, sich um die Sicherheit der Mitarbeitenden und des Umfeldes zu kümmern, führt dazu, dass in jedem Unternehmen ein Sicherheitsmanagementsystem existiert. Allerdings handelt es sich dabei in den wenigsten Fällen um formalisierte Modelle. Die Unternehmen haben vielmehr eigene Strukturen und Vorgehensweisen entwickelt, mit denen sie die Anforderungen an die Sicherheit zu erfüllen suchen.

Wichtiger als die Modelle sind jedoch die Konzepte, die dem betrieblichen Sicherheitsmanagementsystem zugrunde liegen.

Lange Jahre war die Sicherheit geprägt von dem Gedanken, dass konkrete Vorgaben des Gesetzgebers und der Aufsichtsbehörden ausreichen, um Sicherheit zu erzeugen. Die Unternehmen richteten sich darauf ein und reagierten häufig erst dann, wenn Anstöße von außen kamen. Im Arbeitsschutz war dieses Verhalten bis 1996 weitgehende Praxis. Durch die europäischen Einigungsbestrebungen und der Umsetzung der Rahmenrichtlinie EG 89/391/EWG durch das Arbeitsschutzgesetz vollzog sich ein Paradigmenwechsel. Anstelle konkreter Vorgaben wird seitdem auf Zielvorgaben gesetzt. Betriebsindividuelle Lösungen werden weitestgehend möglich, sofern sie das Ergebnis einer Risikobeurteilung sind. Diese wird allerdings zu einer rechtlichen Verpflichtung für die Unternehmen (s. Abschnitt 4.4.1). (Stürk, 1997, S. 97). Überdies sind die Unternehmen aufgefordert, ihre Arbeitsschutzleistung kontinuierlich zu verbessern (ArbSchG, §§ 3, 5).

Dieser Paradigmenwechsel erfordert zwangsläufig ein anderes Managementsystem. War es bislang ausreichend, sich auf die Umsetzung bestehender Vorgaben zu beschränken, so muss das Managementsystem fortan auf eine kontinuierliche Verbesserung ausgerichtet sein. Das Konzept, das dem neuen Ansatz zugrunde liegt, kann in Anlehnung an das Qualitätsmanagement als prozessorientiert bezeichnet werden. Es löst das vorgabeorientierte Konzept ab.

Eine nahezu parallele Entwicklung erfolgt im Umweltschutz. Auch hier wird auf Managementsysteme gesetzt, die den Umweltgedanken in den betrieblichen Entscheidungen berücksichtigen. Allerdings ist die Zahl der bekannten Modelle deutlich geringer.

Einige Modelle des Sicherheitsmanagements lassen eine Zertifizierung zu. Darunter versteht man ein Verfahren, bei dem die Übereinstimmung des betrieblichen Managementsystems mit den Anforderungen des Modells bestätigt wird. Die Zertifizierung ermöglicht den Unternehmen, gegenüber Auftraggebern, Kunden und der Öffentlichkeit nachzuweisen, dass es die gesetzlichen Bestimmungen einhält. Die Transparenz kann die Unternehmen in ihren Bemühungen um eine kontinuierliche Verbesserung unterstützen (Drechsel, 2014, S. 352).

Die Zertifizierung erfolgt durch ein Audit, das durch externe Personen durchgeführt wird. Ein Audit wird bezeichnet als

„... Systematischer, unabhängiger und dokumentierter Prozess zum Erlangen von Auditnachweisen und zu deren objektiven Auswertung, um zu bestimmen, inwieweit Auditkriterien erfüllt sind.“

DIN EN ISO 9000:2015

Für die Zertifizierung eines Managementsystems ist ein Systemaudit erforderlich, das sich u. a. auf die Prüfung der Dokumentation und dessen Umsetzung im Unternehmen erstreckt. Bei positivem Ergebnis wird eine Bescheinigung ausgestellt.

Ein Systemaudit wird von einer „Konformitätsbewertungsstelle" durchgeführt. Ihre Tätigkeit erfolgt auf der Grundlage eines Vertrages und führt zu Kosten, die vom Unternehmen zu tragen sind.

Die Konformitätsbewertungsstelle, die den Zertifizierungsprozess durchführt, bedarf selbst der Anerkennung. Diese wird von einer Akkreditierungsstelle durchgeführt. In Deutschland erfolgt diese durch die Deutsche Akkreditierungsstelle (DAkkS) auf der Grundlage des Akkreditierungsstellengesetzes (AkkStelleG, Drechsel, 2014, S. 353).

Nicht alle Modelle sind für eine Zertifizierung durch eine Konformitätsbewertungsstelle vorgesehen. Es gibt auch Modelle, die ein Systemaudit durch andere Organisationen vorsehen, z. B. durch Berufsgenossenschaften oder Auftraggeber.

In der Regel wird bei erfolgreichem Verlauf auch darüber eine Bescheinigung ausgestellt.

In der Vergangenheit haben sich zahlreiche Modelle für Sicherheitsmanagementsysteme entwickelt. Viele unterscheiden sich durch die Ziele , ihren Aufbau oder aber den Zertifizierungsprozess. Eine in der Praxis übliche Differenzierung erfolgt nach Arbeitsschutz- und Umweltschutzmanagementsystemen. Im Folgenden wird diese Unterteilung getroffen, um die Modelle zu strukturieren. In jüngster Zeit hat sich eine dritte Gruppe etabliert, die keinem der beiden genannten Merkmale eindeutig zugeordnet werden kann. Ihr ist daher ein eigener Abschnitt gewidmet. Die Auswahl der Modelle erfolgt unter Berücksichtigung ihrer Bedeutung für die Logistik.

5.2.1 Arbeitsschutzmanagementsysteme

Das Ziel des betrieblichen Arbeitsschutzes ist es, die Mitarbeitenden vor unfallbedingten Verletzungen und arbeitsbedingten Erkrankungen zu schützen. Der Arbeitgeber ist gefordert, dafür zu sorgen, dass dieses Ziel erreicht wird. Hierzu ist der Arbeitgeber verpflichtet:

(1) … Maßnahmen [des Arbeitsschutzes] auf ihre Wirksamkeit zu überprüfen und erforderlichenfalls sich ändernden Gegebenheiten anzupassen. Dabei hat er [der Arbeitgeber] eine Verbesserung von Sicherheit und Gesundheitsschutz der Beschäftigten anzustreben.

(2) Zur Planung und Durchführung der Maßnahmen …
1. für eine geeignete Organisation zu sorgen und die erforderlichen Mittel bereitzustellen sowie

2. Vorkehrungen zu treffen, dass die Maßnahmen erforderlichenfalls bei allen Tätigkeiten und eingebunden in die betrieblichen Führungsstrukturen beachtet werden und die Beschäftigten ihren Mitwirkungspflichten nachkommen können.

§ 3 Abs. 1, 2 ArbSchG

Konsequenterweise ist die Forderung des Arbeitsschutzgesetzes nur durch ein Managementsystem zu erfüllen, das dem Konzept einer Prozessorientierung folgt. Der Hinweis auf die Einbindung in die Führungsstrukturen und die Forderung nach einer stetigen Verbesserung lassen diesen Schluss zu.

Da das Arbeitsschutzgesetz aber keine weiteren Hinweise enthält, wie das Konzept modellhaft umgesetzt werden kann, griffen die Normenorganisationen das Thema auf. Dadurch entstand die Befürchtung, dass die Norm ähnlich wie im Qualitätsmanagement zu einem Zertifizierungszwang und damit zu zusätzlichen Kosten für die Unternehmen führt. Daher lehnten staatliche Institutionen, Unfallversicherungsträger und die Sozialpartner eine Normung ab. Gleichwohl kündigten sie die

Erarbeitung eines eigenen Modells an und stellten hierzu Rahmenbedingungen vor (BArbBl 1997, S. 85). Zwei Jahre später legte derselbe Kreis ein Eckpunktepapier für die Entwicklung und Bewertung von Arbeitsschutzmanagementsystemen vor (BArbBl. 1999, S. 43).

Einen erneuten Vorstoß zur Normung unternimmt die die britische Normenorganisation British Standards Institution (BSI). Da eine internationale Normung abgelehnt wird, veröffentlicht BSI im Alleingang eine entsprechende Norm. Sie ist unter der Bezeichnung OHSAS 18001 „Occupational Health- and Safety Assessment Series" bekannt. Damit liegt ein zertifizierbares Modell für ein Arbeitsschutzmanagementsystem vor.

Es folgen weitere Vorstöße auf dem Weg zu einem einheitlichen Modell. Besondere Bedeutung erlangt das Modell der Internationalen Arbeitsorganisation (ILO International Labour Organization). Im April 2001 veröffentlicht sie einen Leitfaden für Arbeitsschutzmanagementsysteme. Darauf nimmt kurze Zeit später der in Deutschland verabschiedete „Nationale Leitfaden für Arbeitsschutzmanagementsysteme" Bezug. Die wesentlichen Kernpunkte dieses Leitfadens sind (BAuA, 2002, S. 1):

- Freiwilligkeit der Anwendung;
- Verzicht auf einen Zertifizierungszwang;
- Möglichkeit einer freiwilligen Systemkontrolle mit Bescheinigung durch Aufsichtsbehörden der Länder und gesetzliche Unfallversicherungsträger;
- Inhaltliche Orientierung am PDCA-Ansatz.

In der Folge entwickelten die die Träger der gesetzlichen Unfallversicherungen, einige Bundesländer und der Länderausschuss für Arbeitsschutz und Sicherheitstechnik (LASI) eigene Modelle vor, die auf dem „Nationalen Leitfaden für Arbeitsschutzmanagementsysteme" (NLF) beruhen.

Allen Modellen sind folgende Aspekte gemeinsam (BAuA, 2002, S. 5 ff.):

- Veröffentlichung einer Arbeitsschutzpolitik und Ableitung von Arbeitsschutzzielen;
- Festlegung einer unterstützenden Organisationsstruktur;
- Mitwirkung der Mitarbeitenden;
- Einführung diverser Verfahren (z. B. Gefährdungsbeurteilung, interne Audits, Korrekturmaßnahmen u. a.);
- Systembewertung durch die Unternehmensleitung.

Die Anforderungen werden fünf Kernelementen zugeordnet, die derart miteinander verbunden sind, dass eine kontinuierliche Verbesserung der Arbeitsschutzleistung nach dem PDCA-Ansatz möglich ist (Bild 5.3). Überdies spricht der Leitfaden von „Verfahren", die aufgebaut werden sollen. Daraus geht hervor, dass das Modell einem prozessorientiertem Konzept folgt.

Bild 5.3
Grundelemente eines Arbeitsschutzmanagementsystems (Quelle: BAuA, 2002, S. 4)

In 2015 unternimmt die internationale Normenorganisation ISO (International Organization for Standardization) einen erneuten Anlauf zur Normierung und publiziert im März 2018 schließlich die Norm ISO 45001 über „Managementsysteme für Sicherheit und Gesundheit bei der Arbeit – Anforderungen mit Anleitung zur Anwendung".

Zeitgleich zur dargestellten zur dargelegten Entwicklung sind weitere Modelle entwickelt worden. Diese gehen zurück auf das Engagement einzelner Branchenverbände. Hierzu gehören z. B. die Modelle SCC/SCP (Sicherheits Certifikat Contraktoren/Sicherheits Certifikat Personaldienstleister) der Petrochemie und SQAS (Safety & Quality Assessment for Sustainability) des Verbandes der Europäischen chemischen Industrie (CEFIC).

Die folgenden Modelle sind für die Logistik von Bedeutung:

ASCA

Das Bundesland Hessen sah sich ausgelöst durch eine Reihe schwerer Betriebsstörungen in der chemischen Industrie im Frühjahr 1993 dazu veranlasst, das Programm „Arbeitsschutz und sicherheitstechnischer Check in Anlagen" (ASCA) zu initiieren. Die Idee war zunächst, die Unternehmen bei der regelkonformen Umsetzung der Arbeitsschutzanforderungen in Form von Checklisten zu unterstützen. Nach der Veröffentlichung des NLF wurde das Konzept angepasst und folgt nunmehr dem prozessorientierten Ansatz (HMSI, 2015, S. 11).

Die Inhalte gliedern sich in vier Kapitel, mit folgenden Schwerpunkten:

- Kapitel 1 Verpflichtung der obersten Leitung

  Das Kapitel fordert das Engagement der Unternehmensleitung. Neben der Festlegung unternehmensspezifischer Ziele bilden die Bereitstellung von Ressourcen und die Mitarbeiterbeteiligung die wesentlichen inhaltlichen Forderungen.

- Kapitel 2 Organisation

  Die Organisation umfasst Aufbauorganisation, Kommunikation, Qualifikation und Dokumentation.

- Kapitel 3 Einbindung von Sicherheit und Gesundheitsschutz in betriebliche Prozesse und Verfahren

  Dieses Kapitel benennt sicherheitsrelevante Prozesse. Hierzu zählen z. B. Auflagenmanagement, Gefährdungsbeurteilung, Einsatz und Planung von Arbeitsmitteln und -stoffen u. a.

- Kapitel 4 Messung, Bewertung und Verbesserung

  Das Kapitel konkretisiert die Forderung nach einer kontinuierlichen Verbesserung der Arbeitsschutzleistungen und einer Weiterentwicklung des Arbeitsschutzmanagementsystems.

Zur Unterstützung bei der Etablierung des Arbeitsschutzmanagementsystems werden Unterlagen und eine Beratung durch die Arbeitsschutzbehörden angeboten.

Eine Zertifizierung ist nicht vorgesehen. Dennoch gibt es für interessierte Unternehmen die Möglichkeit, sich die erfolgreiche Umsetzung des Arbeitsschutzmanagementsystems durch die Arbeitsschutzbehörde bescheinigen zu lassen. Das Verfahren ist in Bild 5.4 dargestellt.

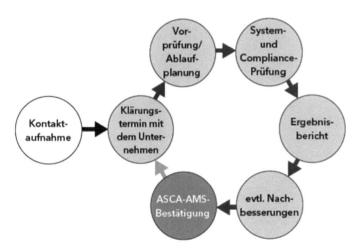

Bild 5.4 Verfahren zur Bestätigung eines Arbeitsschutzmanagementsystems nach ASCA (Quelle: HMSI)

Das ASCA-Arbeitsschutzmanagement lässt eine Verknüpfung mit anderen betrieblichen Managementsystemen (z. B. Qualitäts- oder Umweltmanagement) zu.

Weitere Informationen zu den Hintergründen, Inhalten und Verfahren liefert die Internetseite „Arbeitswelt Hessen" des Hessischen Ministeriums für Soziales und Integration.

OHRIS

Auch das Bundesland Bayern hat ein eigenes Modell für Arbeitsschutzmanagementsysteme entwickelt, das unter dem Namen „Occupational Health- and Risk-Managmentsystem" (OHRIS) bekannt ist. Die Erstfassung aus 1998 wurde zwischenzeitlich mehrfach revidiert. Der aktuelle Stand stammt aus dem Jahr 2018.

OHRIS wurde erarbeitet, um die Unternehmen in der Wahrnehmung ihrer Arbeitsschutzaufgaben zu unterstützen und insbesondere die Rechtssicherheit der Unternehmen zu gewährleisten.

Das Konzept basiert auf einem prozessorientierten Ansatz und entspricht den Anforderungen des NLF (OHRIS, 2018, S. 23).

Struktur, Aufbau und Inhalte des OHRIS-Modells zeigt Bild 5.5.

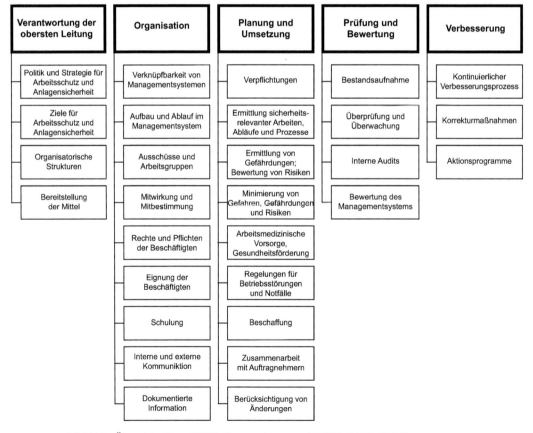

Bild 5.5 Übersicht über OHRIS-Systemelemente (OHRIS, 2018, S. 34)

Die Bezeichnung der Hauptelemente entspricht dem NLF. Inhaltliche Ergänzungen ergeben sich durch die Einbeziehung der Anlagensicherheit. Damit soll erreicht werden, dass auch die Personen im Umkreis des Unternehmens vor möglichen Auswirkungen der Unternehmenstätigkeit geschützt werden (OHRIS, 2018, S. 29).

Das OHRIS-Modell sieht eine Verknüpfung mit dem Qualitätsmanagement nach DIN EN ISO 9001:2015 und dem Umweltmanagement nach DIN ISO 14001:2014 vor.

Den Unternehmen ist es möglich, sich die Einhaltung der Anforderungen des OHRIS-Gesamtkonzeptes durch die bayerischen Arbeitsschutzbehörden bestätigen zu lassen. Dieses Angebot ist freiwillig (OHRIS Arbeitsschutz mit System, S. 7). Gegenwärtig sind 370 bayerische Unternehmen nach dem OHRIS-Modell zertifiziert (OHRIS 2019).

Gütesiegel „Sicher mit System" (SmS)

Auch die Träger der gesetzlichen Unfallversicherung haben Modelle für ein Arbeitsschutzmanagement erarbeitet. Unter der Koordination des Fachbereiches „Organisation von Sicherheit und Gesundheit" der DGUV sind im Sachgebiet „Systematische Integration von Sicherheit und Gesundheit in den Betrieb" Rahmenbedingungen für die Gestaltung und Aufrechterhaltung entsprechender Modelle festgelegt worden. Auf dieser Grundlage bietet die Berufsgenossenschaft für Handel und Warenlogistik (BGHW) unter der Bezeichnung „Sicher mit System (SmS)" Umsetzungshilfen, Beratungsleistung und die Möglichkeit zur freiwilligen Begutachtung des betrieblichen Arbeitsschutzmanagementsystems an (BGHW, 2020).

Die Inhalte des SmS-Modells ergeben sich aus dem „Selbstcheck zum Aufbau eines AMS" nach dem Gütesiegel „Sicher mit System". Die inhaltlichen Elemente sind fünf Kapiteln zugeordnet, die überschrieben sind mit:

- Politik

  Die Unternehmensleitung bekennt sich zu ihrer Verantwortung für die Sicherheit und Gesundheit der Mitarbeitenden und legt Arbeitsschutzziele fest.

- Organisation

  Die Festlegung der Führungsaufgaben, die Beauftragung betrieblicher Experten sowie die Schaffung von Möglichkeiten zur Mitarbeiterbeteiligung sind die wesentlichen Elemente dieses Gliederungspunktes.

- Planung und Umsetzung

  In diesem Kapitel werden sicherheitsspezifische Prozesse benannt. Als zentraler Prozess wird die Gefährdungsbeurteilung angeführt.

- Messung und Bewertung

  Die Festlegung von Arbeitsschutzkennzahlen und die Überprüfung der Arbeitsschutzziele sind die wesentlichen Elemente.

- Verbesserungsmaßnahmen

In diesem Gliederungspunkt geht es um die Frage, wie durch Messungen und Bewertungen Verbesserungsmaßnahmen abgeleitet werden können.

Das Konzept ist an dem NLF ausgerichtet und verfolgt daher den prozessorientierten Ansatz.

Die BGHW stellt interessierten Unternehmen Unterlagen und eine individuelle Beratung in Aussicht. Es besteht die Möglichkeit einer freiwilligen Begutachtung, die mit einem Gütesiegel abschließt (Bild 5.6).

Bild 5.6
Gütesiegel der Berufsgenossenschaft Handel und
Warenlogistik (Quelle: BGHW, 2020)

Derzeit sind 112 Unternehmen mit dem Gütesiegel gelistet (BGHW). Das Gütesiegel wird für eine Zeitdauer von drei Jahren vergeben. Eine Wiederbegutachtung ist möglich.

Weitere Informationen zum Gütesiegel enthält die Internetseite der BGHW

SCC

SCC ist das Akronym für „Sicherheits Certifikat Contraktoren" und bezeichnet ein Managementsystem für Arbeitssicherheit, Gesundheits- und Umweltschutz. Das Modell hat seinen Ursprung in den Niederlanden und wurde im September 1995 in einer angepassten Version in Deutschland übernommen. 1998 trat ein umfassendes Regelwerk in Kraft, das u. a. die inhaltlichen Anforderungen an das Managementsystem festlegt (DGMK).

SCC hat Bedeutung für alle Kontraktoren der chemischen oder petrochemischen Industrie sowie der Energiewirtschaft. Als Kontraktoren werden Unternehmen bezeichnet, die in einem Werk- oder Dienstvertrag für andere Unternehmen tätig sind. Auch Logistikunternehmen gehören dazu.

Die Unternehmen der chemischen und petrochemischen Industrie haben einen hohen Sicherheitsstandard. Dieser kann bei den Kontraktoren nicht immer vorausgesetzt werden. Um ein einheitliches Niveau zu gewährleisten und gleichzeitig den rechtlichen Verpflichtungen nach Zusammenarbeit gemäß § 8 Arbeitsschutzgesetz nachzukommen, verlangen die Auftraggeber von den Kontraktoren den Nachweis, dass sie gemäß den Vorgaben nach dem SCC-Modell arbeiten. Für die Kontraktoren ergibt sich daraus die Notwendigkeit einer Zertifizierung, die von Konformitätsbewertungsstellen durchgeführt wird.

Kern des SCC-Regelwerks ist die SCC-Checkliste. Sie umfasst insgesamt 49 Fragen, die 12 Kapiteln zugeordnet sind (s. Tabelle 5.1). Zu jeder Frage gibt es ergänzende Informationen, die nach der Struktur Ziel, Mindestanforderung, Dokumente und Befragungen und Beobachtungen gegliedert sind.

Die Untergliederung lässt erkennen, dass , dass es sich bei der SCC-Checkliste um eine Frageliste handelt, die von den Konformitätsbewertungsstellen zur Zertifizierung herangezogen wird. SCC enthält konkrete Anforderungen und entspricht daher dem Grunde nach einem vorgabeorientierten Konzept. Dennoch ist eine prozessorientierte Umsetzung möglich.

Tabelle 5.1 Aufbau und Inhalt der SCC-Checkliste

Kapitelüberschrift	Anzahl zugeordneter Fragen
SGU^x: Politik, Organisation und Engagement des Managements	8
SGU^x-Gefährdungsbeurteilung	4
SGU^x-Schulung, -Information und -Unterweisung	9
SGU^x-Bewusstsein	2
SGU^x-Projektplan	5
Umweltschutz	2
Vorbereitung auf Notfallsituationen	2
SGU^x-Inspektionen	2
Betriebsärztliche Betreuung	4
Beschaffung und Prüfung von Maschinen, Geräten, Ausrüstungen und Arbeitsstoffen	2
Beschaffung von Dienstleistungen	3
Meldung, Registrierung und Untersuchung von Unfällen, Beinaheunfällen und unsicheren Situationen	6

^{x} SGU: Sicherheit, Gesundheit, Umwelt; Quelle: DGMK, 2017

Das Engagement der Führungskräfte und die Schulung der Mitarbeitenden gehören zu den inhaltlichen Schwerpunkten des Modells. Die zugeordneten Fragen verpflichten die Führungskräfte und auch die Mitarbeitenden zur Teilnahme an Schulungen, die mit einer Prüfung abschließen (DGMK, S. 21 ff.)

Die SCC-Checkliste ist primär auf den Arbeitsschutz ausgerichtet. Allerdings sind auch Fragen zur Gesundheit und zum Umweltschutz enthalten. Der Umweltschutz ist jedoch eher von untergeordneter Bedeutung.

Der Zertifizierungsablauf und die zu erfüllenden Anforderungen sind abhängig von der Zahl der Beschäftigten und von der Verpflichtung weiterer Subunternehmer.

Gegenwärtig sind über 3300 Unternehmen nach dem SCC-Modell zertifiziert (DGMK, 2020).

SQAS

SQAS steht für „Safety and Quality Assessment Series" (Sicherheits- und Qualitäts-Bewertungsverfahren). Es handelt sich um ein Verfahren, das sich bevorzugt an Logistikdienstleister der chemischen Industrie richtet. Zweck des Modells ist es, die Logistikdienstleister im Hinblick auf Sicherheit, Qualität, Umwelt und nachhaltiges Wirtschaften zu bewerten, so dass die Ergebnisse von den Unternehmen der chemischen Industrie für die Auswahl genutzt werden können. SQAS verfolgt damit grundsätzlich dasselbe Anliegen wie das SCC-Modell. Folgende Unterschiede bestehen jedoch:

- Das SQAS-Verfahren richtet sich ausschließlich an Logistikunternehmen, Tankreinigungsunternehmen und Chemiehändler. Alle weiteren Kontraktoren sind vom Verfahren ausgeschlossen.

- Das SQAS-Verfahren wird von CEFIC (The European Chemical Industry Council) – einem Zusammenschluss europäischer Unternehmen der chemischen Industrie – unterstützt.

- SQAS berücksichtigt nicht nur den Arbeits- und Umweltschutz, sondern enthält auch Nachhaltigkeitsaspekte sowie den Schutz vor Eingriffen Unbefugter.

Den Kern des SQAS-Verfahrens bilden Fragebögen, die zwischen allgemeinen (Kernfragebogen) und spezifischen Aspekten (z. B. Transportservice, Bahnverkehr, Tankreinigung, Lagerung, Distribution) unterscheiden. Zu jeder Frage findet sich eine Erläuterung. Die Fragebögen eignen sich aus betrieblicher Sicht für den Aufbau eines Managementsystems. Sie lassen sich jedoch auch als Grundlage für ein Systemaudit verwenden. Das Konzept, das dem SQAS-Modell zugrunde liegt, ist eher vorgabeorientiert. Insbesondere der Kernfragebogen lässt sich jedoch für den Aufbau eines prozessorientierten Managementsystems nutzen.

Der Kernfragebogen ist in folgende Kapitel unterteilt (SQAS Core):

- Managementsystem und Verantwortung

    Zu den Inhalten dieses Kapitels gehören Art und Umfang der Unternehmensgrundsätze, die Zuweisung der Verantwortlichkeiten und die Verpflichtung zur Beachtung rechtlicher Anforderungen.

- Risikomanagement

    Im Zentrum dieses Kapitels steht die Risikobeurteilung und damit die Frage, wie Maßnahmen abgeleitet werden. Überdies werden Fragen zur Umsetzung von Maßnahmen zur Arbeitssicherheit, zum Gesundheitsschutz, zu Sicherungs-maßnahmen, fairen Geschäftspraktiken und Umweltaspekten gestellt.

- Personalwesen

  Qualifikation und Schulung machen den Kern dieses Kapitels aus. Zu den in-haltlichen Schwerpunkten gehören der verhaltensbasierte Arbeitsschutz und Aspekte der Arbeitsethik.

- Notfall- und Reaktionsbereitschaft

  Im Kern geht es um vorbereitende Maßnahmen der Notfallvorsorge.

- Leistungsanalyse und Managementreview

  Die Fragen beziehen sich auf Regelungen, die eine kontinuierliche Verbesse-rung der Leistungen erwarten lassen.

Das Systemaudit wird ausschließlich von Organisationen durchgeführt, die von CEFIC hierzu ermächtigt sind. Bei positivem Ablauf erhält das Unternehmen ein Zertifikat mit einer Gültigkeit von drei Jahren. Die Mitgliedsunternehmen haben die Möglichkeit, die Ergebnisse des Systemaudits einzusehen.

DIN ISO 45001

Mit der Veröffentlichung der Norm DIN ISO 45001 liegt erstmals ein international anerkanntes Modell eines Arbeitsschutzmanagements vor. Das Ziel dieses Mana-gementsystems ist die Prävention unfallbedingter Verletzungen und arbeitsbeding-ter Erkrankungen. Gleichzeitig soll es auf die menschengerechte Gestaltung der Arbeit Einfluss nehmen (DIN ISO 45001, S. 20).

Der Aufbau der DIN ISO 45001 entspricht dem „High-Level-Structure" der Interna-tionalen Normungsorganisation (ISO – International Organization for Standardiza-tion) (s. Kasten: „High-Level-Structure"). Auch der Aufbau anderer Management-systeme greift auf diesen Aufbau zurück. Damit soll die betriebliche Gestaltung eines universellen Managementsystems gefördert werden, das mehrere Aspekte miteinander vereint (ISO 2019).

 High-Level-Structure (in deutscher Übersetzung)

1. Anwendungsbereich
2. Normative Verweisungen
3. Begriffe
4. Kontext der Organisation
5. Führung
6. Planung
7. Unterstützung
8. Betrieb
9. Bewertung der Leistung
10. Verbesserung

Quelle: ISO, 2019

Das Konzept, das der Norm zugrunde liegt, ist prozessorientiert.

Es ist zertifizierungsfähig. Die Zertifizierung wird von akkreditierten Konformitätsbewertungsstellen angeboten. Das Zertifikat hat eine Gültigkeit von zunächst drei Jahren. Wiederholungszertifizierungen sind möglich.

5.2.2 Umweltmanagementsysteme

Der Umweltschutz bezeichnet alle Maßnahmen, die darauf ausgerichtet sind, die natürliche Umwelt des Menschen zu schützen (DWDS, Umweltschutz). Etwas konkreter definiert eine Rechtsakte der Europäischen Union (AGVO, Artikel 2 Nr. 101), was unter Umweltschutz zu verstehen ist, und zwar

„… jede Maßnahme, die darauf abzielt, einer Beeinträchtigung der natürlichen Umwelt oder der natürlichen Ressourcen durch die Tätigkeit […] abzuhelfen, vorzubeugen oder die Gefahr einer solchen Beeinträchtigung zu vermindern oder eine rationellere Nutzung der natürlichen Ressourcen einschließlich Energiesparmaßnahmen und die Nutzung erneuerbarer Energien zu fördern." Für ein Unternehmen ist Umweltschutz eine kontinuierliche Aufgabe. Eine Minimierung der Umweltbelastungen und ein nachhaltiger Ressourceneinsatz lassen sich nur realisieren, wenn technische und gesellschaftliche Entwicklungen beobachtet und im Hinblick auf die eigenen Handlungsmöglichkeiten geprüft werden. Schließlich geht es um eine kontinuierliche Reduktion der Umweltbelastungen und einen sparsamen Einsatz von Energie und Material. Es ist daher folgerichtig, wenn diese Aufgabe zum Bestandteil des betrieblichen Managementsystems wird.

Gegenwärtig ist insbesondere die Logistikbranche von den aktuellen Entwicklungen im Umweltschutz betroffen. Das zeigt sich beispielsweise an den Projekten zur Umstellung der Fahrzeugflotten auf alternative Antriebstechniken. Ziel dieser Vorhaben ist es, die Dienstleistungen nachhaltiger zu gestalten.

Seit vielen Jahren gibt es Umweltschutzmanagementsysteme. Deren Entwicklung startete nahezu zeitgleich mit den Arbeitsschutzmanagementsystemen. Allerdings ist die Anzahl der Modelle deutlich geringer. In der Logistikbranche sind die folgenden Modelle bekannt:

- DIN EN ISO 14001:2015

  Die erste Fassung der Norm entstand bereits 1996. Zwischenzeitlich wurde sie angepasst. Die jüngste Revision erfolgte 2015. Der Aufbau des Umweltmanagementsystems entspricht seitdem der „High-Level-Structure" (s. Abschnitt 5.2.1).

  DIN EN ISO 14001 lässt eine Zertifizierung durch eine akkreditierte Zertifizierungsstelle zu. Gegenwärtig sind rund 8000 Organisationen – hierzu gehören sowohl Wirtschaftsunternehmen als auch öffentliche Einrichtungen – in Deutschland zertifiziert (UBA).

- EMAS-Verordnung

  EMAS – es steht für „Eco-Management und Audit Scheme" – geht zurück auf eine europäische Verordnung, die unter der Kurform „EMAS-Verordnung" allgemein bekannt ist (EMAS-Verordnung 2009). In Deutschland enthält das Umweltauditgesetz ergänzende Regelungen zur EMAS-Verordnung.

  EMAS wirbt damit, das weltweit anspruchsvollste Umweltmanagementsystem zu sein. Unternehmen, die ein EMAS-Umweltmanagementsystem erfolgreich implementiert haben, werden in einem Register geführt und haben die Möglichkeit, durch Verwendung eines Logos auf sich aufmerksam zu machen. Gegenwärtig enthält das Register mehr als 1100 deutsche Unternehmen (EMAS).

  Das EMAS-Umweltmanagementsystem geht über die Anforderungen der DIN EN ISO 14001 hinaus. Wesentliche Unterscheidungsmerkmale sind

  - Umweltprüfung

    Die Umweltprüfung steht am Anfang des Prozesses zur Einführung eines EMAS-Umweltmanagementsystems. Ziel ist u. a. die Analyse aller im Zusammenhang mit den Tätigkeiten, den Produkten und den Dienstleistungen stehenden Umweltaspekten und ihren Auswirkungen.

  - Umweltleistung

    Die Umweltleistung bezeichnet die „messbaren Ergebnisse der Umweltaspekte" eines Unternehmens (EMAS-Verordnung Artikel 2 Nr. 2). Sie dient dazu, die fortlaufende Verbesserung des betrieblichen Umweltschutzes zu belegen.

  - Transparenz

    EMAS-Unternehmen sind verpflichtet, ihr Umweltprogramm der Öffentlichkeit zugänglich zu machen.

  - Mitarbeiterbeteiligung

    Zu den Grundsätzen der EMAS-Verordnung gehört die Beteiligung der Mitarbeitenden.

  Am Ende des EMAS-Prozesses steht eine Überprüfung durch einen unabhängigen Umweltgutachter. Wiederholende Überprüfungen in Abständen von drei Jahren sind möglich.

Das gesamte Verfahren zur Einführung eines EMAS-Umweltmanagementsystems zeigt Bild 5.7.

Die blauen Felder (Nr. 2 bis 8) in der Darstellung geben die Struktur des EMAS-Umweltmanagementsystems wieder. Es ist zu erkennen, dass das Modell einer prozessorientierten Konzeption folgt.

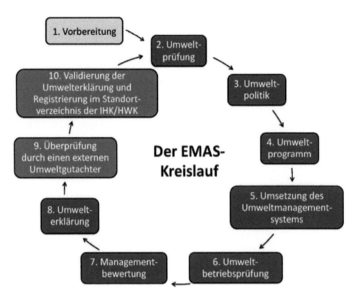

Bild 5.7   EMAS-Kreislauf (Quelle: UGA, 2015, S. 3)

Ein weiteres Managementsystem, das jedenfalls Teilbereich des Umweltschutzes abdeckt, ist in der Störfallverordnung beschrieben. Es ist verpflichtend für alle Unternehmen, die Anlagen betreiben, bei denen durch die Freisetzung gefährlicher Stoffe Umweltbelastungen zu befürchten sind (12. BImSchV § 8). Das „Sicherheitsmanagementsystem", so der Name, gliedert sich in sieben Elemente (12. BImSchV Anhang III). Diese sind:

- Organisation und Personal

  Das Element fordert u. a. eine Festlegung von Aufgaben und Verantwortlichkeiten sowie Schulungen und Qualifizierungen der Mitarbeitenden. Ein besonderer Hinweis gilt den Subunternehmen.

- Ermittlung und Bewertung der Gefahren von Störfällen

  Durch eine Risikobeurteilung sind Wahrscheinlichkeiten und Schwere möglicher Störfälle zu ermitteln.

- Überwachung des Betriebes

  Sichere Betriebsweisen sind für den störungsfreien Betrieb und für Wartungsarbeiten festzulegen. Weiterhin sind Prüfungen zur Feststellung des Anlagenzustandes zu planen und durchzuführen.

- Sichere Durchführung von Änderungen

  Es sind sichere Verfahrensweisen bei baulichen oder technischen Änderungen festzulegen.

- Planung für Notfälle

  Mögliche Notfälle sind zu ermitteln und die erforderlichen Maßnahmen zur Reduzierung der Auswirkungen in Plänen festzuhalten.

- Überwachung der Leistungsfähigkeit des Sicherheitsmanagementsystems

  Ereignisanalysen und der Grad der Zielerreichung sollen genutzt werden, um kontinuierliche Verbesserungen des operativen Ablaufs abzuleiten.

- Systematische Überprüfung und Bewertung

  Die Wirksamkeit des Sicherheitsmanagementsystems ist zu überprüfen und zu bewerten.

Die Elemente und ihre Inhalte deuten daraufhin, dass das Sicherheitsmanagementsystem einem prozessorientierten Konzept folgt. Auch die konkretisierenden Ausführungen, die von der Kommission für Anlagensicherheit hierzu veröffentlicht werden, bestätigen diese Annahme (KAS 19, 2018, S. 7)

Die Störfallverordnung sieht keine Begutachtung vor.

Das Sicherheitsmanagementsystem ist für alle Unternehmen im Anwendungsbereich der Störfallverordnung seit dem Jahr 2000 verpflichtend. Allerdings ist eine Zertifizierung nicht vorgesehen.

Seit vielen Jahren werden die Störfälle zentral erfasst und in einer Ereignisstatistik zusammengeführt. Hintergrund ist die Verpflichtung der Anlagenbetreiber, alle Störfälle im Sinne der Störfallverordnung zu melden. Die Ergebnisse lassen sich heranziehen, um die Frage nach den Wirkungen von Sicherheitsmanagementsystemen zu beantworten. Bild 5.8 zeigt die Entwicklung der Störfälle für den Zeitraum zwischen 2000 und 2017. Die blaugefärbte Linie stellt den auf 1000 Betriebe normierten Verlauf der Ereignisse dar. Die Linie ist Schwankungen unterworfen. Ein möglicher Abwärtstrend ist jedoch nicht erkennbar. Viele Gründe mögen dafür ausschlaggebend sein. Einer der Gründe ist sicherlich auch darin zu sehen, dass sich die Voraussetzungen für die Meldepflicht während des Betrachtungszeitraums zweimal geändert haben.

Nach der Störfall-Verordnung gemeldete Ereignisse

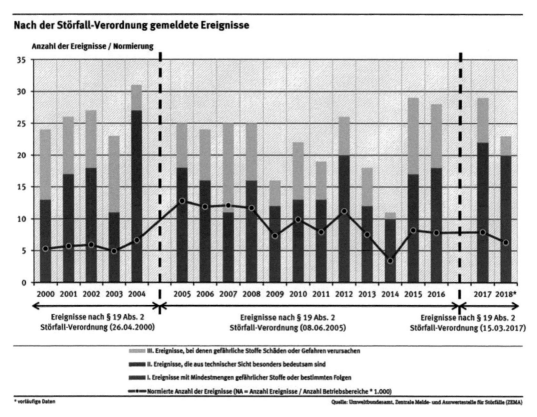

Bild 5.8   Verlauf der Störfallereignisse in den Jahren von 2000 bis 2017 (Quelle: ZEMA)

5.2.3 Sonstige Managementsysteme mit Sicherheitsbezug

Arbeitsschutz- und Umweltmanagementsysteme decken einen erheblichen Teil des betrieblichen Sicherheitsspektrums ab. Allerdings gibt es noch weitere Modelle mit Sicherheitsbezügen. Von besonderer Relevanz für die Logistikunternehmen sind Modelle, die auf den Erhalt der betrieblichen Leistungsfähigkeit ausgerichtet sind. Als Teil einer umfassenden Lieferkette kann jede noch so geringe Betriebsunterbrechung erhebliche Auswirkungen auf die Wirtschaftlichkeit des Unternehmens haben. ziehen. Business-Continuity-Managementsysteme widmen sich diesem Sicherheitsaspekt. Ein internationales Modell beschreibt DIN EN ISO 22301. Es definiert Business Continuity Management als

„ganzheitlicher Managementprozess, der potenzielle Bedrohungen für Organisationen und die Auswirkungen ermittelt, die diese Bedrohungen, falls sie umgesetzt werden, womöglich auf die Geschäftsabläufe haben, und der ein Gerüst zum Aufbau der Belastbarkeit einer Organisation im Verbund mit der Fähigkeit einer effek-

tiven Reaktion, die die Interessen ihrer zentralen Interessengruppen, das Ansehen, die Marke und die wertschöpfende Tätigkeit sichert, bereitstellt.

DIN EN ISO 22301:2014, Nr. 3.4

Ein Managementsystem mit einer Zielausrichtung, wie sie in der Definition zum Ausdruck kommt, ist universell anwendbar. Jeder Unfall mit einem Personenschaden, jede Freisetzung eines umweltrelevanten Stoffes und jede Sachbeschädigung von Betriebsmitteln können letztendlich als Ereignisse aufgefasst werden, die zu Störungen oder Unterbrechungen der betrieblichen Abläufe führen. Ein Managementsystem, das alle diese Möglichkeiten berücksichtigt, kann damit auf eine differenzierte Behandlung spezieller Sicherheitsaspekte, wie sie im Arbeitsschutz oder Umweltmanagementsystem üblich ist, verzichten.

Wie präsent die Sorge um eine mögliche Betriebsunterbrechung ist, zeigen die Ergebnisse einer weltweiten Befragung unter Kunden der Allianz Versicherungsgruppe. Für 37 % der befragten Unternehmen zählen Betriebsunterbrechungen einschließlich der Unterbrechung der Lieferketten zu den wichtigsten Geschäftsrisiken. Sie rangieren an erster Stelle gleichauf mit den Cyber-Risiken (Allianz Global Corporate & Specialty SE, 2019, S. 4).

Auch wenn die Zahlen keine branchenbezogene Zuordnung gestatten, so ist sicherlich davon auszugehen, dass sich die Befragungsergebnisse in Logistikunternehmen nicht wesentlich von diesen Ergebnissen unterscheiden. Unter Berücksichtigung der fortschreitenden Globalisierung und der noch engeren Vernetzung von Produktions- und Dienstleistungsunternehmen im Zeitalter von „Industrie 4.0" ist davon auszugehen, dass bereits geringfügige Störungen fatale Auswirkungen auf andere Unternehmen der Liefer- und Produktionskette haben können (vgl. Bousonville, 2017, S. 13).

Vor diesem Hintergrund ist es gerade für Logistikunternehmen lohnenswert, sich mit den Anforderungen der DIN EN ISO 22301 auseinanderzusetzen.

Der Aufbau der DIN EN ISO 22301 entspricht der „High-Level-Structure" (s. Abschnitt 9.2.1). Damit liegt dem Modell eine prozessorientierte Konzeption zugrunde. Eine kontinuierliche Verbesserung ist Ziel des Modells.

Das zentrale Instrument eines Business Continuity Managements ist die Business-Impact-Analyse. Diese ist die Bezeichnung für ein spezifisches Verfahren der Risikobeurteilung, das folgende Merkmale aufweist (DIN EN 31010:2010, S. 41):

- Die Identifizierung der Risiken erfolgt auf der Grundlage der Unternehmensprozesse. Dies setzt die Erfassung aller Unternehmenstätigkeiten voraus, die zum Geschäftsergebnis beitragen. Die Fokussierung auf die Kernprozesse schließt die Prüfung der Ressourcen ein, die für die Abwicklung der Prozesse notwendig sein. Zu den weiteren Größen, die in diesem Kontext zu erfassen sind, gehören die maximal zu tolerierenden Ausfallzeiten einschließlich der notwendigen Erholungszeiten („maximum tolerable period of disruption") für den Wiederanlauf dazu (Wong, W. N. Z., Shi, J., S. 143). Für die Ergebung dieser Daten eignen sich Fragebögen, Interviews oder strukturierte Workshops (Wong, W. N. Z., Shi, J., S. 148).

- Die Analyse und Bewertung der Risiken erfolgt nach den Ausfall- und Erholungszeiten und der Bedeutung, den ein Ausfall des Prozesses auf die betriebliche Leistung hat.

Nach Abschluss der Analyse sollen die in Tabelle 5.2 aufgeführten Informationen feststehen.

Tabelle 5.2 Kernthemen einer Business-Impact-Analyse
(Quelle: Wong, W. N. Z., Shi, J., S. 153)

Funktion	Auswirkungen	Zeit	Ressourcen-bedarf	Abhängigkeiten
Prozesse Produkte Dienstleistungen Auslieferungs-zeiten	Operativ Finanziell Nichtfinanziell	Zu tolerierende Zeiten Erholungszeit nach Ausfall	Informationen Mitarbeitende Technologie Versorgung Infrastruktur	Intern Extern Lieferanten

Die Business-Impact-Analyse ist die Grundlage für die Erarbeitung eines betrieblichen Konzeptes, das die Optionen enthält, wie den nicht akzeptablen Risiken begegnet werden kann. Neben technischen, organisatorischen und personenbezogenen Maßnahmen (s. Kapitel 4.5) umfasst das Konzept auch Vorschläge, für den Aufbau von Redundanzen. (Wong, W. N. Z., Shi, J., S. 175; DIN EN ISO 22301: 2014, S. 26). Weitere Bestandteile des Konzepts sind Festlegungen zu den möglichen Störungen, den Kommunikationswegen und den einzuleitenden Sofortmaßnahmen. Übungen und Überprüfungen sind vorgesehen, um die Eignung der Maßnahmen festzustellen und Anpassungsbedarf zu ermitteln (DIN EN ISO 22301, S. 29).

Für Logistikunternehmen die gegenüber Kunden und Lieferanten ihre Zuverlässigkeit bekunden wollen, besteht die Möglichkeit einer Zertifizierung

Im Juni 2020 wurde eine überarbeitete Fassung der DIN EN ISO 22301 veröffentlicht. Zu den Revisionsinhalten gehören die Anpassung und Erweiterung der Struktur, die Modifikation der Begriffsbestimmungen und eine redaktionelle Überarbeitung.

Die Gestaltung einer sicheren Lieferkette ist Thema einer weiteren Norm. Die DIN ISO 28000:2015-08 beschreibt „Spezifikationen für Sicherheitsmanagementsysteme für die Lieferkette".

■ 5.3 Sicherheitskultur

Die Sicherheitskultur wird häufig im Zusammenhang mit dem Sicherheitsmanagement thematisiert. Dabei entsteht der Eindruck, als handele es sich bei der Sicherheitskultur um etwas Anspruchsvolleres, als das Sicherheitsmanagement. Tatsächlich wird die Kultur im allgemeinen Begriffsverständnis mit Werten in Verbindung gebracht (DWDS, 2020).

Das Konzept der Unternehmenskultur geht zurück auf Edgar H. Schein. Er beschäftigt sich mit der Organisationskultur und definiert diese als

> *…a pattern of shared basic assumptions that was learned by a group as it solved its problems of external adaptation and internal integration, that has worked well enough to be considered valid and, therefore, to be taught to new members as the correct way to perceive, think, and feel in relation to those problems.*

Schein, 2002, S. 17

Die Organisationskultur lässt sich in drei Ebenen beschreiben (Bild 5.9). Den Kern machen die Grundannahmen aus. Sie umschreiben die Sichtweisen und Gedanken der Mitarbeitenden. Diese treten jedoch nicht offen zutage, sondern offenbaren sich in Normen und Werten, und in den Artefakten. Die Normen und Werte zeigen sich in den Haltungen und den Einstellungen der Mitarbeitenden. Deutlich sichtbarer sind die Artefakte. Kleidung, Sprache und Routinen zählen dazu. Alle drei Ebenen stehen in Beziehung zueinander (Schein, 2004, S. 26 ff.).

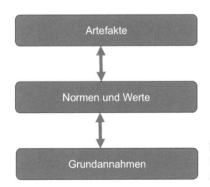

Bild 5.9
Ebenen der Organisationskultur (nach Schein, 2004, S. 26)

Die Organisationskultur bestimmt zu einem wesentlichen Teil das Verhalten und die Handlungen der Mitarbeitenden. Sie nimmt daher auch Einfluss auf das Sicherheitsverhalten. Rasmussen spricht von einer Sicherheitskultur und hält sie gar für geeignet, möglichen betrieblichen Tendenzen zur Aufweichung der Sicherheitsanforderungen entgegenzuwirken (Rasmussen, 1997, S. 192). (s. Kapitel 2.2)

Angelehnt an die Organisationskultur, lässt sich die Sicherheitskultur definieren als

... Gesamtheit der von der Mehrheit der Mitglieder einer Organisation geteilten, sicherheitsbezogenen Grundannahmen und Normen ..., die ihren Ausdruck im konkreten Umgang mit Sicherheit in allen Bereichen der Organisation finden.

Grote, Künzler, 1996, S. 29

Diese Grundannahmen offenbaren sich unter anderem im täglichen Umgang mit den Risiken und in der Art und Weise, wie die betrieblichen Sicherheitsmaßnahmen umgesetzt werden. Werden Indikatoren festgelegt, dann ist es möglich, die Sicherheitskultur zu messen (Grote, Künzler, 1996, S. 41).

Seit der Reaktorkatastrophe von Tschernobyl beschäftigt sich auch die Internationale Atomenergie Organisation (IAEA) mit der Sicherheitskultur. Dabei geht es um die Frage nach dem Zusammenhang zwischen dem Verhalten der Mitarbeitenden und der Sicherheitskultur. Die IAEO hat hierzu ein Modell entwickelt, das eine Charakterisierung der Sicherheitskultur erlaubt (s. Bild 5.10).

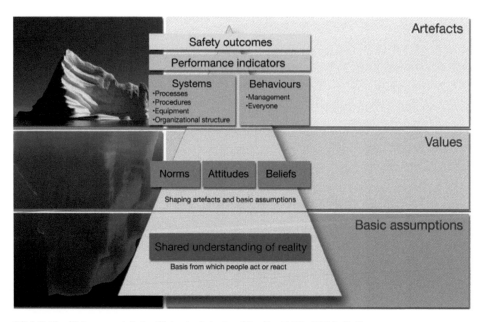

Bild 5.10 Eisbergmodell der Sicherheitskultur (Quelle: IAEO, 2016, S. 6)

Das „Eisbergmodell" basiert auf der Annahme Scheins, wonach die beobachtbaren Anteile einer Sicherheitskultur als Gradmesser für die Grundannahmen herangezogen werden können. Nach IAEO gehört auch das Sicherheitsmanagementsystem dazu. Allerdings ist es nicht die einzige Determinante der Sicherheitskultur (IAEO 2016, S. 6). Damit scheint der allgemeine Eindruck bestätigt, wonach es sich bei der Sicherheitskultur um eine Weiterentwicklung des Sicherheitsmanagements handelt. (IAEO, 2016, S. 6).

Andere Überlegungen beschäftigen sich mit der Entwicklung der Sicherheitskultur. Weit verbreitet ist das Modell einer „Sicherheitsleiter" (Bild 5.11). Jede Stufe der Leiter repräsentiert einen Entwicklungsschritt der Sicherheitskultur, der durch einen charakteristischen Satz beschrieben wird (Bild 5.11) (Hudson, 2007, S. 704):

- 1. Stufe: „pathologisch"

  „Wen kümmert es, solange wir nicht erwischt werden".

- 2. Stufe: „reaktiv"

  „Wir tun eine Menge für die Sicherheit, und zwar immer dann, wenn es zu einem Unfall gekommen ist."

- 3. Stufe: „berechnend"

  „Wir verfügen über Sicherheitssysteme zur Beherrschung der Gefährdungen".

- 4. Stufe: „proaktiv"

  „Führung in der Sicherheit und Werte sind Garanten für kontinuierliche Verbesserung".

- 5. Stufe: „fruchtbar"

  „Wir machen unser Geschäft nur mit Sicherheit, Gesundheit und Umwelt".

Das Modell der „Sicherheitsleiter" impliziert, dass mit steigender Stufe das Vertrauen, die Verantwortung und auch das Wissen zunehmen (Hudson, 2007, S. 704).

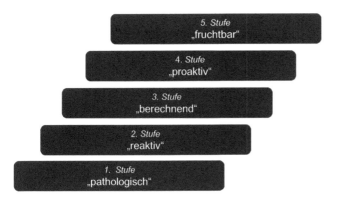

Bild 5.11 Sicherheitskulturleiter (nach Hudson, 2007, S. 704)

Die Sicherheitsleiter bildet das theoretische Fundament für ein Modell, das unter der Bezeichnung „Safety Culture Ladder" (SCL) geführt wird. Das erklärte Ziel der SCL ist die Verbesserung des Sicherheitsbewusstseins SCL hat seinen Ursprung in den Niederlanden und wird vor allem für Unternehmen angewendet, die im Werk-vertrag für Bahn, Energiewirtschaft oder die chemische Industrie tätig sind (SCL, 2020, Safety Culture Ladder).

Die Sicherheitskultur nach SCL-Modell ist in fünf Stufen unterteilt. Jeder Stufe lie-gen eigene Bewertungskriterien zugrunde, die sich in sechs Unternehmensaspekte und 18 Charakteristika auffächern. Tabelle 5.3 zeigt die Struktur.

Tabelle 5.3 Struktur der SCL-Bewertungskriterien

Unternehmensaspekte	Charakteristika
Führung und Beteiligung	Interesse des Managements, Mitarbeiterbeteiligung, Belohnung für gute Leistungen
Unternehmenspolitik und Strategie	Unfallursachen, Profitabilität und Kontinuität
Organisation und Vertragspartner	Vertragspartner, Kompetenz und Fortbildung, Abteilung für Arbeitsschutz
Arbeitsplatz und Verfahren	Arbeitsplanung, Sicherheit am Arbeitsplatz, Verfahren
Abweichungen und Kommunikation	Meldung, Untersuchung und Nachbereitung von Vorfällen, tägliche Kontrolle, Sitzungen
Prüfung und Statistiken	Prüfungen und Kontrolle, Trends und Statistiken
Quelle: SCL, 2020, Beurteilungskriterien	

Die Einhaltung der Bewertungskriterien wird durch ein externes Audit überprüft. Die Selbsteinschätzung des Unternehmens ist Voraussetzung und Grundlage des Audits. eine Selbsteinschätzung des Unternehmens. Über das Ergebnis wird ein Zertifikat ausgestellt, das die vom Unternehmen erreichte Stufe der Sicherheits-leiter bestätigt. Das Zertifikat hat eine Gültigkeit von drei Jahren. Eine Wieder-holungszertifizierung ist möglich (SCL, 2020, Zertifizierung).

In Deutschland ist SCL besonders in der Energiebranche bekannt. Inwieweit es in anderen Branchen Verbreitung findet, ist nicht absehbar. Da die Sicherheitskultur gegenwärtig jedoch von vielen Organisationen thematisiert wird (z. B. DGUV-Kam-pagne „kommitmensch"), ist von einer zunehmenden Bedeutung auszugehen.

Literatur

12. **BimSchV:** Störfall-Verordnung in der Fassung der Bekanntmachung vom 15. März 2017 (BGBl. I S. 483), die zuletzt durch Artikel 1a der Verordnung vom 8. Dezember 2017 (BGBl. I S. 3882) ge-ändert worden ist

AGVO: Verordnung (EU) Nr. 651/2014 der Kommission vom 17. Juni 2014 zur Feststellung der Vereinbar-keit bestimmter Gruppen von Beihilfen mit dem Binnenmarkt in Anwendung der Artikel 107 und 108 des Vertrags über die Arbeitsweise der Europäischen Union

AkkStelleG: Akkreditierungsstellengesetz vom 31. Juli 2009 (BGBl. I S. 2625), das zuletzt durch Arti-kel 1 des Gesetzes vom 11. Dezember 2018 (BGBl. I S. 2354) geändert worden ist

Allianz Global Corporate & Specialty SE. 2019: Allianz Risk Barometer 2019. www.agcs.allianz.com. [Online] Januar 2019. [Zitat vom: 25. August 2019] https://www.agcs.allianz.com/content/dam/one marketing/agcs/agcs/reports/Allianz-Risk-Barometer-2019.pdf

BArbBl. 1997: Gemeinsamer Standpunkt des BMA, der obersten Arbeitsschutzbehörden der Bundesländer, der Träger der gesetzlichen Unfallversicherung und der Sozialpartner. Bek. des BMA vom Juni 1997 – fflb2 – 36004. 1997

BArbBl. 1999: Arbeitsschutzmanagementsysteme, Eckpunkte des BMA, der obersten Arbeitsschutzbehörden der Bundesländer, der Träger der gesetzlichen Unfallversicherung und der Sozialpartner zur Entwicklung und Bewertung von Konzepten für Arbeitsschutzmanagementsysteme. Bek. des BMA vom 1. Februar 1999 – IIIb2-36004. 1999

BAuA. 2002: Leitfaden für Arbeitsschutzmanagementsysteme. [Online] Juni 2002. [Zitat vom: 22. Februar 2020] https://www.baua.de/DE/Themen/Arbeitswelt-und-Arbeitsschutz-im-Wandel/Organi sation-des-Arbeitsschutzes/Organisation-betrieblicher-Arbeitsschutz/pdf/Leitfaden-AMS.pdf?__ blob=publicationFile&v=3

BAuA, DGUV (Hrsg.). 2016: Ausbildung zur Fachkraft für Arbeitssicherheit. Grundbegriffe des Arbeitsschutzes. Berlin: s. n., Juli 2016

BGHW. ohne Angabe: Referenzliste Begutachtete Unternehmen. [Online] ohne Angabe. [Zitat vom: 24. 02. 2020] https://www.bghw.de/arbeitsschuetzer/sicher-mit-system/referenzliste-positivliste

Bousonville, T. 2017: Logistik 4.0. Die Digitale Transformation der Wertschöpfungskette. Wiesbaden: Springer Gabler, 2017

Deming, W. E. 1997: Out of the crisis. Cambridge, Mass: Massachusetts Institute of Technology, 1997

DGMK: SCC Sicherheits Certifikat Contraktoren. [Online] Deutsche Wissenschaftliche Gesellschaft für Erdöl, Erdgas und Kohle e. V. [Zitat vom: 26. 02. 2020] https://dgmk.de/themen/scc/

DGMK: SCC DOKUMENT 003 SCC-CHECKLISTE (SICHERHEITS CERTIFIKAT CONTRAKTOREN) Version 2011

DGMK. 2020: Version 2011: Liste der nach SCC zertifizierten Kontraktoren. [Online] 07. 01. 2020. [Zitat vom: 26. 02. 2020] https://dgmk.de/app/uploads/2018/10/SCC_Kontraktoren_2011-1.pdf

DIN EN 31010:2010-11. 2010: Risikomanagement – Verfahren zur Risikobeurteilung (IEC/ISO 31010:2009). 2010

DIN EN ISO 22301:2014-12: Sicherheit und Schutz des Gemeinwesens – Business Continuity Management System – Anforderungen (ISO 22301:2012). 2014

DIN EN ISO 9000:2015-11: Qualitätsmanagementsysteme – Grundlagen und Begriffe (ISO 9000:2015). 2015

DIN ISO 45001:2018-06: Managementsysteme für Sicherheit und Gesundheit bei der Arbeit – Anforderungen mit Anleitung zur Anwendung (ISO 45001:208)

Drechsel, M. 2014: Zertifizierung von Qualitätsmanagementsystemen. [Buchverf.] T., Schmitt, R. (Hrsg.) Pfeiffer. Masing Handbuch Qualitätsmanagement. München: Carl Hanser Verlag, 2014

DWDS: „Kultur", bereitgestellt durch das Digitale Wörterbuch der deutschen Sprache, hrsg. v. d. Berlin-Brandenburgischen Akademie der Wissenschaften. [Online] [Zitat vom: 28. 02. 2020] https:// www.dwds.de/wb/Kultur

DWDS: „Umweltschutz", bereitgestellt durch Digitales Wörterbuch der deutschen Sprache, hrsg. v. d. Berlin-Brandenburgischen Akademie der Wissenschaften. [Online] [Zitat vom: 29. 02. 2020] https:// www.dwds.de/wb/Umweltschutz

EMAS: EMAS Organisationen in Deutschland. [Online] Eco-Management and Audit Scheme. [Zitat vom: 01. 03. 2020] https://www.emas.de/wer-hat-emas

EMAS-Verordnung. 2009: Verordnung (EG) Nr. 1221/2009 des Europäischen Parlaments und des Rates vom 25. November 2009 über die freiwillige Teilnahme von Organisationen an einem Gemeinschaftssystem für Umweltmanagement und Umweltbetriebsprüfung. 2009

Friedli, T., Seghezzi, H. D., Mänder, C., Lützner, R. 2014: Konzepte – Modelle – Systeme. [Buchverf.] T., Schmitt, R., Pfeiffer. Masing Handbuch Qualitätsmanagement. München: Carl Hanser Verlag, 2014

Grote, G. 2011: Safety management in different high-risk domains – All the same? Safety Science. 2011, 50, S. 1983 – 1992

Grote, G., Künzler, C. 1996: Sicherheitskultur, Arbeitsorganisation und Technikeinsatz. Zürich: vdf Hochschulverlag AG an der ETH Zürich, 1996

Hagenloch, T. 2009: Einführung in die Betriebswirtschaftslehre Theoretische Grundlagen und Managementlehre. Norderstedt: BoD – Books on Demand, 2009

HMSI: arbeitswelt.hessen.de. Hessen innovativ – Arbeitsschutz konkret Die ASCA-AMS-Bestätigung. [Online] [Zitat vom: 23. 02. 2020] http://www.arbeitswelt.hessen.de/sites/awh/files/dateien/die_asca-ams-bestaetigung.pdf

HMSI 2015: arbeitwelt.hessen.de. Leitfaden ASCA Arbeitsschutzmanagement. [Online] 2015. [Zitat vom: 23. 02. 2020] http://www.arbeitswelt.hessen.de/sites/awh/files/dateien/leitfaden_arbeits schutzmanagement_2015_0.pdf

Hudson, P. 2007: Implementing a safety culture in a major multi-national. Safety Science. 2007, 45, S. 697 – 722

IAEA. 2008: Nuclear security culture: implementing guide. [Online] 2008. [Zitat vom: 28. 02. 2020] https://www-pub.iaea.org/MTCD/Publications/PDF/Pub1347_web.pdf

IAEO. 2016: IAEO safety reports series. Performing safety culture self-assessments. [Online] 2016. [Zitat vom: 28. 02. 2020] https://www-pub.iaea.org/MTCD/Publications/PDF/Pub1682_web.pdf

ISO. 2019: ISO/IEC Directives Part 1, Procedures for the technical work, fifteenth edition. [Online] 2019. [Zitat vom: 26. 02. 2020] https://www.iso.org/sites/directives/current/part1/index.xhtml

KAS-19. 2018: Leitfaden zum Konzept zur Verhinderung von Störfällen und zum Sicherheitsmanagementsystem. [Online] November 2018. [Zitat vom: 01. 03. 2020] https://www.kas-bmu.de/kas-leit faeden-arbeits-und-vollzugshilfen.html

OHRIS. 2019: Bayerisches Anerkennungsregister. [Online] 31. 12. 2019. [Zitat vom: 24. 02 2020] https://www.lgl.bayern.de/downloads/arbeitsschutz/ohris/doc/anerkannte_unternehmen_liste.pdf

OHRIS 2018. OHRIS-Gesamtkonzept. Managementsysteme für Arbeitsschutz und Anlagensicherheit. [Online] 06 2018. [Zitat vom: 24. 2. 2020] https://www.bestellen.bayern.de/application/applstarter? APPL=eshop&DIR=eshop&ACTIONxSETVAL(artdtl.htm,APGxNODENR:292899,AARTxNR:1001029 5,AARTxNODENR:338600,USERxBODYURL:artdtl.htm,KATALOG:StMAS,AKATxNAME:StMAS,AL LE:x)=X

Rasmussen, J. 1997: Risk Management in a Dynamic Society: A Modelling Problem. Safety Science. 1997, Bd. Nr. 2/3, S. 183 – 213

Schein, E. H. 2004: Organizational culture and leadership. San Francisco, Calif.: Jossey-Bass, 2004

SCL: Safety culture ladder – Allgemein. [Online] [Zitat vom: 28. 02. 2020] https://www.veilligheidslad der.org/de/

SCL: Safety culture ladder – Beurteilungskriterien. [Online] [Zitat vom: 28. 02. 2020] https://www.safe tycultureladder.com/de/die-safety-culture-ladder/beurteilungskriterien/

SCL. Safety culture ladder – Zertifizierung. [Online] [Zitat vom: 28. 02. 2020] https://www.safetycul tureladder.com/de/zertifizierung/

SQAS. Messageboard. [Online] The European Chemical Industry Council. [Zitat vom: 26. 02. 2020] https://www.sqas.org/

SQAS. SQAS Core 2019 – Questionnaire & Guidelines – German version. [Online] [Zitat vom: 26. 02. 2020] https://www.sqas.org/download-questionnaire.php

Stürk, P. 1997: Wegweiser Arbeitsschutzgesetz Kurzinformation für die Praxis. Bielefeld: Erich Schmidt Verlag GmbH & Co KG, 1997

UBA: Umwelt- und Energiemanagementsysteme. [Online] Umweltbundesamt. [Zitat vom: 01.03.2020] https://www.umweltbundesamt.de/daten/umwelt-wirtschaft/umwelt-energiemanagementsyste me#umwelt-und-energiemanagement-in-deutschland-eine-positive-bilanz

UGA. 2015: In 10 Schritten zu EMAS Ein Leitfaden für Umweltmanagementbeauftragte. [Online] Juli 2015. [Zitat vom: 01.03.2020] https://www.emas.de/fileadmin/user_upload/4-pub/EMAS-Leit faden-Umweltmanagementbeauftragte.pdf

Wagner, K. 2014: Ausgestaltung von QM-Systemen auf Basis der ISO-9000-Reihe. [Buchverf.] T., Schmitt, R., (Hrsg.) Pfeiffer. Masing Handbuch Qualitätsmanagement. München: Carl Hanser Verlag, 2014

Wöhe, G., Döring, U., Brösel, G. 2016: Einführung in die Allgemeine Betriebswirtschaftslehre. München: Franz Vahlen, 2016

Wong, W. N. Z., Shi, J. 2015: Business continuity management system a complete framework for implementing ISO 22301 . s.l.: Kogan Page, 2015

ZEMA: Zentrale Melde- und Auswertestelle für Störfälle und Störungen. [Online] Umweltbundesamt. [Zitat vom: 01.03.2020] https://www.umweltbundesamt.de/themen/wirtschaft-konsum/anlagen sicherheit/zentrale-melde-auswertestelle-fuer-stoerfaelle

Zollondz, H.-D. 2014: Die Entwicklung des Qualitätsmanagements im 20. und 21. Jahrhundert. [Buchverf.] T., Schmitt, R., (Hrsg.) Pfeiffer. Masing Handbuch Qualitätsmanagement. München: Carl Hanser Verlag, 2014

Zollondz, H.-D. 2011: Grundlagen Qualitätsmanagement Einführung in Geschichte, Begriffe, Systeme und Konzepte. München: Oldenbourg Verlag, 2011

6

Sicherheit in der Intralogistik

Intralogistik ist eine recht junge Bezeichnung für einen Teilbereich der Logistik, der sich ausschließlich mit dem innerbetrieblichen Materialfluss beschäftigt (Arnold, 2006, S. 1). Diese hat in den zurückliegenden Jahren durch die fortschreitende Informationstechnik eine rasante Entwicklung genommen. In demselben Maße sind die Anforderungen an die Zuverlässigkeit technischer Systeme gestiegen. Und es ist zu erwarten, dass dieser Prozess noch nicht am Ende ist. Der Grad der Automatisierung wird zunehmen. Kurze Produktlebenszyklen, kleine Losgrößen und die Just-in-Time-Produktion lassen sich nur mit moderner Fördertechnik realisieren. Wo heute noch Flurförderzeuge das Bild prägen, werden morgen fahrerlose Transportsysteme eingesetzt, die die Aufträge selbstständig und störungsfrei abwickeln.

Aus sicherheitstechnischer Sicht ist diese Entwicklung von besonderem Interesse. Die Herausforderung besteht darin, den Menschen vor den neuen Risiken der technischen Einrichtungen zu schützen, die als Teil eines Mensch-Maschine-Systems für einen optimalen Materialfluss sorgen, oder aber mögliche Störungen und Unterbrechungen schnellstmöglich zu beheben.

In diesem Kapitel soll die gegenwärtige Situation in der Fördertechnik ebenso betrachtet werden wie die mögliche zukünftige. Der Fokus liegt auf den Flurförderzeugen. Zunächst erfolgt eine einführende Betrachtung zur Sicherheit in der Fördertechnik. Daran schließen sich Ausführungen zur sicherheitstechnischen Gestaltung und Verwendung von Flurförderzeugen an. Den Abschluss bilden die fahrerlosen Transportsysteme.

■ 6.1 Einführung

Zu den Kernaufgaben der Intralogistik gehören das Fördern, das Lagern, das Kommissionieren und das Sortieren. Diese Arbeiten werden von Menschen initiiert und mit Unterstützung technischer Systeme ausgeführt. Vor allem die Fördertechnik ist es, die für eine schnelle Be- und Entladung der Regale sorgt, bei der Kommissionierung unterstützt und sicherstellt, dass die benötigte Ware pünktlich und schadensfrei am vorgesehenen Ort ankommt. Die Fördertechnik wird definiert als

… das Fortbewegen (Fördern) von Gütern und Personen über begrenzte Entfernung innerhalb einer örtlich begrenzten und zusammenhängenden Betriebseinheit unter Einsatz von technischen Mitteln, den Fördermitteln.

Wagner et al., 2018, U 2

Fördermittel, Fördergut und Förderstrecke sind daher die bestimmenden Größen für Planung und Durchführung logistischer Aufgaben. Das Fördergut unterteilt sich in Stückgut und Schüttgut. Die Förderstrecke wird durch Quelle und Senke beschrieben und bleibt in der Intralogistik ausschließlich auf den innerbetrieblichen Einflussbereich beschränkt. Die Fördertechnik umfasst die Gestaltung der Fördermaschinen und deren Betrieb (Griemert, Römisch, 2015, S. 2). Sie prägen das Bild der Intralogistik.

Die Fördermaschinen lassen sich nach Unstetigförderer und Stetigförderer unterteilen und unterscheiden sich daher nur durch die Art, wie das Fördergut bewegt wird. Unstetigförderer arbeiten diskontinuierlich. Sie sind abgesehen von wenigen Ausnahmen in der Lage, die Förderstrecke frei auszuwählen. Die Arbeiten erfolgen in Arbeitsspielen, bei denen auf eine Lastfahrt eine Leerfahrt folgt. Unstetigförderer werden entweder automatisch oder durch einen Menschen bewegt und gesteuert. Ihr Haupteinsatzbereich ist daher die Förderung kleiner bis mittlerer Förder mengen (Schulte, 2017, S. 212). Die Förderstrecke kann auf dem Boden („Flur" genannt), vom Boden unabhängig oder aber stationär angeordnet sein. Typische Vertreter der Unstetigförderer sind Flurförderzeuge oder Krane.

Stetigförderer bewegen das Fördergut kontinuierlich auf einer festgelegten Förderstrecke von der Quelle zur Senke. Die Bewegung und Steuerung erfolgen automatisch. Im Vergleich zu den Unstetigförderern erzielen sie höhere Durchsätze. Weitere Stärken sind der geringe Personalbedarf und die Möglichkeit zur Automatisierung (Schulte, 2017, S. 208). Die Mehrheit der Stetigförderer ist flurgebunden.

Bild 6.1 gibt einen Überblick über mögliche Bauformen.

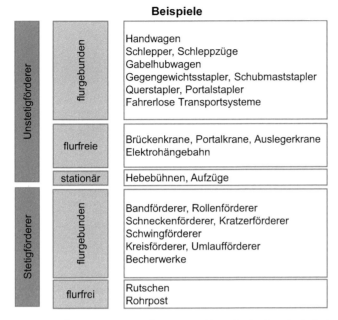

Bild 6.1 Übersicht zu den Fördermaschinen in der Intralogistik (nach Schulte, 2017, S. 207)

Unter Sicherheitsaspekten sind besonders die flurgebundenen Unstetigförderer von Interesse. Zu ihnen gehört die Gruppe der Flurförderzeuge. Sie sind definiert als

... auf dem Boden (Flur), nicht auf Schienen fahrende Fördermittel für den inner-betrieblichen Transport. Sie dienen je nach Bauart zum Befördern, Ziehen, Schieben, Heben, Stapeln oder zum Ein- und Auslagern von Lasten in Regale, zum Kommissionieren sowie zum Be- und Entladen von Verkehrsmitteln.

Bruns, 2018, U 51

Flurförderzeuge sind überproportional am Unfallgeschehen beteiligt. Ihr Anteil an der Gesamtzahl der Arbeitsunfälle im innerbetrieblichen Transport liegt mit nahezu 16 % seit Jahren unverändert hoch (DGUV 2019, S. 80). Allein im Zeitraum von 2016 bis 2018 stieg die Zahl der meldepflichtigen Arbeitsunfälle um fast 8 % (Bild 6.2). Auch beim Anteil der schweren Unfälle, gemessen an den Unfallzahlen, die zu einer Rentenzahlung führen, dominieren die Flurförderzeuge. Ihr Anteil liegt mit 16,5 % für das Jahr 2018 deutlich höher als bei den Stetigförderern (zum Vergleich 2018: 1,7 %) oder den Kranen (zum Vergleich 2018: 1,6 %) (DGUV 2019, S. 80).

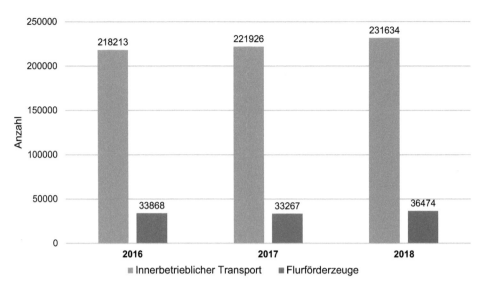

Bild 6.2 Unfallentwicklung meldepflichtiger Arbeitsunfälle im innerbetrieblichen Transport und unter Beteiligung der Flurförderzeuge

Die Art der Unfallstatistik erweckt den Eindruck, dass allein die Flurförderzeuge für das Unfallgeschehen verantwortlich sind. Dieser Eindruck täuscht. Das Unfallgeschehen ist stets im Kontext mit dem Arbeitssystem zu betrachten (s. Abschnitt 2.3) – und hierzu gehört der Arbeitsplatz ebenso wie die Arbeitspersonen.

In der Intralogistik umfasst der Arbeitsplatz den Betrieb oder den Betriebsteil. Flurförderzeuge werden sowohl innerhalb von Gebäuden als auch im Freien auf dem Betriebsgelände eingesetzt. Im Gegensatz zum überbetrieblichen Transport befindet sich das Arbeitssystem damit vollständig im Einflussbereich des Unternehmens.

Zu den Arbeitspersonen gehören sowohl die Bediener als auch alle weiteren Mitarbeitenden im Umfeld der Flurförderzeuge. Insbesondere an die Bediener werden spezielle Anforderungen gestellt. Neben körperlichen Voraussetzungen ist für die Bedienung eine spezifische Qualifikation erforderlich.

Die Frage nach der sicherheitsgerechten Gestaltung des Arbeitssystems „Flurförderzeuge" ist Gegenstand rechtlicher Regelungen. Insbesondere sind zu berücksichtigen:

- Arbeitsmittel

  Grundsätzlich sind alle Produkte, die in den Verkehr gebracht werden, so zu gestalten, dass Sicherheit und Gesundheit von Personen nicht gefährdet sind (§ 3 Abs. 1 ProdSG). Für Flurförderzeuge bedeutet dies, dass die Anforderungen der Maschinenverordnung zu berücksichtigen sind, (s. Abschnitt 3.1.5).

Um den technischen Zustand über die Lebensdauer aufrechtzuerhalten, sind regelmäßige Prüfungen notwendig. Art und Umfang der Prüfungen gehen zurück auf die Betriebssicherheitsverordnung (s. Abschnitt 3.1.5).

Weiter Anforderungen an den Betrieb von Flurförderzeugen stellen die Träger der gesetzlichen Unfallversicherung durch die DGUV Vorschrift „Flurförderzeuge"

- Arbeitsplatz

  Die Arbeitsstättenverordnung formuliert Anforderungen an Einrichtung und Gestaltung des Arbeitsplatzes. In der Intralogistik sind vor allem die Anforderungen an die Gestaltung von Verkehrswegen von Belang. Hierzu finden sich Empfehlungen in den zugehörigen Technischen Regeln für Arbeitsstätten (ASR).

  Beim Einsatz verbrennungsmotorischer Flurförderzeuge ist außerdem die Gefahrstoffverordnung und das zugehörige technische Regelwerk (TRGS) zu berücksichtigen.

- Arbeitsperson

  Anforderungen an die Mitarbeitenden beim Einsatz von Flurförderzeugen enthält die DGUV Vorschrift „Flurförderzeuge" sowie der DGUV Grundsatz „Ausbildung und Beauftragung der Fahrer von Flurförderzeugen mit Fahrersitz und Fahrerstand" (DGUV Grundsatz 308-001).

Eine Übersicht über die zu berücksichtigenden Regelungen und deren Zusammenwirken zeigt Bild 6.3.

	Arbeitsmittel	Arbeitsplatz	Arbeitsperson
Gesetze	Produktsicherheitsgesetz Arbeitsschutzgesetz	Arbeitsschutzgesetz	Arbeitsschutzgesetz
Verordnung	Maschinenverordnung BetriebssicherheitsVO	ArbeitsstättenVO GefahrstoffVO	Arbeitsmedizinische Vorsorge VO
Unfallverhütungsvorschrift	DGUV Vorschrift „Flurförderzeuge"	DGUV Vorschrift „Flurförderzeuge"	DGUV Vorschrift „Flurförderzeuge"
Regel der Technik	TRBS	ASR, TRGS	DGUV Grundsatz 308-001

Bild 6.3 Überblick über das Regelwerk beim Einsatz von Flurförderzeugen in der Intralogistik

Trotz der Vielfalt der Regelungen sind Gemeinsamkeiten erkennbar. Zu ihnen zählen das Schutzziel, das in erster Linie auf die Personen ausgerichtet ist, und das prozessorientierte Sicherheitskonzept, bei dem die Anwendung der Risikobeurteilung im Vordergrund steht.

■ 6.2 Einsatz von Flurförderzeugen

Flurförderzeuge sind weit verbreitet. Es gibt kaum ein Unternehmen, das ohne sie auskommt. Die Vielfalt der Bauformen und die Flexibilität im Einsatz sind sicherlich zwei Aspekte, die den Boom der Flurförderzeuge antreiben. Aber die große Verbreitung hat auch Kehrseiten. Seit Jahren führen Flurförderzeuge die Unfallstatistiken an. Dabei hat sich die Sicherheitstechnik in den vergangenen Jahren stetig weiterentwickelt.

Im Folgenden geht es darum, das durch Flurförderzeuge geprägte Arbeitssystem in sicherheitstechnischer Hinsicht zu beschreiben. Hierzu gehört eine Vorstellung der Bauarten. Ausführungen zur Sicherheitstechnik sowie zum Arbeitsplatz schließen sich an. Die Leistungsvoraussetzungen des Menschen beschließen dieses Kapitel.

6.2.1 Begriffe und Bauarten

Flurförderzeug wird als Bezeichnung für eine Reihe von Fördermaschinen mit sehr unterschiedlichen Bauarten verwendet. Ihnen gemeinsam sind der Einsatz im innerbetrieblichen Verkehr sowie der Einsatz auf dem Boden (Flur). Die DGUV Vorschrift „Flurförderzeuge" und die VDI-Richtlinie „Flurförderzeuge – Begriffe, Kurzzeichen, Beispiele" nennen andere Definitionen (Tabelle 6.1).

Tabelle 6.1 Definition „Flurförderzeuge" – Auswahl bekannter Definitionen

Quelle	Definition
VDI-Richtlinie „Flurförderzeuge – Begriffe, Kurzzeichen, Beispiele" (VDI 3586)	Als Flurförderzeuge (FFZ) im Sinne dieser Richtlinie gelten alle auf dem Boden (Flur), nicht auf Schienen fahrende Fördermittel. Sie dienen im innerbetrieblichen Transport ihrer Bauart nach dem Befördern, Ziehen, Schieben, Heben, Stapeln oder In-Regale-Einlagern von Lasten aller Art. Sie sind fahrerlos, mitgängergeführt oder von einem Fahrer bedient, der auf dem Flurförderzeug oder einem hebbaren Fahrerplatz sitzt oder steht.

Quelle	Definition
DGUV Vorschrift „Flurförderzeuge" § 2 Abs. 1, 2	Flurförderzeug im Sinne dieser Unfallverhütungsvorschrift sind Fördermittel, die ihrer Bauart nach dadurch gekennzeichnet sind, dass sie 1. mit Rädern auf Flur laufen und frei lenkbar, 2. zum Befördern, Ziehen oder Schieben von Lasten eingerichtet und 3. zur innerbetrieblichen Verwendung bestimmt sind. Flurförderzeuge mit Hubeinrichtung im Sinne dieser Unfallverhütungsvorschrift sind zusätzlich zu Absatz 1 dadurch gekennzeichnet, dass sie 1. zum Heben, Stapeln oder In-Regale-Einlagern von Lasten eingerichtet sind und 2. Lasten selbst aufnehmen und absetzen können.

Unter Berücksichtigung der genannten Definitionen zählen folgende Fördermaschinen zu den Flurförderzeugen:

■ Handwagen

Der Wagen gehört zu den einfachsten Fördermitteln (Bild 6.4). Er besteht aus einem Aufbau zur Aufnahme der Last und einem Rahmen, der von einer Achse oder aber von zwei Achsen (Vierrad-Bauweise) getragen wird. Die beiden vorderen Räder werden an einem Drehschemel geführt, der mit einer Deichsel zum Ziehen und Lenken ausgestattet ist. Die Aufbauten werden an das Fördergut angepasst (Griemert, Römisch, 2015, S. 188).

Bild 6.4
Handgabelhubwagen im Einsatz
(Quelle: Jungheinrich AG)

- Schlepper und Schleppzüge

Schlepper werden zum Ziehen von Lasten oder aber zum Bewegen von Anhängern eingesetzt. Sie werden in Drei-Rad- und in Vier-Rad-Bauweise angeboten. Der Antrieb erfolgt in der Regel durch einen Elektromotor. Für Einsätze im Freien sind Schlepper mit Verbrennungsmotoren möglich. Die Bedienperson befindet sich auf dem Fahrerplatz oder auf einem Fahrerstandplatz (Bild 6.5).

Bild 6.5 Schlepper im Einsatz (Quelle: Still GmbH)

In der Produktionslogistik werden Schleppzüge eingesetzt, die auch unter der Bezeichnung "Routenzug" bekannt sind (Bild 6.6). Sie bestehen aus einem Schlepper und mehreren Anhängern. Der Routenzug eignet sich zu Versorgung von Montagearbeitsplätzen in der Produktion. Die Anhänger weisen ein spurtreues Fahrverhalten auf und lassen sich in der Regel von beiden Seiten be- und entladen (Bruns, 2018, S. U 56). Neben manuellen Systemen gibt es auch vollautomatische Routenzüge, die zu den fahrerlosen Transportsystemen zählen (DGUV 2018, S. 2).

Bild 6.6   Routenzug bei der Be- und Entladung (Quelle: Still GmbH)

- Gabelhubwagen

  Gabelhubwagen verfügen über eine Hubeinrichtung, mit der die Last je nach Ausführung in unterschiedliche Höhen angehoben werden kann. Sie werden zum horizontalen Transport von Paletten und Behältern sowie zum Be- und Entladen von Lastkraftwagen eingesetzt. Die Last wird von U-förmigen Gabelzinken unterfahren und durch eine mechanische oder hydraulische Hubeinrichtung angehoben, um eine Bewegung zu ermöglichen (Griemert, Römisch, 205, S. 190). Der Fahrbewegung erfolgt manuell oder aber durch einen Elektroantrieb. In diesem Fall ist die Fahrgeschwindigkeit auf Schrittgeschwindigkeit begrenzt. Die Lenkung und Bedienung erfolgen über eine Deichsel. Die Tragfähigkeiten liegen im Allgemeinen zwischen 0,5 bis 3 t (Bruns, 2018, S. U 53).

  Eine Sonderform ist der Gabelhochhubwagen (Bild 6.7). Dieser eignet sich für das Ein- und Ausstapeln in Boden- oder Regallagern. Gabelhochhubwagen werden sowohl für den Mitgängerbetrieb als auch für die Mitfahrt der Bedienperson auf einem klappbaren Standplatz oder einem seitlichen Sitz konzipiert (Bruns, 2018, S. U 54).

Bild 6.7 Gabelhochhubwagen im Einsatz (Quelle: Jungheinrich AG)

- Stapler

  Die Stapler gehören zu den Fördermitteln, die am häufigsten anzutreffen sind. Gemeinsames Merkmal ist eine Hubeinrichtung, die das Ein- und Auslagern auch in großen Höhen erlaubt. Stapler sind vielseitig verwendbar, können je nach Bauform auf engstem Raum operieren und sind durch den Einsatz von Anbaugeräten flexibel. Zu den Schwächen gehört die Standsicherheit, die je nach Bauform durch Gegengewichte sichergestellt werden muss. Das führt zu höheren Eigengewichten und Achslasten, so dass Stapler in Arbeitsbereichen mit eingeschränkter Tragfähigkeit nur bedingt eingesetzt werden können (Griemert, Römisch, 2015, S. 192).

  Der am weitesten verbreitete Stapler ist der Gegengewichtsstapler (Bruns, 2018, U 54). Dieser besteht aus einem Fahrzeugkörper und einer Hubmastanlage, die unmittelbar vor der Vorderachse außerhalb der Radaufstandsfläche angebracht ist (Bild 6.8). Um eine ausreichende Standsicherheit zu gewährleisten, wird ein Gegengewicht benötigt, das im Heck des Staplers angebracht ist. Die Hubmastanlage ist am unteren Rahmen des Gegengewichtsstaplers gelagert und lässt sich durch einen Neigezylinder horizontal neigen. Die Hubmastanlage setzt sich zusammen aus einem Hubgerüst, der Hydraulikanlage und einem Gabelträger, an dem die Gabelzinken zur Aufnahme palettierter Lasten angebracht sind. Das Hubgerüst besteht aus einem äußeren Rahmen, in dem je nach Ausführung ein oder mehrere innere Rahmen beweglich angeordnet sind. Die inneren Rahmen werden über Hydraulikzylinder teleskopartig ausgefahren, so dass Höhen bis zu 6 m erreicht werden können (Griemert, Römisch, 2015, S. 195). Der Gegengewichtsstapler wird mit drei oder vier Rädern ausgeführt. Die Lenkachse befindet sich im Heck und ist in der Vier-Rad-Ausführung als Pendelachse konstruiert. Dadurch wird eine hohe Wendigkeit gewährleistet. Allerdings geht diese zu Lasten der dynamischen Standsicherheit. Der Antrieb erfolgt durch Elektro- oder Verbrennungsmotoren (Diesel, Treibgas). Auch Brennstoffzellenantriebe für Wasserstoff sind verfügbar, wenngleich deren Verbreitung in Deutschland noch eingeschränkt ist. Die Bedienung erfolgt von einem Fahrerplatz, der sich direkt vor der Hubmastanlage befindet. Das führt je nach Ausführung zu Einschränkungen der Sicht. Für den Gegengewichtsstapler ist eine Vielzahl von Anbaugeräten erhältlich, durch die sich der Einsatzbereich erweitern lässt (Bruns, 2018, U 54).

Bild 6.8   Gegengewichtsstapler (Quelle: Jungheinrich AG)

Außer dem Gegengewichtsstapler gibt es weitere Stapler-Bauformen. Zu den bekanntesten zählen:

- Schubmaststapler

  Der Schubmaststapler wird zum Ein- und Auslagern in Regalgassen verwendet (Bild 6.9). Der Hubmast kann in Längsrichtung verfahren werden, so dass die Last außerhalb der Radaufstandsfläche aufgenommen und innerhalb transportiert werden kann. So ist es möglich, die Fahrzeugabmessungen zu verringern, so dass ein Einsatz in schmalen Regalgassen möglich ist. Eine weitere Besonderheit stellt die Bedienposition dar. Sie ist quer zur Fahrtrichtung angeordnet (Grote et al., 2018, U 54; BGHW, 2012, S. 6).

Bild 6.9   Schubmaststapler zum Ein- und Auslagern in Regalen (Quelle: Jungheinrich AG)

- Schmalgangstapler

  Der Schmalgangstapler wird für das Ein- und Auslagern sowie zum Kommissionieren in hohen Regalanlagen eingesetzt. Er ist auch unter den Bezeichnungen Seitenstapler, Dreiseitenstapler oder aber Hochregalstapler bekannt. Durch die spezielle Ausführung der Gabel ist der Schmalgangstapler in der Lage, die Lasten seitlich ein- und auszustapeln. Zu den Schmalgangstaplern gehören auch Flurförderzeuge mit einer hochfahrbaren Fahrerkabine. So ist eine Kommissionierung durch die Bedienperson möglich (Bruns, 2018, U 54).

- Querstapler

  Der Querstapler eignet sich für den Transport von Langgut. Dieses wird während des Transportes innerhalb der Radaufstandsfläche auf einer Plattform abgelegt. Zum Aufnehmen und Absetzen der Last kann der Hubmast horizontal ausgefahren werden.

- Portalstapler

  Der Portalstapler, auch unter der Bezeichnung „Straddle Carrier" oder „Van Carrier" bekannt, ist für den Transport von Containern vorgesehen. Der Portalstapler besteht aus einem Portal, das auf Räder gestützt ist. Innerhalb des Portals befindet sich ein Hebezeug, durch das eine Lastaufnahmeeinrichtung, der „Spreader", bewegt wird. Der Spreader verfügt über Bolzen, die in die Bohrungen des Containers eingeführt und hydraulisch verriegelt werden können. Dadurch entsteht eine formschlüssige Verbindung. Zur Lastaufnahme fährt der Portalstapler über den Container, senkt den Spreader auf den Container ab, verriegelt die Bolzen und hebt den Container an. Der Fahrantrieb erfolgt durch Dieselmotoren. Die Bedienperson befindet sich mittig oder seitlich an der Vorderseite des Portals (Griemert, Römisch, 2015, S. 203; Bruns, 2018, U 57).

Die Aufzählung vermittelt einen ersten Eindruck von der Vielfalt der Bauarten. Es ist möglich, die Flurförderzeuge nach Merkmalen zu strukturieren. Eine grobe Unterteilung kann nach Bauform (z. B. Wagen, Stapler), Art des Antriebs (z. B. Elektro-, Verbrennungsmotor) und Bedienungsform (z. B. Mitgänger, Fahrerstand, Fahrersitz) erfolgen (Scheffler et al., 1998, S. 319). Diese Strukturierung wird durch die VDI-Richtlinie „Flurförderzeuge – Begriffe, Kurzzeichen, Beispiele" aufgegriffen und verfeinert (VDI 3586, 2007, S. 3).

Die Differenzierung erfolgt nach vier Merkmalen. Hierzu gehören der Fahr- und Hubantrieb (sieben Optionen), die Bedienung (fünf Optionen), die Bauform (26 Optionen) und die Zwangslenkung (neun Optionen). Jedem der Merkmale wird eine Codierung bestehend aus einem Buchstaben zugeordnet. Aus der Kombination der Buchstaben lässt sich das Flurförderzeug bestimmen. Die Buchstabenfolge kann durch Herstellerangaben ergänzt werden. Den vollständigen Aufbau der Codierung und die möglichen Ergänzungen durch den Hersteller zeigt Bild 6.10.

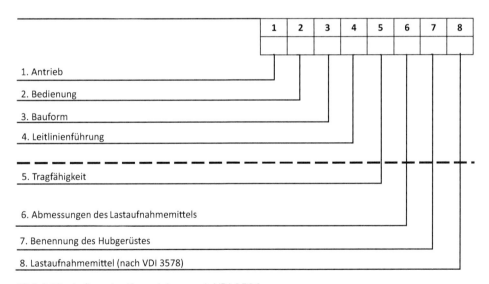

Bild 6.10 Aufbau der Kurzzeichen nach VDI 3586

Für eine eindeutige Zuordnung ist es ausreichend, die ersten drei Merkmale zu benennen. Tabelle 6.2 verdeutlicht den Aufbau der Codierung und deren Bedeutung an ausgewählten Beispielen.

Tabelle 6.2 Aufbau der Codierung anhand von Beispielen (Quelle: VDI 3586, 2007)

Codierung	1. Buchstabe	2. Buchstabe	3. Buchstabe
Handgabel-hubwagen – HGU	H = Handbetrieb	G = Mitgänger-geführt	U = Gabelhubwagen
Elektro-Fahrersitz-Schlepper – EFZ	E = Elektromotor Batterie	F = Fahrersitz	Z = Schlepper mit zwei Achsen
Elektro-Fahrerstand-Kommissionierer	E = Elektromotor	S = Fahrerstand	K = Kommissionierer
DFG – Gegen-gewichtsstapler	D = Dieselmotor	F = Fahrersitz	G = Gabelstapler

Nach Sicherheitsgesichtspunkten sind insbesondere die Stapler und die Hand-gabelhubwagen ohne Hubeinrichtung von Interesse. Seit Jahren weisen die Unfall-statistiken für diese Bauarten die höchsten Unfallzahlen aus (DGUV 2018, S. 84; DGUV 2017, S. 72; DGUV, 2016, S. 67). Bild 6.11 zeigt die Unfallentwicklung der zurückliegenden Jahre.

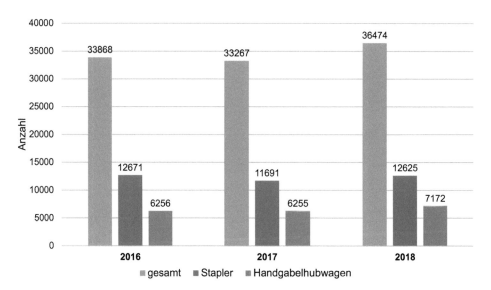

Bild 6.11 Unfallentwicklung der Flurfördermittel zwischen 2016 und 2018

Bei den Unfallhergängen gehört das Anfahren von Personen zu der häufigsten Un-fallart. Der Anteil bei den Staplern beträgt 42 % (Bild 6.12). Auch die allermeisten der tödlichen Unfälle ist auf diese Unfallart zurückzuführen (DGUV 2019, S. 85). Eine Unterscheidung der Staplerunfälle nach Bauarten ist nicht möglich. Es ist je-doch anzunehmen, dass der Gabelstapler am häufigsten betroffen ist (DGUV, 2018, S. 84).

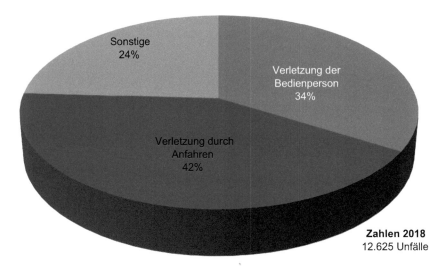

Bild 6.12 Unfallhergänge bei Staplern im Jahr 2018 (DGUV 2019, S. 85)

Auf Grund der Unfallbilanz befassen sich die folgenden Ausführungen hauptsächlich mit den Handgabelhubwagen und den Staplern.

6.2.2 Funktionale Sicherheit

Flurförderzeuge sind mit technischen Systemen ausgestattet, die sowohl die Bedienperson als auch die Menschen im Umfeld schützen sollen. Diese Systeme gehen zurück auf die Sicherheitsanforderungen des Produktsicherheitsgesetzes und der darauf beruhenden Verordnungen Für Flurförderzeuge gilt die Maschinenverordnung (9. ProdSV). Unter den Anwendungsbereich der Maschinenverordnung fallen nicht nur alle kraftbetriebenen Flurförderzeuge, sondern auch diejenigen, die manuell betrieben werden, sofern sie über eine Hubeinrichtung verfügen (§ 2 Nr. 2e 9. ProdSV). Damit sind Handhubwagen eingeschlossen.

Für die Hersteller bedeutet dies, Sicherheit und Gesundheit von Menschen einschließlich des Schutzes von Haustieren und Gütern bereits in der Konstruktions- und Bauphase zu berücksichtigen. Hierzu ist das folgende Verfahren anzuwenden (§ 4 Abs. 2, 9. PSichV):

- Berücksichtigung grundlegender Sicherheits- und Gesundheitsschutzanforderungen

  Anhang I der Richtlinie 2006/42/EG enthält grundlegende Sicherheits- und Gesundheitsschutzanforderungen. Da diese für alle Maschinen im Anwendungsbereich der Maschinenverordnung gelten, sind sie eher allgemeiner Art. Daher sind die Hersteller aufgefordert, durch eine Risikobeurteilung festzustellen, welche der Forderungen zu berücksichtigen sind. Tabelle 6.3 enthält eine Auswahl spezifischer Gestaltungsmerkmale für Flurförderzeuge.

Tabelle 6.3 Auswahl spezifischer Anforderungen an Flurförderzeuge nach Anhang I der Richtlinie 2006/42/EG

Fundstelle	Beschreibung der Anforderung
3. Zusätzliche grundlegende Sicherheits- und Gesundheitsschutzanforderungen zur Ausschaltung der Gefährdungen, die von der Beweglichkeit der Maschinen ausgehen	
3.2.1 Fahrerplatz	Sichtverbindung, Schutz vor mechanischen Gefährdungen für den Bediener
3.3.1 Stellteile	Möglichkeit zur Betätigung vom Bedienplatz
3.3.2 Ingangsetzen/Verfahren	Möglichkeit zum Verfahren nur, wenn sich Bediener am Bedienplatz befindet
3.3.4 Verfahren mitgängergeführter Maschinen	Verfahren nur bei ununterbrochener Betätigung des Stellteils, Ingangsetzen, Begrenzung der Verfahrgeschwindigkeit auf Schrittgeschwindigkeit
3.4.3 Überrollen und Umkippen/ 3.4.4 Herabfallende Gegenstände	Schutzaufbau für Bediener mit Sitzplatz bei Risiken durch Kippen oder herabfallende Gegenstände
4. Zusätzliche grundlegende Sicherheits- und Gesundheitsschutzanforderungen zur Ausschaltung der durch Hebevorgänge bedingten Gefährdungen	
4.1.2.1 Risiken durch mangelnde Standsicherheit	Gewährleistung der Standsicherheit während des Betriebs und in allen anderen Lebensphasen
4.1.2.7 Bewegungen von Lasten während der Benutzung	Lage des Bedienungsstandes derart, dass Bewegungsverlauf optimal überwacht werden kann
4.3.3 Maschinen zum Heben von Lasten	Tragfähigkeitsschild bei Abhängigkeit der Tragfähigkeit vom Betriebszustand

- Erstellung technischer Unterlagen

  Die technischen Unterlagen belegen die Übereinstimmung mit den Anforderungen der Richtlinie. Hierzu sind Pläne, Zeichnungen und Dokumentationen zusammenzustellen und mindestens 10 Jahre aufzubewahren. Zentraler Bestandteil der Dokumentation ist die Risikobeurteilung.

- Bereitstellung der Betriebsanleitung

  Die Betriebsanleitung dient der Information des Benutzers. Sie ist damit Gegenstand des Lieferumfangs. Die Inhalte sind in Anhang I der Richtlinie 2006/42/EG vorgegeben. Hinweise zur sicheren Verwendung gehören dazu.

- Durchführung eines Konformitätsbewertungsverfahrens

  Das Konformitätsbewertungsverfahren stellt die Übereinstimmung der Fertigung mit den Bau- und Konstruktionsvorgaben sicher. Verschiedene Optionen sind möglich. Für Flurförderzeuge ist das vereinfachte Verfahren einer internen Fertigungskontrolle ausreichend.

- Ausstellen der Konformitätserklärung

  Mit der Konformitätserklärung erklärt der Hersteller die Übereinstimmung des Produktes mit den Anforderungen der Richtlinie 2006/42/EG. Sie ist Bestandteil der technischen Unterlagen und des Lieferumfangs.

- CE-Kennzeichnung

  Die CE-Kennzeichnung symbolisiert das Ende des Verfahrens und garantiert die Freihandelsfähigkeit innerhalb der Europäischen Union. Sie ist an dem Flurförderzeug sichtbar anzubringen.

Bild 6.13 zeigt den Verfahrensablauf im Überblick.

Die Hersteller können zur Unterstützung der Risikobeurteilung auf harmonisierte Normen zurückgreifen. Dabei handelt es sich um technische Regeln, die im Auftrag der Europäischen Kommission von einer europäischen Normungsorganisation (z. B. Europäisches Komitee für Normung (CEN)) erarbeitet und im Amtsblatt der Europäischen Union veröffentlicht worden sind. Harmonisierte Normen lösen eine Vermutungswirkung aus. Das bedeutet, die grundlegenden Sicherheits- und Gesundheitsschutzanforderungen werden eingehalten. Eine Übersicht über die harmonisierten Normen liefert das Normenverzeichnis „Maschinen" (BAuA). Für Hersteller von Flurförderzeugen sind u. a. die Produktnormen DIN EN ISO 3691 Teil 1, Teil 5 und Teil 6 von Belang. Soll von der Vermutungswirkung Gebrauch gemacht werden, dann weist der Hersteller darauf in der Konformitätserklärung hin.

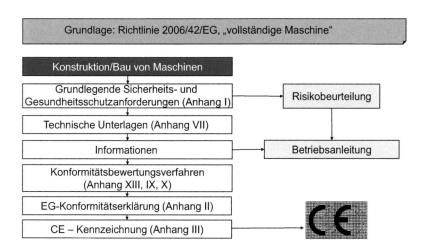

Bild 6.13 Verfahren zum Inverkehrbringen eines Flurförderzeugs

Bei Flurförderzeugen stehen die mechanischen Gefährdungen im Vordergrund. Sie entstehen durch die Fahrbewegung und durch unkontrollierte Bewegung der Last. In Umsetzung der Maschinenverordnung begegnen die Hersteller diesen Gefährdungen durch folgende Maßnahmen:

- Einleiten und Beenden der Fahrbewegung

  Start und Ende der Fahrbewegung lassen sich nur von den Bedienplätzen einleiten (Fahrersitz oder -stand beim Stapler und Deichsel beim Handgabelhubwagen). Um das Anfahren oder Einquetschen zu verhindern, sind bei mitgängergeführten Flurförderzeugen weitere Maßnahmen erforderlich. Hierzu gehören:

  - In der unteren und oberen Stellung der Deichsel wird der Fahrantrieb ausgeschaltet und die Bremse aktiviert.

  - Der Deichselkopf ist mit einer Einrichtung versehen, die die Fahrbewegung bei Kontakt mit einem festen Gegenstand unterbricht oder aber umkehrt.

  - Die Fahrgeschwindigkeit ist auf Schrittgeschwindigkeit begrenzt.

- Fahrerschutzdach

  Zum Schutz vor unkontrollierten Bewegungen durch die Last sind Flurförderzeuge mit Fahrersitz oder Fahrerstand und einer Hubhöhe von mehr als 1800 mm mit einem Fahrerschutzdach ausgestattet. Überdies ist der Gabelträger so vorbereitet, dass ein Lastschutzgitter angebracht werden kann, das den Bediener vor einem Hindurchfallen von Kleinteilen durch den Hubmast schützt.

- Standsicherheit

  Die Standsicherheit soll ein Kippen des Flurförderzeugs infolge statischer und dynamischer Kräfte ausschließen. Dieses Ziel ist eine besondere Herausforderung für Flurförderzeuge, bei denen die Last außerhalb der Radaufstandsflächen geführt werden (z. B. Gegengewichtsstapler, Schubmaststapler, Querstapler). Durch Berechnungen und Versuche legen die Hersteller die maximalen Tragfähigkeiten in Abhängigkeit von der Position der Last fest und fassen diese Angaben in einem Tragfähigkeitsdiagramm zusammen. Die Lastposition wird durch den Lastschwerpunktabstand – das ist der horizontale Abstand vom Gabelrücken bis zum Schwerpunkt der Last – und die Hubhöhe charakterisiert. Um eine Vergleichbarkeit zu gewährleisten, sind Standard-Lastschwerpunktabstände und Norm-Hubhöhen festgelegt. Tabelle 6.4 enthält die Normwerte für Gegengewichtsstapler.

Tabelle 6.4 Nenntragfähigkeit in Abhängigkeit vom Lastschwerpunktabstand und der Hubhöhe am Beispiel des Gegengewichtsstaplers (Quelle: DIN EN ISO 3691-1:2015-12)

Nenntragfähigkeit in kg		Norm-Lastschwerpunktabstand in mm	Norm-Hubhöhe in mm
0	< 1000	400	2500
≥ 1000	< 5000	500	3300
≥ 5000	≤ 10000	600	3300
> 10000	< 20000	600/900/1200	5000

Durch Verwendung von Anbaugeräten verändert sich die Tragfähigkeit. In diesem Fall ist eine Anpassung des Tragfähigkeitsdiagramms notwendig.

Viele Hersteller bieten neben den Sicherheitsmaßnahmen zusätzliche Systeme an, die den Bediener bei der Handhabung unterstützen sollen. Hierzu gehören z. B. Warnsysteme, die dem Umfeld das Nahen eines Flurförderzeuges anzeigen (z. B. durch Lichtpunkt auf dem Boden oder Einsatz akustischer Warnungen durch Ultraschallsensoren) oder aber in die Fahrzeugsteuerung eingreifen, bevor kritische Situationen erreicht werden (z. B. bei möglichem Überschreiten der aufgenommenen Last). Diese Maßnahmen gehören in der Regel nicht zu den primären Sicherheitsmaßnahmen. Sie werden daher häufig als Assistenzsysteme bezeichnet (VDMA, 2016, S. 3).

Während der Hersteller dafür Sorge trägt, dass die Produktsicherheit vor der ersten Inbetriebnahme gewährleistet ist, ist es Aufgabe des Benutzers, sich darum zu kümmern dass diese auch während der Verwendung erhalten bleibt. Wiederkehrende Prüfungen verfolgen diesen Zweck. Die Betriebssicherheitsverordnung verpflichtet den Betreiber, Art, Umfang und Fristen der Prüfungen im Rahmen der betrieblichen Gefährdungsbeurteilung festzulegen. Die Unfallverhütungsvorschrift DGUV Vorschrift „Flurförderzeuge" sieht hierzu wiederkehrende Prüfungen in einem Abstand von einem Jahr vor (§ 37 Abs. 1 DGUV Vorschrift 69). Davon darf abgewichen werden, wenn besondere betriebliche Umstände gegeben sind.

6.2.3 Gestaltung des Arbeitsplatzes

Ausreichender Bewegungsraum, gesunde Luft und Schutz vor Bränden zählen zu den Grundlagen einer sicheren Arbeitsplatzgestaltung. Alle genannten Aspekte können durch den Einsatz von Flurförderzeugen beeinträchtigt werden. Durch Berücksichtigung der Einflussfaktoren bei der Planung logistischer Systeme lassen sich nachteilige Effekte vermeiden. Welche Aspekte besonders zu berücksichtigen sind, ist das Thema der folgenden Ausführungen.

Verkehrswege

Die Vermeidung von Anfahrunfällen kann sowohl durch technische Assistenzsystem als auch durch die Gestaltung von Geh- und Fahrwegen erreicht werden. Bei der Planung logistischer Systeme gehört der letztgenannte Aspekt häufig jedoch nicht zu den bevorzugten Zielen. Vielmehr steht die effiziente Nutzung der zur Verfügung stehenden Flächen im Vordergrund der Betrachtungen. Diese These wird gestützt durch die Informationen, die die Hersteller im Typenblatt bereitstellen. Diese enthalten u. a. Arbeitsgangbreiten und Wenderadien, die aus technischen Gründen erforderlich sind (VDI 2198 2012).

Um Anfahrunfälle zu vermeiden, sind jedoch besondere Gestaltungsmaßnahmen erforderlich. Welcher Art diese sind, ist Gegenstand der Arbeitsstättenverordnung. Sie formuliert Anforderungen an die Gestaltung und den Betrieb von Arbeitsstätten, Zu ihnen zählen alle Orte und Räume eines Betriebes (§ 2 Abs. 1 ArbStättV).

Die Arbeitsstättenverordnung verfolgt einen risikobasierten Ansatz, indem sie mögliche Maßnahmen von den Ergebnissen einer Gefährdungsbeurteilung und dem Stand der Technik abhängig macht (§ 3 Abs. 1 ArbStättV). Der Stand der Technik wiederum ist in den zugehörigen Technischen Regeln für Arbeitsstätten (ASR) niedergelegt. Die Gestaltung von Verkehrswegen findet sich in ASR A1.8.

Zu den Verkehrswegen gehören sämtliche Wege des Fahrzeug- und Personenverkehrs sowohl im Innen- als auch im Außenbereich eines Betriebes. Ein sicherer Verkehrsweg verfügt über ausreichende Abmessungen, trennt Fußgänger vom Fahrzeugverkehr und verweist auf verbleibende Risiken durch Kennzeichnungen. Für den Einsatz von Flurförderzeugen bedeutet dies konkret:

- Mindestbreite und -höhe der Verkehrswege

   Die Mindestbreite eines Verkehrsweges errechnet sich aus der Breite des Flurförderzeuges oder bei überstehenden Lasten aus deren Breite und einem Sicherheitszuschlag. Der Sicherheitszuschlag setzt sich zusammen aus einem grundsätzlich zu berücksichtigenden Randzuschlag und einem Begegnungszuschlag, der davon abhängig ist, ob weitere Fahrzeuge oder Personen den Verkehrsweg gleichzeitig nutzen. Bild 6.14 enthält die Details und ein Beispiel.

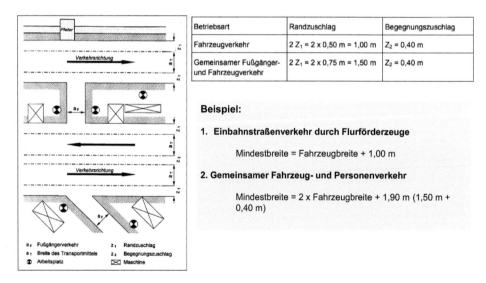

Betriebsart	Randzuschlag	Begegnungszuschlag
Fahrzeugverkehr	$2 Z_1 = 2 \times 0{,}50$ m = 1,00 m	$Z_2 = 0{,}40$ m
Gemeinsamer Fußgänger- und Fahrzeugverkehr	$2 Z_1 = 2 \times 0{,}75$ m = 1,50 m	$Z_2 = 0{,}40$ m

Beispiel:

1. **Einbahnstraßenverkehr durch Flurförderzeuge**

   Mindestbreite = Fahrzeugbreite + 1,00 m

2. **Gemeinsamer Fahrzeug- und Personenverkehr**

   Mindestbreite = 2 x Fahrzeugbreite + 1,90 m (1,50 m + 0,40 m)

Bild 6.14 Berechnung der Verkehrswegbreiten (Quelle: ASR A1.8 Nr. 4.3)

Abweichungen von den Sicherheitszuschlägen sind bei geringem Fahrzeugverkehr oder Einsatz mitgängergeführter Flurförderzeuge möglich.

Ausnahmen gibt es nicht für die Verkehrsweghöhe Der Sicherheitszuschlag zur Bauhöhe des Flurförderzeugs beträgt mindestens 0,20 m.

- Abstand zu Türen, Toren, Durchfahrten und Durchgängen

  Für Fahrwege, die an Türen, Toren oder Durchgängen und Durchfahrten vorbeiführen, ist ein Sicherheitsabstand von 1 m empfohlen (ASR A1.8 Nr. 4.3 Abs. 2). In der Praxis ist es üblich, diese Bereiche durch Schranken, Geländer oder Kennzeichnungen zu sichern.

- Verkehrswegkennzeichnung

  Eine Kennzeichnung ist vorgesehen, sofern bestehende Gefährdungen nicht durch technische Maßnahmen beseitigt werden können.

Besondere Anforderungen werden an Schmalgänge gestellt. Darunter werden Verkehrswege in Regalanlagen bezeichnet, bei denen der beidseitige Sicherheitsabstand von 0,50 m nicht eingehalten werden kann (ASR 1.8, Nr. 3.2). Für diesen Fall sind zusätzliche bauliche und technische Maßnahmen vorgesehen, um einen gleichzeitigen Aufenthalt von Personen und Flurförderzeugen auszuschließen. Welche das sein können, ist abhängig vom Lagersystem. Grundsätzlich lassen sich folgende Systeme unterscheiden:

- Lagersystem zur ausschließlichen Kommissionierung durch Flurförderzeuge

  In diesem Lagersystem ist ein gleichzeitiger Aufenthalt von Personen und Flurförderzeugen im Schmalgang nicht erforderlich. Daher ist das Schutzziel darauf ausgerichtet, ein unbeabsichtigtes Betreten der Schmalgänge durch Personen zu verhindern. Dieses Ziel lässt sich erreichen, indem das Lager durch Umzäunungen vom Personenverkehr getrennt wird. An den Übergabestellen sollen technische Maßnahmen (z. B. Stetigförderer) einem Zutritt von Personen entgegenwirken. Innerhalb des abgetrennten Lagerbereichs ist ein ausschließlicher Betrieb durch Flurförderzeuge vorgesehen.

  Alternativ sind technische Maßnahmen an den Ein- und Ausfahrten der Regalgassen oder aber Detektionssysteme an den Flurförderzeugen möglich. In der Praxis haben sich Lichtschrankensystem an den Regalgassenein- und ausfahrten sowie Laserscanner an den Flurförderzeugen bewährt (Bild 6.15).

Stationäre Absicherung am Schmalgang   Mobile Absicherung am Flurförderzeug durch Laserscanner

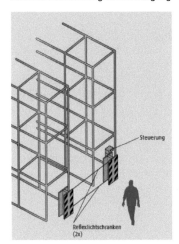
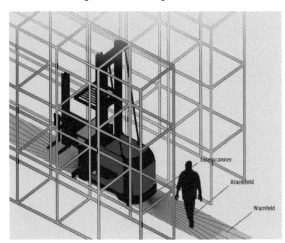

Bild 6.15 Technische Möglichkeiten zur Personenerkennung an Schmalgängen (Quelle: Linde Material Handling)

- Lagersystem mit wechselnder Kommissionierung durch Personen und Flurförderzeuge

  Das Schutzziel besteht darin, einen gleichzeitigen Aufenthalt von Personen und Flurförderzeugen in einer Regalgasse auszuschließen. In Frage kommen technische Systeme z. B. in Form von Lichtschranken an den Regalgassenein- und -ausfahrten sowie Detektionssysteme an den Flurförderzeugen. Da der Personenverkehr nicht ausgeschlossen ist, sind die Anforderungen an die Zuverlässigkeit der technischen Sicherheitssysteme anspruchsvoller. höher. In der Praxis werden Systeme eingesetzt, die bei Betreten bzw. Befahren einer bereits belegten Regalgasse eine akustische und optische Warnung aussenden oder in die Steuerung des Flurförderzeuges eingreifen und es abbremsen. Welches System im konkreten Fall anwendbar ist, hängt von weiteren Faktoren ab (z. B. Beschaffenheit des Lagergutes, Vorhandensein von Quergängen und Fluchtwegen etc.). Im Einzelfall sind zusätzliche Maßnahmen notwendig.

In der Regel ist es erforderlich, die baulichen und technischen Maßnahmen durch betriebliche Regelungen und individuelle Verhaltensanweisungen zu ergänzen. Weitere Informationen liefern die Unfallverhütungsvorschrift DGUV Vorschrift „Flurförderzeuge", die DIN 15185-Teil 2 „Flurförderzeuge – Sicherheitsanforderungen – Teil 2: Einsatz in Schmalgängen" und die DGUV Information „Personenschutz beim Einsatz von Flurförderzeugen in Schmalgängen" (DGUV Information 208-030).

Verbrennungsmotorische Antriebe

Flurförderzeuge mit verbrennungsmotorischen Antrieben dürfen in Arbeitsräumen nur eingesetzt werden, wenn eine Gesundheitsgefährdung durch Exposition gegenüber den Abgasen ausgeschlossen ist (§ 21 DGUV Vorschrift 68). Diese Einschränkung betrifft insbesondere dieselmotorische Antriebe.

Dieselabgase setzen sich aus gas- und partikelförmigen Komponenten zusammen. Zu den gasförmigen Bestandteilen gehören Kohlenstoff-, Stickstoff- und Schwefeloxide. Insbesondere die Stickoxide sind aus toxikologischer Sicht bedenklich. Stickstoffdioxid wirkt akut reizend auf die Schleimhäute. Bei langandauernder Exposition droht eine Lungenschädigung Stickstoffdioxid ist daher mit einem Arbeitsplatzgrenzwert (AGW) belegt.

Die partikelförmigen Bestandteile bestehen vor allem aus Ruß. Diesem wird die krebserzeugende Wirkung der Dieselabgase zugeschrieben. In Tierexperimenten hat sich gezeigt, dass die in die Lunge eindringenden Partikel zu einer Entzündung führen, in deren Folge sich Tumore bilden können. Der Dieselruß ist daher mit einem Arbeitsplatzgrenzwert versehen (Neumann et al, 2019, S. 248).

Die Gefahrstoffverordnung sieht besondere Schutzmaßnahmen bei Einwirkung krebserzeugender Stoffe und Gemische vor (§ 10 GefStoffV). Es gilt das Substitutionsgebot. Das bedeutet, es ist zu abzuklären, inwieweit durch den Einsatz alternativer Verfahren eine Exposition ausgeschlossen werden kann. Für den Betrieb von Flurförderzeugen bedeutet dies, zunächst den Einsatz elektrisch angetriebener Flurförderzeuge zu prüfen. Sollte eine Verwendung aus betriebsspezifischen Gründen (z. B. Umschlagsleistung) nicht möglich sein, kommen gasgetriebene Flurförderzeuge in Frage. Gibt es aber auch gegenüber gasgetriebenen Flurförderzeugen Sicherheitsbedenken (z. B. Betrieb unterhalb Erdgleiche), dann dürfen dieselmotorische Flurförderzeuge eingesetzt werden, sofern sie den aktuellen Abgasnormen entsprechen. Weitere Maßnahmen wie z. B. der Einsatz synthetischer Kraftstoffe sind außerdem zu prüfen (TRGS 554 Anhang 1 Nr. 1).

Zukünftig kommt sicherlich auch der Einsatz anderer alternativer Antriebsenergien in Frage. Der Brennstoffzellenantrieb mit Wasserstoff zählt sicherlich dazu. (s. Kasten).

 Einsatz von Brennstoffzellenantrieben

Alternative Antriebssysteme sind auch beim Einsatz von Flurförderzeugen ein Thema. In jüngster Zeit wird der Einsatz von Wasserstoff in einer Brennstoffzelle diskutiert. Das zugrunde liegende Prinzip ähnelt dem einer herkömmlichen Batterie mit dem Unterschied, dass das Ergebnis der Verbrennung Wasser ist. Eine Brennstoffzelle besteht aus zwei Elektroden, zwischen denen sich ein Elektrolyt befindet. Durch das Zuführen von Wasserstoff auf der einen und Sauerstoff auf der anderen Elektrodenseite kommt es zu einem Elektronenfluss. Die erzeugte Energie kann direkt genutzt werden.

In den Flurförderzeugen werden Brennstoffzellen für das Aufladen von Lithium-Ionen-Batterien genutzt. Allerdings ist auch ein direkter Antrieb technisch möglich Günthner, Micheli, 2015, S. 19).

Die Hersteller führen neben der Umweltfreundlichkeit vor allem die Platzersparnis durch Verzicht auf Batterieladeräume sowie die Zeitersparnis durch den Wegfall des Batteriewechsels als Vorteile an. In einer Vergleichsstudie zur herkömmlichen Antriebstechnik durch Blei-Säure-Batterien offenbarten sich jedoch auch Schwächen. Zu ihnen zählt die geringere Reichweite bei Einsatz von Gabelstaplern und der der Aufbau einer betrieblichen Versorgungsstruktur.

Brand- und explosionsgefährdete Bereiche

Eine weitere Beschränkung in Bezug auf die Wahl der Flurförderzeuge ist bei einem Betrieb in explosionsgefährdeten Bereichen vorgesehen. Eine Explosionsgefährdung ist immer dann vorhanden, wenn die Bildung eines explosionsfähigen Gemisches in der Luft möglich ist. Lagerräume für die Lagerung entzündbarer oder selbstentzündlicher Stoffe gehören beispielsweise dazu. Ob ein explosionsgefährdeter Bereich vorliegt, ist das Ergebnis einer betrieblichen Gefährdungsbeurteilung. Ist das der Fall, dann sind Flurförderzeuge in explosionsgeschützter Bauweise einzusetzen.

6.2.4 Anforderungen an die Arbeitsperson

Der sichere Einsatz von Flurförderzeugen ist ohne Mitwirkung der betroffenen Mitarbeitenden kaum denkbar. Da sind zunächst einmal die Bediener, die durch ihre Fähigkeiten, ihr Wissen und ihr Verhalten zur Risikominimierung beitragen. Aber auch die Mitarbeitenden im Umfeld sind gefordert, durch verständnisvolles und vorsichtiges Agieren, risikobehaftete Situationen zu entschärfen.

Ein sicherer Betrieb von Flurförderzeugen erfordert eine gründliche Auswahl und Vorbereitung der Bediener. Voraussetzung ist ein Mindestalter von 18 Jahren und eine körperliche sowie geistige bzw. charakterliche Eignung. Überdies müssen die Bediener eine Fahrausbildung mit Erfolg abgeschlossen haben (§ 7 Abs. 1 DGUV Vorschrift 68).

Die körperliche Eignung wird in der Regel durch eine arbeitsmedizinische Vorsorge festgestellt. Im Allgemeinen erfolgt diese nach dem Berufsgenossenschaftlichen Grundsatz G 25 „Fahr-, Steuer- und Überwachungspersonal". Im Mittelpunkt dieser Untersuchung steht das Seh- und Hörvermögen. (G 25, 2010, S. 13). Der Betriebsarzt des Unternehmens führt die Untersuchung durch. Im Mittelpunkt steht die Aufklärung des Bedieners über seine persönliche Gesundheitssituation. Das Unternehmen erhält nach der Untersuchung eine Mitteilung, die die Teilnahme und den Termin für die Nachuntersuchung enthält. Die Ergebnisse erfährt das Unternehmen nicht. Die arbeitsmedizinische Untersuchung sollte daher nicht mit einer Tauglichkeitsuntersuchung verwechselt werden, wie sie beispielsweise für den Erwerb der Fahrerlaubnis gefordert ist.

Ebenso wichtig wie die körperliche Eignung ist die geistige oder charakterliche Befähigung. Rücksichtnahme und ein ausgeprägtes Verantwortungsbewusstsein sind Eigenschaften, die das Verhalten der Bediener bestimmen sollten.

Ein zentrales Element der Auswahl ist die Ausbildung. Sie setzt sich aus theoretischen und praktischen Anteilen zusammen und ist stufenweise aufgebaut (DGUV Grundsatz 308-001, 2007, S. 4/5). Bild 6.16 zeigt die Ausbildungsstruktur nach den Empfehlungen der Unfallversicherungsträger.

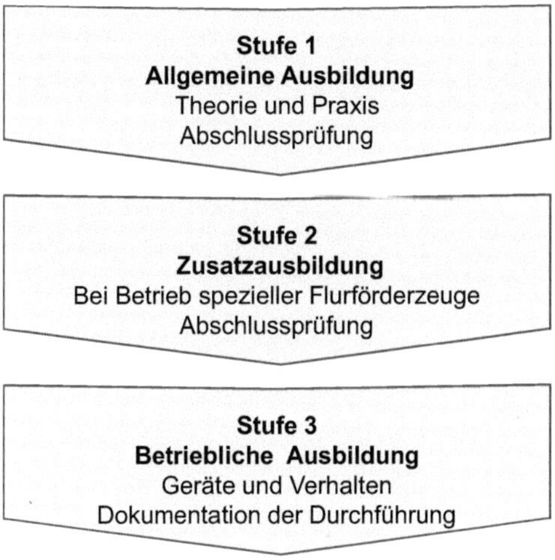

Stufe 1
Allgemeine Ausbildung
Theorie und Praxis
Abschlussprüfung

Stufe 2
Zusatzausbildung
Bei Betrieb spezieller Flurförderzeuge
Abschlussprüfung

Stufe 3
Betriebliche Ausbildung
Geräte und Verhalten
Dokumentation der Durchführung

Bild 6.16
Ausbildungsstruktur für die Ausbildung zum Fahrer von Flurförderzeugen mit Fahrersitz und Fahrerstand

Die Stufe 1 ist für alle Bediener vorgesehen unabhängig davon, welches Flurförderzeug sie bedienen werden, und schließt mit einer Prüfung ab. Die Ausbildung nach Stufe 2 ist für diejenigen Bediener relevant, die für den Einsatz besonderer Bauarten wie z. B. Quer- oder Portalstapler vorgesehen sind. Die Ausbildung umfasst Theorie und Praxis. In der dritten Ausbildungsstufe geht es um das Kennenlernen der betrieblichen Rahmenbedingungen. Dieses Erfordernis ergibt sich immer dann, wenn die Ausbildung der Stufen 1 und 2 außerhalb des Unternehmens oder zentral im Unternehmen absolviert worden sind. In diesem Fall ist davon auszugehen, dass der Bediener die Umstände am Einsatzort nicht kennt. Daher umfasst die Stufe 3 die Einweisung in die Bauarten und die Information über die betrieblichen Rahmenbedingungen (z. B. Verkehrsreglungen, Stapelbedingungen u. a.). Die Ausbildung nach Stufe 1 hat eine Dauer von drei bis fünf Tagen. Der Zeitrahmen für Stufe 2 und 3 richtet sich nach den betrieblichen Erfordernissen und reicht von einem Tag bis zu mehreren Wochen. So dauert beispielsweise die Ausbildung der Bediener für Portalstapler in den Seehäfen bis zu sechs Wochen.

Da Flurförderzeuge in nahezu jedem Unternehmen anzutreffen sind, ist die Ausbildungsnachfrage sehr hoch. Allerdings setzen nicht alle Ausbildungsorganisationen die genannten Empfehlungen in gleicher Weise um. Um diesem Missstand zu begegnen, bietet die DGUV eine Personenzertifizierung für die Ausbilder von Flurförderzeugen an. Der zertifizierte Personenkreis wird in einer Datenbank veröffentlicht (DGUV Test 2020).

Eine zusätzliche Qualifizierung der Bediener ist vonnöten, wenn öffentlicher Verkehrsraum befahren werden soll. In diesem Fall muss der Bediener zusätzlich im Besitz einer gültigen Fahrerlaubnis nach der Fahrerlaubnisverordnung sein. Eine Übersicht über die Fahrerlaubnisklassen zeigt Tabelle 6.5.

Tabelle 6.5 Fahrerlaubnisklassen für Flurförderzeuge im öffentlichen Straßenverkehr (BGHW 2016)

Zulässige Gesamtmasse m in kg	Bauartbedingte Höchstgeschwindigkeit v in km/h		
	≤ 6 km/h	6 < v ≤ 25	>25
≤ 3500	keine Fahrerlaubnis	L / T / B	B
3500 < m ≤ 7500	keine Fahrerlaubnis	L / T / B	C1 / C
> 7500	Keine Fahrerlaubnis	L / T / B	C

Im Unterschied zu den Bediener eines Flurförderzeugs mit Fahrersitz- oder Fahrerstand ist für die Steuerung mitgängergeführter Flurförderzeuge lediglich eine Unterweisung vorgesehen (§ 7 Abs. 2 DGUV Vorschrift 68). Welche Inhalte und Umfang diese haben soll, ist nicht weiter festgeschrieben. Es ist daher davon auszugehen, dass die Details im Rahmen der betrieblichen Gefährdungsbeurteilung festgelegt werden (s. Abschnitt 4.4.1).

■ 6.3 Fahrerlose Transportfahrzeuge

Die Weiterentwicklung der Informationstechnologie hat in den vergangenen Jahren zu einer Zunahme der Automatisierung in der Fördertechnik geführt. Waren automatisierte Transportsysteme zunächst nur in ausgewählten Branchen anzutreffen, so ist mittlerweile kaum noch eine Branche von dieser Entwicklung ausgenommen. So unterschiedlich die Aufgabenstellungen in den Unternehmen sind, so vielfältig ist mittlerweile das Angebot an automatisierten Flurförderzeugen. Unter Sicherheitsgesichtspunkten ist diese Entwicklung positiv zu betrachten. Ein Anstieg der Unfallzahlen durch den Einsatz automatisierter Flurförderzeuge ist gegenwärtig jedenfalls nicht zu erkennen. Das mag mehrere Gründe haben. Ein bedeutender Aspekt ist sicherlich die Weiterentwicklung und Zuverlässigkeit der technischen Sicherheitssysteme.

Der folgende Abschnitt gibt einen Überblick über den Entwicklungsstand fahrerloser Transportfahrzeuge. Nach einer Einführung in die Welt automatisierter Transportsysteme liegt der Fokus auf den Personenschutzsystemen. Den Abschluss bildet ein Exkurs zum autonomen Fahren.

6.3.1 Grundlagen

Die Entwicklung automatisierter Transportsysteme blickt auf eine lange Tradition zurück. Bereits in den 1950er Jahren wurden in den USA erste Systeme erprobt, bei denen ein Schleppzug entlang einer induktiven Spurführung eingesetzt wurde. Weitere Prototypen in anderen Ländern folgten (Ulrich, 2014, S. 3 ff.). Alle Transportsysteme verfügten schon damals über drei wichtige Bestandteile: die Leitführung, ein Personenschutzsystem und eine Spurführung. Bis heute sind dies die relevanten Elemente eines automatisierten Transportsystems. Der technische Fortschritt im Bereich der Informationstechnologie hat jedoch zu epochalen Sprüngen geführt. Automatisierte Transportsysteme sind daher in nahezu allen Branchen anzutreffen. Vor allem die Serienfertigung profitiert von ihrem Einsatz. Aber auch im Lager und in der Kommissionierung erhöht sich der Automatisierungsgrad (Ulrich, 2014, S. 18, 28).

Das Kernelement eines automatisierten Transportsystems ist das Fahrzeug, das gänzlich ohne Bediener auskommt. Dessen Aufgaben werden von technischen Systemen übernommen. Automatisierte Transportfahrzeuge werden definiert als

… flurgebundene Flurfördermittel mit eigenem Fahrantrieb, die automatisch gesteuert und berührungslos geführt werden. Sie dienen dem Materialtransport, und zwar zum Ziehen und/oder Tragen von Fördergut mit aktiven oder passiven Lastaufnahmemitteln.

VDI 2510, Nr. 3.1 nach Ulrich, 2014, S. 105

Die Aufgaben des Bedieners werden von technischen Systemen übernommen. Die Steuerung übernimmt die Entscheidung über die Reihenfolge der Einsätze und die optimale Route. Das Lenksystem kümmert sich darum, dass das angestrebte Ziel erreicht wird, und aktive Lastsysteme sorgen für einen kontinuierlichen Materialfluss. Lediglich bei passiven Lastaufnahmemitteln – die Fahrzeuge verfügen über eine Lastaufnahmefläche ohne aktive technische Komponenten – ist ein Eingreifen von Hand notwendig.

Die Unternehmen setzen hohe Erwartungen in den Betrieb automatisierter Transportsysteme. Höhere Verfügbarkeit, ein Rückgang möglicher Schäden am Transportgut oder an der Infrastruktur (z. B. Lagereinrichtungen, Gebäude, Maschinen) und ein nachhaltiger Einsatz durch Optimierung der Fahrtrouten und der Fahrweisen gehören zu den Stärken (Ulrich, 2014, S. 36, 37).

Diese Vorteile kommen jedoch nur dann in vollem Umfang zur Geltung, wenn es gelingt, branchen- und betriebsspezifische Gegebenheiten zu berücksichtigen. Vor diesem Hintergrund erstaunt es nicht, dass der Markt eine Vielzahl unterschiedlichster Bauarten und -ausführungen automatisierter Transportsysteme entwickelt hat. Diese betrifft insbesondere die Fahrzeuge. In der Logistik lassen sich folgende Fahrerlose Transportfahrzeuge (FTF) unterscheiden:

- Fahrerlose Transportfahrzeuge in Ausführung eines Gabelhochhubwagens (Bild 6.17)

  Das FTF in Ausführung eines Gabelhochhubwagens eignet sich sowohl für reine Transportaufgaben zwischen festgelegten Stationen als auch für die Ein- und Auslagerung palettierter Waren. Die üblichen Hublasten betragen 1000 kg. Es werden Hubhöhen von mehr als 4 m realisiert.

Bild 6.17
Gabelhochhubwagen als FTF im Einsatz
(Quelle: Jungheinrich AG)

- Schleppzüge (Bild 6.18)

  Schleppzüge werden bevorzugt in der Serienfertigung eingesetzt. Sie werden in verschiedenen Ausführungen angeboten, die nach Halb- und Vollautomatik unterschieden werden können. Die Halbautomatik umfasst entweder einen automatischen Fahrbetrieb oder eine automatische Lastenhandhabung. In der vollautomatischen Ausführung sind beide Bewegungen automatisiert (FBHL-008, 2018, S. 2). Anhängelasten von 5000 kg sind üblich (Ulrich, 2014, S. 141).

Bild 6.18 Schlepper als FTF im Anhängerbetrieb im Einsatz (Quelle: Jungheinrich AG)

- Unterfahr-FTF (Bild 6.19)

Bild 6.19 Unterfahr-FTF (Quelle: safelog GmbH)

Die Unterfahr-FTF verfügen über passive Lastaufnahmemittel. Sie fahren unter die aufzunehmenden Lasten, heben diese bodenfrei an und fahren anschließend selbstständig zum Ziel. Der Transport von Lasten bis zu 500 kg ist möglich. Wurden diese Fahrzeuge zunächst nur im Klinikbetrieb zur Aufnahme von Rollcontainern eingesetzt, so finden sie mittlerweile auch in anderen Branchen Anwendung. Sie werden auch zur Kommissionierung nach dem Prinzip „Ware zur Person" genutzt.

- Huckepack-FTF

  Huckepack-FTF eignen sich zum Transport herkömmlicher Lagergeräte zwischen festgelegten Übergabestellen. Hierzu sind sie mit zusätzlichen Förderelementen ausgestattet, die eine zügige und störungsfreie Übergabe und Aufnahme der Lasten ermöglichen.

- Schwerlast-FTF

  Schwerlast-FTF sind für den Transport besonders schwerer und sperriger Lasten im innen- und Außenbereich vorgesehen. Klassische Einsatzfelder sind die Papier- und die Stahlindustrie (Ulrich, 2014, S. 147). Auch im Hafenbereich werden in jüngster Zeit Schwerlast-FTF eingesetzt. Hierbei handelt es ich in der Regel um Portalstapler, die mit zusätzlichen Sicherheitssystemen ausgestattet sind.

Zu den Herausforderungen der Automatisierung gehört die Fahrzeugführung. Durch den Verzicht auf Bediener muss die Technik dessen Aufgaben übernehmen. Diese Systeme werden nach spurgebundener und spurungebundener Fahrzeugführung unterteilt.

Bei den spurgebundenen Systemen übernehmen Leitlinien die Fahrzeugführung. Dabei wird das Fahrzeug anhand physisch festgelegter Strecken zum Ziel geführt. Technisch realisiert wird dies durch Drähte, die im Boden verlegt werden (induktive Führung), oder magnetische Streifen auf dem Boden. Beide Varianten greifen auf dasselbe Prinzip zurück. Ein Magnetfeld wird erzeugt, das bei Abweichungen von der Idealspur Lenkmotoren aktiviert, die das Fahrzeug wieder zurück auf die Spur bringen.

Eine andere technische Lösung setzt auf reflektierende Folien oder Farbmarkierungen auf dem Boden, die von einer Kamera detektiert werden, so dass bei Abweichungen Korrekturen veranlasst werden.

Zu den Stärken spurgebundener Systeme gehören die einfache und bewährte Technik. Allerdings erfüllen diese Systeme mittlerweile nicht mehr die betrieblichen Ansprüche einer größtmöglichen Flexibilisierung.

Die spurungebundenen Systeme gleichen diese Schwäche aus. Bei diesen Systemen sind die möglichen Fahrtstrecken virtuell in einem Umgebungsmodell festgelegt. Das Fahrzeug bewegt sich vollkommen frei im Raum, wobei es seine reale Position im Raum durch Sensoren bestimmt und mit dem hinterlegten Umgebungsmodell abstimmt. Bei Differenzen zwischen virtueller und tatsächlicher Position erfolgt eine korrigierende Stellbewegung (Bruns, 2018, U 58).

Spurungebundene Systeme – auch als autonome Systeme bezeichnet – erfordern den Einsatz leistungsfähiger und zuverlässiger Sensoren. Hierzu gehört der am

Fahrzeug montierte Laserscanner. Der Laserscanner sendet Licht aus, das von Reflektoren in der Umgebung zurückgeworfen wird. Drei Punkte reichen aus, um die exakte Position innerhalb des Raumes zu bestimmen. Das setzt voraus, dass die Funktion des Laserscanners nicht durch das Fahrzeug oder durch Teile der Last behindert wird (Ulrich, 2014, S. 114).

Eine freie Navigation im Raum ist grundsätzlich auch durch das Global Positioning System (GPS) möglich. Die Positionsbestimmung erfolgt über Satelliten. GPS ist innerhalb eines Gebäudes jedoch nur beschränkt einsetzbar. Alternativ kommt der Aufbau einer lokalen Radarortung in Frage (Ulrich, 2014, S. 118).

Als mindestens ebenso anspruchsvoll wie die sichere Navigation im Raum ist die Gewährleistung des Personen- und Sachschutzes. Hierzu werden die Fahrzeuge mit eigenen unabhängigen Systemen ausgerüstet, auf die im nachfolgenden Kapitel näher eingegangen wird.

6.3.2 Sicherheitssysteme

Die Aufgaben des Bedieners beschränken sich nicht auf die korrekte Ausführung der Transportaufträge und die fehlerfreie Navigation im Raum. Ein wesentlicher Bestandteil der Tätigkeit ist es, auf Personen und Hindernisse im Umfeld zu achten und entsprechend zu reagieren. Dieser Aspekt wird bei FTF von speziellen Sicherheitssystemen übernommen.

Die funktionale Sicherheit der FTF ist ebenso wie bei den herkömmlichen Flurförderzeugen das Ergebnis einer Risikobeurteilung nach Richtlinie 2006/41/EG (s. Abschnitt 6.2.2). Eine Produktnorm ist bisher noch nicht veröffentlicht. Allerdings liegt mit E DIN EN ISO 3691-4: 2018-05 Flurförderzeuge – Sicherheitstechnische Anforderungen und Verifizierung – Teil 4: Fahrerlose Flurförderzeuge und ihre Systeme (ISO/DIS 3691-4:2018) ein Entwurf vor.

Das System Das Sicherheitssystem muss in der Lage sein, die Umgebung wahrzunehmen, sie zu deuten und daraus passende Schlüsse für die Fahrzeugsteuerung abzuleiten. Die vordringlichste Aufgabe des Sicherheitssystems ist die Detektion von Personen. Sicherlich gehört aber auch die Vermeidung von Kollisionen mit Gütern, anderen Fahrzeugen oder aber der Infrastruktur dazu. Zu diesem Zweck werden die FTF mit Schutzeinrichtungen ausgerüstet. Die Schutzeinrichtungen lassen sich nach der Art der Aktivierung zwischen berührungslos und bei Berührung wirkend unterscheiden.

Zu der Gruppe der bei Berührung wirkenden Schutzeinrichtungen gehören die Sicherheitsschaltleisten („Bumper"). Sie bestehen aus einem mechanischen Betätigungselement und nachgeordneten Schalt- und Steuerelementen. Bei Kontakt mit einer Person oder einem Gegenstand im Fahrweg wird das mechanische Betätigungselement verformt. Durch die Verformungsarbeit wird je nach Wirkprinzip ein elektrisches oder ein optisches Signal ausgelöst, das die Bewegung des FTF zum Stillstand bringt (Stommel, 2001, S. 149). Der Einsatz von Sicherheitsschaltleisten ist nur möglich, wenn ein Nachlauf sicher ausgeschlossen ist. Schließlich muss eine Verletzung von Personen ausgeschlossen sein. Um dieses Ziel zu erreichen, werden die Sicherheitsschaltleisten in einem Sicherheitsabstand von dem FTF angebracht. Der Sicherheitsabstand bemisst sich nach der Ansprechzeit der Schutzeinrichtung und dem Bremsweg, der sich aus der Bremsleistung ergibt.

Berührungslos wirkende Schutzeinrichtungen vermeiden einen direkten Kontakt mit der Person oder dem Hindernis. Ihre Wirkung beruht darauf, dass die risikobehafteten Bewegungen rechtzeitig vor dem tatsächlichen Erreichen abgestellt werden. Für FTF werden hierzu in der Regel Laserscanner eingesetzt (BGHW, 2017, S. 3). Bei dieser Schutzeinrichtung wird die Entfernung zu einem Hindernis nach dem Lichtlaufzeitverfahren gemessen. Hierzu wird ein Lichtstrahl ausgesendet, von einem Hindernis reflektiert und vom Laserscanner empfangen. Durch die gleichzeitige Messung der Laufzeit wird die Entfernung zum Hindernis errechnet. Durch periodische Ablenkung des Laserstrahls mittels eines Drehspiegels wird gleichzeitig ein flächenförmiges Abbild der Umgebung erzeugt. Dadurch ist es möglich, Schutz- und Warnfelder zu programmieren, mit denen sich situationsangepasste Reaktionen verknüpfen lassen (Bild 6.20). Bei einem Hindernis innerhalb des Warnfeldes werden Warneinrichtungen aktiviert und gleichzeitig die Fahrgeschwindigkeit reduziert. Ist das Hindernis aus dem Warnfeld verschwunden, wird das FTF in den Regelbetriebszustand zurückgeführt. So ist ein kontinuierlicher Betrieb möglich. Befindet sich dagegen das Hindernis im Schutzfeld, wird das FTF vollständig abgebremst (BGHW, 2017, S. 6). Das Schutzfeld kann bis zu einer Reichweite von 7 m aktiviert werden (Sick, 2020).

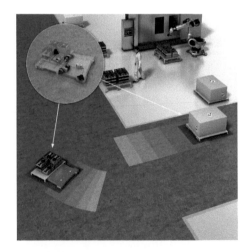

Sicherheitslaserscanner NanoScan3   Applikationsbeispiel mit Schutz- bzw. Warnfeld

Bild 6.20 Sicherheitslichtschranke zur Personenerkennung an FTF (Quelle: Sick Gmbh)

Sowohl Sicherheitsschaltleisten als auch Laserscanner fallen unter den Anwendungsbereich der Richtlinie 2006/42/EG (2006/42/EG, Anhang IV Nr. 19). Damit unterliegen sie einem besonderen Konformitätsverfahren, zu dem u. a. die Baumusterprüfung gehört (2006/42/EG Artikel 12 Abs. 3, 4).

Die Zuverlässigkeit der Sicherheitsbauteile ist nicht allein auf die Detektoren zurückzuführen, sondern ergibt sich aus der Gesamtkonzeption der Steuerung. Daher werden spezielle Anforderungen an die Steuerung gestellt. Welche Aspekte im Einzelfall zu berücksichtigen sind, ist das Ergebnis einer Risikobeurteilung. Hinweise zu deren Durchführung liefert die harmonisierte Norm DIN EN ISO 13849-1. Sie sieht die Bestimmung eines „Performance Levels" auf der Grundlage einer Risikobeurteilung für den steuerungstechnischen Teil des Personenschutzsystems vor. Je größer das ermittelte Risiko, desto höher sind die Anforderungen an die Zuverlässigkeit der Steuerung (Bild 6.21).

Schutzeinrichtungen an FTF für die Detektion von Personen müssen mindestens einen Performance Level von „d" erfüllen (BGHW, 2017, S. 8).

In der Regel sind die FTF mit mindestens zwei Laserscannern ausgerüstet, die in beide Hauptfahrrichtungen wirken. Je nach Ausführung werden die FTF seitlich zusätzlich mit Laserscannern oder alternativ mit Bumpern ausgerüstet. mit Laserscannern ausgerüstet

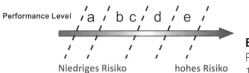

Bild 6.21
Performance Level nach DIN EN ISO 13849-1

Zum Sicherheitssystem eines FTF gehören weitere Elemente. Zu ihnen zählen

- Bremssystem

  Ein sicheres Abbremsen des FTF unter Berücksichtigung der Fahrgeschwindigkeiten, der mitzuführenden Lasten und der Fahrbahnbeschaffenheit ist sicherzustellen. Damit ein Betrieb ohne funktionierende Bremsen ausgeschlossen wird, werden diese eigensicher ausgelegt (Ulrich, 2014, S. 126; BGHW, 2017, S. 10).

- Warneinrichtungen

  Optische und akustische Signale zeigen den Personen im Umfeld den Betrieb eines FTF an (BGHW, 2017, S. 11).

- Not-Aus-Einrichtung

  Im Notfall muss es für Personen möglich sein, das FTF stillzusetzen. Hierzu sind Not-Aus-Schalter anzubringen, die eindeutig erkennbar und leicht erreichbar sind (BGHW, 2017, S. 11).

Durch die Kombination der Schutzmaßnahmen ist ein sicherer Betrieb von FTF und Personen möglich. Während die ersten Konzepte unter der Prämisse standen, auf den betriebsmäßigen Aufenthalt von Personen im Umfeld des FTF zu verzichten, werden gegenwärtig Assistenzsysteme angeboten, die ein paralleles Arbeiten von Personen und FTF ermöglichen (s. Kasten).

 Fahrerassistenzsystem STILL OPX iGo Neo

Das Hamburger Unternehmen STILL GmbH bietet ein FTF an, das sich auf Assistenzbetrieb umschalten lässt. In diesem Modus begleitet es den Bediener auf dem Weg durch das Lager. Hierzu wird ein Tracking-System eingesetzt, das vom Bediener geführt wird. Andere Personen im Umfeld werden durch das Personenschutzsystem erkannt. In diesem Fall bremst das FTF bis zum Stillstand ab. Eine optische Anzeige zeigt den autonomen Betrieb an. Der Bediener kann jederzeit den autonomen Betrieb beenden und in den manuellen Betrieb zurückkehren (STILL, 2020)

6.3.3 Exkurs: Autonomes Fahren

Der Einsatz fahrerloser Transportsysteme wird im allgemeinen Sprachgebrauch häufig als intelligentes oder gar autonomes Fahren bezeichnet. Das erweckt den Eindruck, als könne der FTF-Einsatz gleichsam als Blaupause für das automatisierte Fahren im öffentlichen Straßenverkehr dienen. In der Tat ähneln einige der technischen Systeme, die beim automatisierten Fahren zum Einsatz kommen, denen des FTF-Einsatzes. Dies betrifft insbesondere die eingesetzte Sensortechnik. Unabhängig vom technischen System gibt es jedoch erhebliche Unterschiede zwischen den beiden Einsatzfällen. Zu den wichtigsten gehören:

- Umgebung

  FTF bewegen sich in einer kalkulierbaren und endlichen Umgebung. Dadurch ist es möglich, die Umgebung virtuell abzubilden und Anomalien durch einen Soll-Ist-Vergleich zu erfassen.

- Umwelteinwirkungen

  Schnee, Regen oder Nebel können die Funktionsweise der Sensoren beeinflussen. Das Detektionsvermögen der Sensoren ist darauf abzustellen. Innerhalb des geschützten FTF-Einsatzes ist dieser Umstand weniger relevant.

- Zugangsbeschränkungen

  Die FTF verkehren innerhalb eines geschützten Bereichs. Der Zutritt ist in der Regel nur den Mitarbeitenden gestattet. Die Anzahl unvorhergesehener Ereignisse ist daher geringer als im öffentlichen Straßenverkehr.

- Leitsystem

  Der Einsatz jedes FTF wird durch ein übergeordnetes Leitsystem überwacht. Kommt es zu Anomalien, dann kann rechtzeitig reagiert werden.

Betrachtet man diese Aspekte, stellt sich die Frage, ob ein FTF-Einsatz überhaupt als autonomes Fahren betrachtet werden kann.

Bislang gibt es keine allgemeingültige Definition für das autonome Fahren. Es gibt lediglich Vorschläge, die von Behörden und berufsständischen Organisationen entwickelt wurden.

Die Bundesanstalt für Straßenwesen (BASt) hat im Rahmen eines Forschungsprojektes den Versuch einer Begriffsbestimmung unternommen. Die BASt unterscheidet fünf Stufen der Automatisierung (Bild 6.22). Diese reichen von „Driver only", bei der der Fahrer die vollständige Kontrolle behält, bis zum vollautomatisierten Fahren, bei dem das technische System sowohl über die Geschwindigkeit („Längsführung") als auch über die Spurführung („Querführung") entscheidet.

Nomenklatur	Fahraufgabe des Fahrers nach Automatisierungsgrad
Vollautomatisiert	Das System übernimmt Quer- und Längsführung vollständig in einem definierten Anwendungsfall • Der Fahrer muss das System dabei nicht überwachen • Vor dem Verlassen des Anwendungsfalles fordert das System den Fahrer mit ausreichender Zeitreserve zur Übernahme der Fahraufgabe auf • Erfolgt dies nicht, wird in den risikominimalen Systemzustand zurückgeführt • Systemgrenzen werden alle vom System erkannt, das System ist in allen Situationen in der Lage, in den risikominimalen Systemzustand zurückzuführen
Hochautomatisiert	Das System übernimmt Quer- und Längsführung für einen gewissen Zeitraum in spezifischen Situationen • Der Fahrer muss das System dabei nicht überwachen • Bei Bedarf wird der Fahrer zur Übernahme der Fahreraufgabe mit ausreichender Zeitreserve aufgefordert • Systemgrenzen werden alle vom System erkannt. Das System ist nicht in der Lage, aus jeder Ausgangssituation den risikominimalen Zustand herbeizuführen
Teilautomatisiert	Das System übernimmt Quer- und Längsführung (für einen gewissen Zeitraum oder/und in spezifischen Situationen) • Der Fahrer muss das System dauerhaft überwachen • Der Fahrer muss jederzeit zur vollständigen Übernahme der Fahrzeugführung bereit sein
Assistiert	Fahrer führt dauerhaft entweder die Quer- oder Längsführung aus. Die jeweils andere Fahraufgabe wird in gewissen Grenzen vom System ausgeführt • Der Fahrer muss das System dauerhaft überwachen • Der Fahrer muss jederzeit zur vollständigen Übernahme der Fahrzeugführung bereit sein
Driver only	Fahrer führt dauerhaft (während der gesamten Fahrt) die Längsführung (Beschleunigung/Verzögern) und die Querführung (lenken) aus

Bild 6.22 Automatisierungsgrade (BASt, 2012)

Auch die US-amerikanische Behörde U. S. Department of Transportation's National Highway Traffic Safety Administration (NHTSA) schlägt eine Unterteilung in fünf Stufen vor. Es gibt jedoch inhaltliche Unterschiede zur Definition der BASt.

Eine vollkommen andere Differenzierung schlägt SAE International vor. Dabei handelt es sich um eine internationale Vereinigung von Ingenieuren aus der Luft- und Automobilbranche. Unter der Bezeichnung J3016 unterteilt SAE International die Automatisierungsgrade in sechs Stufen, die zwei Gruppen zugeordnet werden (Bild 6.23).

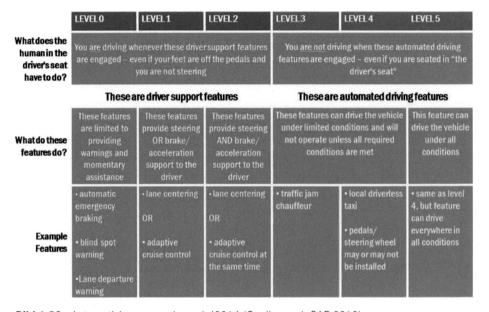

Bild 6.23   Automatisierungsgrade nach J3016 (Quelle: nach SAE 2019)

Die erste Gruppe umfasst drei Stufen und betont die Rolle des Fahrers und der Assistenzsysteme. Die zweite Gruppe besteht ebenfalls aus drei Stufen und benennt Eigenschaften, die charakteristisch für den Grad der Autonomie sind.

Versucht man eine Zuordnung des FTF-Einsatzes zu den Automatisierungsstufen, so wird schnell klar, dass es sich beim FTF-Einsatz keinesfalls um ein vollautomatisiertes System handelt. Eine Übertragung der FTF-Erfahrungen auf die Automatisierung im öffentlichen Verkehr eignet sich daher also nur sehr bedingt.

Derzeit lässt der Stand der Sicherheitstechnik noch keinen flächendeckenden Einsatz autonomer Systeme im öffentlichen Raum zu. Ein autonomes Fahren auf zuvor festgelegten Strecken unter Regie einer Leitzentrale ist jedoch realistisch und dürfte möglicherweise der erste Schritt auf dem Weg zu einem vollautomatisierten öffentlichen Verkehr sein. Unter diesem Gesichtspunkt würde der autonome Verkehr auf den Straßen von den Erfahrungen des FTF-Einsatzes in Unternehmen profitieren.

Literatur

ArbStättV. Arbeitsstättenverordnung vom 12. August 2004 (BGBl. I S. 2179), zuletzt geändert durch Artikel 5 Absatz 1 der Verordnung vom 18. Oktober 2017 (BGBl. I S. 3584).

Arnold, D. 2006. Einführung des Herausgebers. [Buchverf.] D. Arnold (Hrsg.). *Intralogistik Potentiale, Perspektiven, Prognosen.* Berlin: Springer Verlag, 2006.

ASR A1. 8. 2012. Technische Regeln für Arbeitsstätten „Verkehrswege" Ausgabe November 2012 zuletzt geändert GMBl 2018, S. 473. 2012.

BASt. 2012. Forschung kompakt 11/2012 "Rechtsfolgen zunehmender Fahrzeugautomatisierung". [Online] 2012. [Zitat vom: 10. 05. 2020.] https://www.bast.de/BASt_2017/DE/Publikationen/Foko/Downloads/2017-2010/2012-11.pdf?__blob=publicationFile&v=1.

BAuA. Normen gemäß Maschinenverordnung – 9. ProdSV –. [Online] [Zitat vom: 02. 05. 2020.] https://www.baua.de/DE/Aufgaben/Gesetzliche-und-hoheitliche-Aufgaben/Produktsicherheitsgesetz/pdf/Normen-9-ProdSV.pdf?__blob=publicationFile&v=10.

BAuA, DGUV (Hrsg.). 2016. Ausbildung zur Fachkraft für Arbeitssicherheit. *Grundbegriffe des Arbeitsschutzes.* Berlin: s. n., Juli 2016.

BGHW. 2017. BGHW Spezial Betrieb von fahrerlosen Flurförderzeugen Personenschutz durch Erkennungssysteme. [Online] August 2017. [Zitat vom: 09. 05. 2020.] https://kompendium.bghw.de/bghw/xhtml/document.jsf?alias=bghw_sp_b12sp04_1_&&event=navigation.

—. **2012.** Unternehmer_handbuch Gabelstapler. [Online] 2070 2012. [Zitat vom: 01. 05. 2020.] https://kompendium.bghw.de/bghw/docs/bghw_hb/bghw_hb-Documents/b12hb50/figures/b12hb50.pdf.

—. **2016.** W 19-4 Flurförderzeuge Im Straßenverkehr: Fahrerlaubnis. [Online] 10 2016. [Zitat vom: 01. 05. 2020.] https://kompendium.bghw.de/bghw/docs/bghw_wis/bghw_wis-Documents/b12w19-4/figures/b12w19-4.pdf.

Bruns, R. 2018. Flurförderzeuge. [Buchverf.] K-H., Bender, B., Göhlich, D. Gote. *Dubbel Taschenbuch für den Maschinenbau.* Berlin: Springer Vieweg, 2018.

DGUV. 2019. Arbeitsunfallgeschehen 2018. [Online] Deutsche Gesetzliche Unfallversicherung e. V. , 11 2019. [Zitat vom: 20. 04. 2020.] https://publikationen.dguv.de/widgets/pdf/download/article/3680.

—. **2007.** Ausbildung und Beauftragung der Fahrer von Flurförderzeugen mit Fahrersitz und Fahrerstand. [Online] 11 2007. [Zitat vom: 30. 04. 2020.] https://publikationen.dguv.de/widgets/pdf/download/article/48.

—. **2018.** FBHL-008 Einsatz von Schleppern und Anhängern als Routenzüge. [Online] 5 2018. [Zitat vom: 01. 05. 2020.] https://www.dguv.de/medien/fb-handelundlogistik/pdf-dokumente/routenzuege.pdf.

—. **2018.** FBHL-008 Sachgebiet Intralogistik und Handel Routenzüge – Einsatz von Schleppern und Anhängern als Routenzüge. [Online] 05 2018. [Zitat vom: 01. 05. 2020.] https://www.dguv.de/medien/fb-handelundlogistik/pdf-dokumente/routenzuege.pdf.

DGUV Information 208-030. 2016. DGUV Information Personenschutz beim Einsatz von Flurförderzeugen in Schmalgängen . [Online] 03 2016. [Zitat vom: 20. 04. 2020.] https://publikationen.dguv.de/widgets/pdf/download/article/782.

DGUV. 2017. Statistik Arbeitsunfallgeschehen 2016. [Online] 11 2017. [Zitat vom: 20. 04. 2020.] https://publikationen.dguv.de/widgets/pdf/download/article/3382.

—. **2018.** Statistik Arbeitsunfallgeschehen 2017. [Online] 09 2018. [Zitat vom: 20. 04. 2020.] https://publikationen.dguv.de/widgets/pdf/download/article/3479.

—. **2019.** Statistik Arbeitsunfallgeschehen 2018. [Online] 11 2019. [Zitat vom: 20. 04. 2020.] https://publikationen.dguv.de/widgets/pdf/download/article/3680.

DGUV Test. 2020. Ausbilder/-innen von Flurförderzeugfahrern und -fahrerinnen. [Online] Deutsche Gesetzliche Unfallversicherung e. V. , 2020. [Zitat vom: 30. 04. 2020.] https://www.dguv.de/dguv-test/personen-zert/affz-pers-zert/index.jsp.

DGUV Vorschrift 68. 1997. DGUV Vorschrift Flurförderzeuge. [Online] 1 1997. [Zitat vom: 01. 05. 2020.] https://publikationen.dguv.de/widgets/pdf/download/article/1518.

DIN 15185-2:2013-10. 2013. Flurförderzeuge – Sicherheitsanforderungen – Teil 2: Einsatz in Schmalgängen. 2013.

DIN EN ISO 13849-1. 2016. Sicherheit von Maschinen – Sicherheitsbezogene Teile von Steuerungen – Teil 1: Allgemeine Gestaltungsleitsätze . Berlin: Beuth, 2016.

Eurogate. Kalmar liefert Auto Straddle Carrier System für Pilotprojekt in Wilhelmshaven. [Online] [Zitat vom: 08. 05. 2020.] file:///C:/Users/Uwe/Downloads/PM+Kalmar_18122017_final%20(1).pdf.

FeV. Fahrerlaubnis-Verordnung vom 13. Dezember 2010 (BGBl. I S.1980), die zuletzt durch Artikel 4 der Verordnung vom 20. April 2020 (BGBl. I S.814) geändert worden ist".

G 25. 2010. Leitfaden für Betriebsärzte zur Anwendung des G 25 DGUV Grundsatz „Fahr-, Steuer und Überwachungstätigkeiten". [Online] 11 2010. [Zitat vom: 01. 05. 2020.] https://publikationen.dguv. de/widgets/pdf/download/article/2092.

GefStoffV. „Gefahrstoffverordnung vom 26. November 2010 (BGBl. I S.1643, 1644), die zuletzt durch Artikel 148 des Gesetzes vom 29. März 2017 (BGBl. I S.626) geändert worden ist".

GESTIS „Stickstoffdioxid". *Stickstoffdioxid.* s.l.: Institut für Arbeitsschutz der Deutschen Gesetzlichen Unfallversicherung.

Griemert, R., Römisch, P. 2015. *Fördertechnik Auswahl und Berechnung von Elementen und Baugruppen.* Wiesbaden: Springer Vieweg, 2015.

Günthner, W. A., Micheli, R. 2015. Forschungsbericht H2IntraDrive – Einsatz einer wasserstoffbetriebenen Flurförderzeugflotte unter Produktionsbedingungen. [Online] 2015. [Zitat vom: 30. 04. 2020.] https://www.mw.tum.de/fileadmin/w00btx/fml/Forschung/Projekte/Abgeschlossene_Projekte_2015/H2-Intradrive/Forschungsbericht.pdf.

KAN. NoRa Normen recherchieren. [Online] Kommission Arbeitsschutz und Normung e. V. [Zitat vom: 09. 05. 2020.] https://nora.kan-praxis.de/msuche.pl.

Linde. Leitfaden zur Planung und Realisierung von Schmalganglagern. [Online] [Zitat vom: 20. 04. 2020.] https://www.suffel.com/files/content/suffel/downloads/Richtlinien%20und%20Vorschriften/RichtlinienSchmalgang_2013.pdf.

Neumann, E. et al. 2019. Die neue TRGS 554 „Abgase von Dieselmotoren" – Hinweise zur Anwendung. *Gefahrstoffe – Reinhaltung der Luft.* 79, 2019, Bde. 7/8, S. 247 – 254.

Richtlinie 2006/42/EG. *Richtlinie 2006/42/EG des Europäischen Parlaments und des Rates vom 17. Mai 2006 über Maschinen und zur Änderung der Richtlinie 95/16/EG.*

SAE. 2019. SAE Standards News: J3016 automated-driving graphic update. [Online] SAE International, 07. 01 2019. [Zitat vom: 11. 05. 2020.] https://www.sae.org/news/2019/01/sae-updates-j3016-automated-driving-graphic.

Scheffler, M., Feyrer, K., Matthias, K. . 1998. *Fördermaschinen Hebezeuge, Aufzüge, Flurförderzeuge.* Braunschweig/Wiesbaden: Friedr. Vieweg & Sohn, 1998.

Sick. 2020. Sicherheitslichtschranke S 3000. [Online] Sick Vertriebs GmbH, 2020. [Zitat vom: 05. 11. 2020.] https://www.sick.com/de/de/optoelektronische-schutzeinrichtungen/sicherheits-laserscanner/s3000-profinet-io-professional/c/g198184.

STILL. 2020. Kommissionierer OPX 20-25 iGo neo. [Online] STILL GmbH, 2020. [Zitat vom: 10. 05. 2020.] https://www.still.de/fahrzeuge/gabelstapler-und-lagertechnik/kommissionierer/opx-20-25-igo-neo.html.

Stommel, S. 2001. Mechanisch betätigte Schutzeinrichtungen mit Annäherungsreaktion. [Buchverf.] W., Kreutzkamp, F. Defren. *Personenschutz in der Praxis Handbuch für Konstrukteure, betriebsingenieure und Sicherheitsfachkräfte.* Wuppertal: Schmersal, 2001.

TRGS 554. 2019. Abgase von Dieselmotoren GMBl 2019 S. 88 – 104 [Nr. 6] v. 18. 03. 2019. 2019.

Ullrich, G. 2014. *Fahrerlose Transportsysteme Eine Fibel – mit Praxisanwendungen – zur Technik – für die Planung.* Wiesbaden: Springer Vieweg, 2014.

VDI 2198. 2012. VDI Richtlinie Typenblätter für Flurförderzeuge. *VDI 2198.* 2012.

VDI 3586. 2007. VDI-Richtlinie Flurförderzeuge Begriffe, Kurzzeichen, Beispiele. November 2007.

VDMA. 2016. VDMA-Postionspapier Assistenzsyteme an Flurförderzuegen. [Online] 29. 06 2016. [Zitat vom: 02.05.2020.] https://www.vdma.org/documents/105812/26383778/vdma_positionspapier_assistenzsysteme_fuer_ffz_2016-06-29_1528962974131.pdf/4648f017-390a-7bf4-036c-279ba9025f99.

Wagner, G. et al. 2018. Grundlagen. [Buchverf.] K.-H., Bender, B. Göhlich, D. Gote. *Dubbel Taschenbuch für den Maschinenbau.* Berlin: Springer Vieweg, 2018.

7

Gefahrgut- und Gefahrstofflogistik

Ein bedeutender Zweig logistischer Dienstleitung ist die Gefahrgut- und Gefahrstofflogistik. Jährlich werden fast 300 Mio. Tonnen Gefahrgut auf dem Seeweg, auf der Straße, per Eisenbahn und Binnenschiff transportiert (Destatis 2019, S. 9). Die Zahl der von der Europäischen Chemikalienagentur registrierten Stoffe und Gemische in Europa umfasst gegenwärtig mehr als 25 000 Einträge auf (ECHA 2020). Es ist davon auszugehen, dass die Energiewende und die fortschreitende Globalisierung dazu beitragen, dass der Umfang der Dienstleistungen eher zunehmen wird. Der Bedarf an Akkumulatoren, die befördert werden müssen, wird ebenso steigen wie die Nachfrage nach anderen Antriebsenergien (z. B. Wasserstoff).

Der Umgang mit Risiken gehört zum täglichen Geschäft der Gefahrgut- und Gefahrstofflogistik. Immerhin können plötzliche Freisetzungen beim Transport, beim Umschlag oder bei der Lagerung immense Schäden für Mensch und Umwelt verursachen. Aber auch erhebliche wirtschaftliche Folgen durch Kundenverluste durch unvorhergesehen Unterbrechungen der Lieferungen sind möglich. Nicht zuletzt drohen Geldbußen oder gar Strafverfahren, weil rechtliche Regelungen nicht beachtet werden.

Im allgemeinen Verständnis werden die Begriffe Gefahrstoffe und Gefahrgut häufig synonym verwendet. Tatsächlich jedoch bestehen erhebliche Unterschiede. Für die Praxis ist es von großer Wichtigkeit, diese Unterschiede und die Schnittstellen zwischen Gefahrgut und Gefahrstoff zu kennen. Erst dann ist es möglich, richtige und geeignete Schutzmaßnahmen zu treffen.

Im ersten Teil dieses Kapitels geht es um die Einordnung der Gefahrgut- und der Gefahrstofflogistik. Daraus werden Unterschiede und Gemeinsamkeiten zwischen Gefahrstoff und Gefahrgut deutlich. Im Anschluss werden Sicherheitsansätze und ausgewählte Sicherheitsmaßnahmen getrennt nach Gefahrgut und Gefahrstoff vorgestellt.

■ 7.1 Einordnung

Umfangreiches regulative Vorgaben bestimmen die Tätigkeit der Gefahrgut- und Gefahrstofflogistik. Was befördert werden darf und unter welchen Bedingungen, ist ebenso Gegenstand öffentlich-rechtlicher Vorgaben wie der richtige Umgang mit Gefahrstoffen und deren Lagerung. Für die Unternehmen, bedeutet das, nicht nur wirtschaftliche Ziele und Kundenanforderungen zu berücksichtigen sondern gleichzeitig auch die öffentlich-rechtlichen Sicherheitsinteressen zu beachten. Diese an sich schon fordernde Aufgabe wird zusätzlich noch dadurch erschwert, dass die Sicherheitsanforderungen zwei unterschiedlichen Rechtsbereichen entstammen, nämlich dem Transportrecht auf der einen und dem Chemikalienrecht auf der anderen Seite.

Für die Gefahrgutlogistik ist das Transportrecht entscheidend. Es ist international harmonisiert und verfolgt das Ziel, eine sichere grenzüberschreitende Beförderung gefährlicher Güter zu ermöglichen. Das „Gefahrgut" oder die „gefährlichen Güter" sind die zentralen Begriffe des Transportrechts. Das Chemikalienrecht ist für die Gefahrstofflogistik relevant. Es ist anzuwenden, wenn Gefahrstoffe innerbetrieblich transportiert und verwendet werden. Die prägenden Begriffe sind „Gefahrstoffe" oder „gefährliche Stoffe". Gefahrgut und Gefahrstoff haben also nicht dieselbe Bedeutung. Sie repräsentieren verschiedene Rechtsgebiete. Ein Stoff kann jedoch sowohl Gefahrgut als auch Gefahrstoff sein, je nachdem, in welchem Zusammenhang der Begriff verwendet wird.

Folgende Gründe können für diese Differenzierung herangezogen werden:

■ Historische Entwicklung

   Die Regelungen zur Beförderung gefährlicher Güter haben eine lange Tradition. Bereits kurz nach dem Zweiten Weltkrieg wurden die Bestrebungen zur weltweiten Harmonisierung der Beförderungsvorschriften intensiviert. Bis heute haben die damals geschaffenen Grundlagen Bestand.

   Das Chemikalienrecht entwickelte sich dagegen erst vor ca. 40 Jahren. Als Geburtsstunde kann das Chemikaliengesetz angesehen werden, das das Inverkehrbringen und die Verwendung gefährlicher Stoffe regelte (Bundesgesetzblatt, 1980, S. 1718).

■ Zielsetzung

   Die sichere Beförderung gefährlicher Güter verfolgt das Ziel, Mensch, Tier und Sachen vor Schäden zu bewahren. Überdies soll es dazu beitragen, die öffentliche Sicherheit zu wahren und Schäden von Gemeingut auszuschließen (GBBefG, § 2 Abs. 1). Das Schutzziel des Chemikalienrechts beschränkt sich dagegen auf Menschen und Umwelt (ChemG § 1).

- Wirkung

  Es gibt verschiedene Alternativen, die Wirkung eines Stoffes zu unterteilen. Eine Möglichkeit ist eine Differenzierung nach dem zeitlichen Verlauf. Von einer akuten Wirkung wird dann gesprochen, wenn die Schädigung sofort oder innerhalb weniger Tage auftritt. Eine chronische Wirkung beschreibt gesundheitliche Folgen, die sich erst nach einer Latenz von einigen Monaten oder Jahren einstellen (Eisenbrand et al., 2005, S. 54). Ob ein Stoff eine akute oder eine chronische Wirkung zeigt, ist u. a. von den Eigenschaften des Stoffes, den Aufnahmewegen und der Höhe der Exposition abhängig.

  Die Sicherheitsbestimmungen in der Gefahrgutlogistik sind in erster Linie darauf angelegt, akute Wirkungen auszuschließen. Das zugrunde liegende Sicherheitsszenario umfasst die plötzliche Freisetzung eines Stoffes infolge eines Unfallereignisses. In der Gefahrstofflogistik sind dagegen auch chronische Wirkungen denkbar.

In der Praxis ist es von Bedeutung, die Schnittstellen zwischen Gefahrgut und Gefahrstoff zu kennen. Dazu ist der Begriff der Beförderung zu klären. Die Beförderung eines Gefahrgutes umfasst

„... nicht nur den Vorgang der Ortsveränderung, sondern auch die Übernahme und die Ablieferung des Gutes sowie zeitweilige Aufenthalte im Verlauf der Beförderung, Vorbereitungs- und Abschlusshandlungen (Verpacken und Auspacken der Güter, Be- und Entladen), Herstellen, Einführen und Inverkehrbringen von Verpackungen, Beförderungsmitteln und Fahrzeugen für die Beförderung gefährlicher Güter, auch wenn diese Handlungen nicht vom Beförderer ausgeführt werden."

§ 2 Abs. 2 GGBefG

Die Beförderung beginnt also mit der Aufnahme des Gutes und endet mit dessen Abgabe. Was zwischen diesen beiden Zeitpunkten mit dem Gut passiert, ist Gegenstand des Chemikalienrechts. An dieser Stelle wird der Begriff „Verwenden" eingeführt. Dabei handelt es sich um

„... Gebrauchen, Verbrauchen, Lagern, Aufbewahren, Be- und Verarbeiten, Abfüllen, Umfüllen, Mischen, Entfernen, Vernichten und innerbetriebliches Befördern;"

§ 3 Nr. 10 ChemG

Aus der Sicht der Beförderung ist die Schnittstelle damit definiert. Aus der Sicht des Verwenders jedoch nicht. Ungeklärt ist die Rolle der Lagerung. Es stellt sich nämlich die Frage, wann die Lagerung eines Gutes beendet ist und die Beförderung beginnt. Zur Beantwortung dieser Frage ist es erforderlich, den Begriff „Lagern" zu bestimmen. In einer Verordnung zum Chemikaliengesetz heißt es hierzu:

„... Lagern ist das Aufbewahren zur späteren Verwendung sowie zur Abgabe an andere. Es schließt die Bereitstellung zur Beförderung ein, wenn die Beförderung nicht innerhalb von 24 Stunden nach der Bereitstellung oder am darauffolgenden

Werktag erfolgt. Ist dieser Werktag ein Samstag, so endet die Frist mit Ablauf des nächsten Werktags."

§ 2 Abs. 6 GefStoffV

Die Lagerung endet mit Beginn der Beförderung, d.h. dann, wenn das Gut übernommen wird. Verstreichen zwischen dem Zeitpunkt der Bereitstellung und dem Beginn der Beförderung mehr als 24 Stunden, dann handelt es sich weiterhin um eine Lagerung. Ebenso ist dies der Fall, wenn die Ladung einen Tag vor Beginn der Beförderung bereitgestellt wird oder aber mit dem Beginn des Wochenendes.

Damit lassen sich die Schnittstellen zwischen der Beförderung und dem Verwenden und Lagern nach Bild 7.1 darstellen.

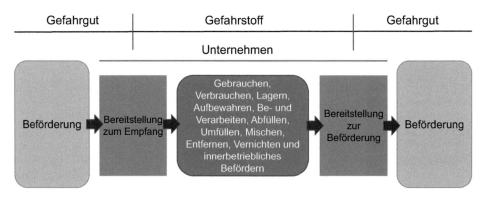

Bild 7.1   Übergang Gefahrgut – Gefahrstoff

■ 7.2 Gefahrgut

Der Rechtsrahmen, in dem sich die Gefahrgutlogistik bewegt, ist von internationalen Einflüssen geprägt. Ursächlich dafür ist u. a. der grenzüberschreitende Verkehr. Überdies müssen verkehrsträgerspezifische Eigenarten bei der Beförderung berücksichtigt werden. Beide Einflüsse haben dazu beigetragen, dass ein komplexer Aufbau rechtlicher Regelungen entstanden ist.

Im folgenden Abschnitt wird zunächst der Rechtsrahmen vorgestellt. Es schließen sich Ausführungen zur Klassifizierung der Gefahrgüter sowie zu den wichtigsten Regelungsinhalten der Gefahrgutbeförderungen an.

7.2.1 Rechtsrahmen

Die Gefahrgutlogistik bewegt sich in einem engen Rechtsrahmen, der sich aus internationalen Vereinbarungen, europäischen Harmonisierungsbestrebungen und nationalen Regelungsbedürfnissen zusammensetzt. Im Laufe der Zeit ist daraus ein komplexes Regelwerk.

Der inhaltliche Schwerpunkt der Regelungen berücksichtigt das Szenario einer unbeabsichtigten Freisetzung eines Gefahrgutes. Der Schutz vor terroristischen Aktivitäten oder vor Sabotagehandlungen ist erst seit einigen Jahren Gegenstand der Gefahrgutregelungen. Dass diese Überlegungen berechtigt sind, zeigen Ereignisse der vergangenen Jahre. So brachte ein Terrorist einen Kleinlaster, der mit Flüssiggas gefüllt war, im Jahr 2002 vor einer Synagoge in Tunesien zur Explosion (Die Welt, 2012). Bei einem weiteren Attentat nutzte ein Mitarbeiter einer Transportfirma sein Wissen, um in einem Unternehmen Gasflaschen zur Explosion zu bringen (FAZ, 2015).

Auf diese Entwicklungen haben die Regelsetzer ebenso reagiert wie auf technische Veränderungen oder auf neue wissenschaftliche Erkenntnisse. In der Folge ist ein Regelwerk entstanden, das eine Vielzahl detaillierter Vorgaben und zahlreiche Ausnahmen und Sonderregelungen enthält.

Das Interesse an einer sicheren Beförderung gefährlicher Güter besteht weltweit. Insofern verwundert es nicht, dass die Vereinten Nationen bereits vor mehr als 60 Jahren die Initiative ergriffen , um eine Harmonisierung herbeizuführen. Das Sub-Committee Transport of Dangerous Goods des Wirtschafts- und Sozialausschusses (ECOSOC) der UNO legte 1956 die erste Fassung der „Recommendations concerning the classification, listing and labelling of dangerous goods and shipping papers for such goods" vor. Das als „Orange Book" bezeichnete Regelwerk setzte durch die Veröffentlichung einer Liste gefährlicher Güter, die Bildung von Gefahrklassen und den Vorschlag für einheitliche Kennzeichnungen einen Standard, der bis heute in seinen Grundlagen Bestand hat. Das „Orange Book", auch unter der Bezeichnung „UN-Modellvorschriften" bekannt, wird regelmäßig den neuen Entwicklungen angepasst und liefert die Blaupause für verkehrsträgerspezifische Regelungen (UNECE; Grap, Milnickel, 2011, S. 17).

Unter Einbeziehung der von der Internationalen Atomenergie-Organisation (IAEA) in Wien veröffentlichten Empfehlungen für die sichere Beförderung radioaktiven Materials sind aus dem „Orange Book" folgende Regelwerke entstanden (BMVI, 2013, S. 16; BMVBS, 2013, S. 6):

- Europäisches Übereinkommen über die internationale Beförderung gefährlicher Güter auf der Straße (ADR)

  Das ADR (*Accord européen relatif au transport international des marchandises Dangereuses par Route*) spezifiziert die UN-Modellvorschriften und die IAEA-

Empfehlungen für den Verkehrsträger Straße. Das Übereinkommen wird von der Wirtschaftskommission für Europa der Vereinten Nationen (UNECE) bearbeitet und regelmäßig an den aktuellen Stand angepasst. Das ADR besteht aus einem Vertragstext und zwei Anhängen, die die in Tabelle 7.1 dargestellte Struktur aufweisen (Ridder, Holzhäuser, 2018, S. 1 ff.).

Tabelle 7.1 Struktur des ADR (ADR 2019)

Anhang A „Allgemeine Vorschriften und Vorschriften für gefährliche Stoffe und Gegenstände"	
Teil 1	Allgemeine Vorschriften
Teil 2	Klassifizierung
Teil 3	Verzeichnis der gefährlichen Güter, Sonderschriften und Freistellungen im Zusammenhang mit begrenzten und freigestellten Mengen
Teil 4	Verwendung von Verpackungen, Großpackmitteln (IBC), Großverpackungen und Tanks
Teil 5	Vorschriften für den Versand
Teil 6	Bau- und Prüfvorschriften für Verpackungen, Großpackmittel (IBC), Großverpackungen und Tanks
Teil 7	Vorschriften für die Beförderung, die Be- und Entladung und die Handhabung
Anhang B „Vorschriften für die Beförderungsausrüstung und die Durchführung der Beförderung"	
Teil 8	Vorschriften für die Fahrzeugbesatzungen, die Ausrüstung, den Betrieb der Fahrzeuge und die Dokumentation
Teil 9	Vorschriften für den Bau und die Zulassung von Fahrzeugen

Dem ADR gehören gegenwärtig 52 Vertragsstaaten an. Darunter sind auch die Mitgliedsstaaten der Europäischen Union (UNECE ADR).

- Europäisches Übereinkommen über die internationale Beförderung von gefährlichen Gütern auf Binnenwasserstraßen (ADN)

  Das ADN (*Accord européen relatif au transport international des marchandises dangereuses par voie de navigation intérieure*) überträgt die UN-Modellvorschriften auf den Binnenschiffsverkehr. Das Übereinkommen ist unter Mitwirkung der Zentral-Kommission für die Rheinschifffahrt (ZKR) durch das UNECE zustande gekommen. Dem Vertragswerk gehören gegenwärtig 18 Staaten an (UNECE ADN).

- Ordnung für die internationale Eisenbahnbeförderung gefährlicher Güter (RID)

  Die Beförderung gefährlicher Güter mit der Eisenbahn ist Teil des „Übereinkommens über die internationale Eisenbahnbeförderung" (COTIF). Sie wird von der „Zwischenstaatlichen Organisation für den internationalen Eisenbahnverkehr" (OTIF) mit Sitz in Bern bearbeitet. OTIF gehören 50 Mitgliedsstaaten an (OTIF).

RID stellt den Anhang C zum COTIF dar (Bild 7.2). Durch die enge Kooperation mit UNECE ist RID mit ADR und ADN harmonisiert.

Anhang A ER CIV	Anhang B ER CIM	Anhang C RID	Anhang D ER CUV	Anhang E ER CUI	Anhang F ER APTU	Anhang G ER ATMF
Einheitliche Rechtsvorschriften für den Vertrag über die internationale Eisenbahnbeförderung von Personen	Einheitliche Rechtsvorschriften für den Vertrag über die internationale Eisenbahnbeförderung von Gütern	Ordnung für die Internationale Eisenbahnbeförderung gefährlicher Güter Reglement concernant le transpot international ferroviairedos marchandises dangereuses	Einheitliche Rechtsvorschriften für den Vertrag über die Verwendung von Wagen im internationalen Eisenbahnverkehr	Einheitliche Rechtsvorschriften für den Vertrag über die Nutzung der Infrastruktur im internationalen Eisenbahnverkehr	Einheitliche Rechtsvorschriften für die Verbindlichkeitserklärung technischer Normen und für die Annahme einheitlicher technischer Vorschriften für Eisenbahnmaterial, das zur Verwendung im internationalen Verkehr bestimmt ist	Einheitliche Rechtsvorschriften für die technische Zulassung von Eisenbahnmaterial, das im internationalen Verkehr verwendet wird

Bild 7.2 Übereinkommen über den internationalen Eisenbahnverkehr (COTIF) – Aufbau

- International Maritime Dangerous Code (IMDG-Code)

  Bei der „International Maritime Organization" (IMO) handelt es sich um eine Sonderorganisation der Vereinten Nationen, die sich um die Belange der Schiffssicherheit kümmert. Die UN-Modellvorschriften finden ihren Niederschlag im IMDG-Code. Der IMDG-Code ergänzt die Bestimmungen der „International Convention for the Safety of Life at Sea, 1974" (SOLAS; Internationales Übereinkommen von 1974 zum Schutz des menschlichen Lebens auf See).

  Der IMDG-Code ist in sieben Teile gegliedert. Er wird im Rhythmus von zwei Jahren unter Berücksichtigung der UN-Modellvorschriften überarbeitet (IMO).

- ICAO Technical Instructions/IATA-Dangerous Good Regulations (IATA-DGR)

  Die Internationale Zivilluftfahrtorganisation (ICAO, englisch: International Civil Aviation Organization) – eine Sonderorganisation der Vereinten Nationen – kümmert sich um die Maßnahmen zur sicheren Beförderung gefährlicher Güter im Luftverkehr. Der Anhang des Übereinkommens über die internationale Zivilluftfahrt enthält Regelungen über den sicheren Lufttransport gefährlicher Güter (Annex 18). Diese werden auch unter der Bezeichnung ICAO Technical Instructions (ICAO-TI) geführt (ICAO).

  Neben der ICAO engagiert sich auch die Internationale Luftverkehrsvereinigung IATA (International Air Transport Association) für die sichere Gefahrgutbeförderung. Bei IATA handelt es sich um einen Unternehmensverband, dem derzeit 290 Luftverkehrsgesellschaften angehören. Als Standard für die sichere Luftbeförderung gefährlicher Güter gilt das Regelwerk IATA – Dangerous Goods Regulations (IATA-DGR). IATA-DGR wird in enger Abstimmung mit der ICAO entwickelt (Grap, Milnickel, 2011, S. 18).

Die internationalen Übereinkünfte regeln den weltweiten Warenverkehr. Unter welchen Bedingungen die inländische Beförderung erfolgt, ist Gegenstand nationaler Regelungen. Für die Europäische Union wurden die Mitgliedsstaaten durch Rechtsakt verpflichtet, ADR, ADN und RID für die Beförderung innerhalb des eigenen Landes und innerhalb der Europäischen Union rechtlich verbindlich umzusetzen (Richtlinie 2008/68/EG).

Neben internationalen Übereinkünften und europäischen Bestimmungen gibt es nationale Regelungen. Zu den wichtigsten zählen:

- Gefahrgutbeförderungsgesetz (GGBefG)

  Das Gesetz über die Beförderung gefährlicher Güter (GGBefG) ist Grundlage für die Gefahrgutbeförderung. Es enthält wichtige Legaldefinitionen (z. B. gefährliche Güter, Beförderung), ermächtigt zum Erlass von Rechtsverordnungen (z. B. Gefahrgutverordnung Straße, Eisenbahn, Binnenschifffahrt) und regelt Einzelheiten zum Vollzug. Überdies legt es die Verantwortlichkeit für die Beförderung fest. Zum verantwortlichen Personenkreis gehören alle Unternehmen, die (§ 9 Abs. 5 GGBefG):

  - verpacken, verladen, versenden;
  - entladen, empfangen, auspacken;
  - Verpackungen, Beförderungsbehältnisse und Fahrzeuge herstellen, einführen und in den Verkehr bringen.

- Gefahrgutverordnung Straße, Eisenbahn, Binnenschifffahrt (GGVSEB)

  Die „Verordnung über die innerstaatliche und grenzüberschreitende Beförderung gefährlicher Güter auf der Straße, mit Eisenbahnen und auf Binnengewässern" (GGVSEB) konkretisiert das Gefahrgutbeförderungsgesetz. Wichtige Regelungsinhalte betreffen:

  - Begriffsbestimmungen;
  - Umsetzung der Richtlinie 2008/68/EG;
  - Zuständigkeiten für die Wahrnehmung spezifischer Aufgaben nach ADR/RID/ADN;
  - Festlegung der Pflichten aller an der Beförderung beteiligten Unternehmen;
  - Fahrwegbestimmung;
  - Ordnungswidrigkeiten.

Die GGVSEB wird durch die „Richtlinien zur Durchführung der Gefahrgutverordnung Straße, Eisenbahn und Binnenschifffahrt (GGVSEB) – RSEB" ergänzt. Ziel ist es, einen einheitlichen Vollzug der Regelungen durch die einzelnen Bundesländer sicherzustellen. Neben konkretisierenden Erläuterungen liefern die RSEB Muster-Formblätter und einen Ordnungswidrigkeitenkatalog.

- Gefahrgutverordnung See (GGVSee)

  Die „Verordnung über die Beförderung gefährlicher Güter mit Seeschiffen" (GGVSee) entspricht in Intention und Aufbau der GGVSEB. Die GGVSee setzt den IMDG-Code ins nationale Recht um, regelt Zuständigkeiten und Pflichten für den Seetransport und spezifiziert Ordnungswidrigkeiten.

- Gefahrgutbeauftragtenverordnung (GbV)

  Die „Verordnung über die Bestellung von Gefahrgutbeauftragten in Unternehmen" (GbV) konkretisiert die Forderungen der internationalen Übereinkünfte ADR, ADN, RID und IMDG-Code nach Bestellung eines Sicherheitsberaters. Neben Ausnahmen von der allgemeinen Bestellverpflichtung enthält die GbV Details zur Schulung und zu den Aufgaben eines Gefahrgutbeauftragten.

Die Aufzählung lässt sich durch weitere Gesetze und Verordnungen ergänzen, die gefahrgutrechtliche Inhalte enthalten, ohne dass sie dem Gefahrgutrecht unmittelbar zuzuordnen wären. Hierzu zählt beispielsweise die Straßenverkehrsordnung, die u. a. Verbotszeichen für Kraftfahrzeuge mit Gefahrgütern enthält.

Eine Sonderstellung im gefahrgutrechtlichen Regelwerk hat die Luftfahrt. Es existiert weder eine Verordnung über die sichere Beförderung gefährlicher Güter in der Luft noch eine gesetzliche Verpflichtung nach Bestellung eines Gefahrgutbeauftragten für den Luftverkehr. Gefahrgutrechtliche Regelungen sind im Luftverkehrsgesetz und in den Luftverkehrsordnungen enthalten (Grap, Milnickel, 2011, S. 18).

Bild 7.3 gibt einen Überblick über das Zusammenwirken internationaler und nationaler Regelungen zur Gefahrgutbeförderung.

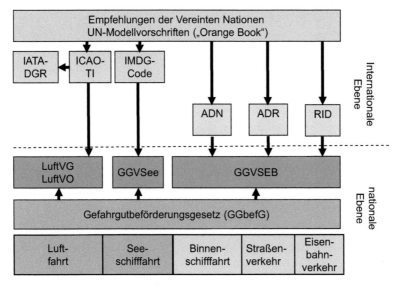

Bild 7.3 Rechtsrahmen Gefahrgut (nach Grap, Milnickel, 2011, S. 17)

7.2.2 Klassifizierung

Klassifizierung bezeichnet den Vorgang, die gefährlichen Güter nach ihren Eigenschaften zu unterteilen. Um zu verstehen, nach welchen Grundsätzen die Unterteilung vorgenommen wird, ist es zweckmäßig, den Begriff „gefährliche Güter" abzugrenzen. Das Gefahrgutbeförderungsgesetz liefert folgende Definition:

… Gefährliche Güter … sind Stoffe und Gegenstände, von denen auf Grund ihrer Natur, ihrer Eigenschaften oder ihres Zustandes im Zusammenhang mit der Beförderung Gefahren für die öffentliche Sicherheit oder Ordnung, insbesondere für die Allgemeinheit, für wichtige Gemeingüter, für Leben und Gesundheit von Menschen sowie für Tiere und Sachen ausgehen können.

§ 2 Abs. 1 GGBefG

In der Tat lässt diese Definition einen großen Spielraum zu. Daher scheint eine weitere Eingrenzung zum besseren Verständnis notwendig. Den Anfang macht eine Erläuterung der Begriffe Stoff und Gegenstand.

Stoffe sind eine Erscheinungsform der Materie. Sie haben eine Masse und nehmen ein spezifisches Volumen ein. Stoffe werden nach Reinstoffen und Gemischen unterteilt. Reinstoffe haben einheitliche charakteristische Eigenschaften. Zu diesen zählen z. B. die Dichte, Schmelz- und Siedepunkte oder die Farbe. Als Reinstoffe werden sowohl die Elemente des Periodensystems als auch Verbindungen bezeichnet. Gemische setzen sich aus mindestens zwei Reinstoffen zusammen. Je nach Erscheinungsform werden homogene und heterogene Gemische unterschieden. Ist die Erscheinungsform des Gemisches einheitlich (z. B. Salzwasser), spricht man von homogenen Gemischen. Sind unterschiedliche Phasen erkennbar (z. B. Benzin-Wasser-Gemisch), dann handelt es sich um heterogene Gemische (Schmiermund, 2019, S. 9).

Der „Gegenstand" bezeichnet im Allgemeinen alle Dinge, die sich im Hinblick auf Form und Zweck nicht genau zuordnen lassen (DWDS „Gegenstand"). Gegenstände bestehen aus Stoffen. Sie verfügen daher ebenso wie Stoffe über spezifische Eigenschaften. Gegenstände liegen jedoch stets in einem festen Aggregatzustand vor.

Zu den Gemeinsamkeiten von Stoffen und Gegenständen im Sinne der Definition gehören die schädigenden Eigenschaften. Diese können fin Bezug auf die Wirkungen unterteilt werden in:

- Chemische Wirkung

  Stoffe und Gegenstände sind in der Lage, unter bestimmten Voraussetzungen miteinander und mit der Umwelt chemisch zu reagieren. Sind diese Reaktionen ungewollt, dann können fatale Folgen für Mensch, Umwelt und Güter eintreten. Typische Beispiele sind Brand, Explosion und Korrosion.

- Toxische Wirkung

  Die Toxikologie befasst sich mit den schädlichen Wirkungen von Stoffen. Toxische Stoffe können Bestandteil der natürlichen Umwelt sein. Sie können jedoch auch im Labor hergestellt werden. Die schädigende Wirkung beruht auf biochemischen Wechselwirkungen mit körpereigenen Substanzen und ist neben spezifischen Merkmalen abhängig von den Aufnahmewegen und der Höhe der Konzentration.

- Biologische Wirkung

  Bakterien, Pilze, Algen, Viren und Parasiten gehören zur Gruppe der Biostoffe. Sie können Infektionen, Allergien oder Vergiftungen auslösen.

- Ionisierende Wirkung

  Radioaktiver Zerfall führt zur ionisierenden Strahlung. Diese wiederum kann zu biologischen Schäden führen. Der Wirkmechanismus beruht auf komplexen biologischen Prozessen. Natürlich vorkommende radioaktive Nuklide können diese Wirkung ebenso hervorrufen wie künstlich erzeugte. Eine ionisierende Wirkung kann auch von technischen Geräten ausgehen (z. B. Geräte zur Werkstoffprüfung, zur Füllstands- und Dichtemessung in Tanks und Kesseln oder Medizingeräte).

Auch unter Berücksichtigung der Eingrenzungen ist eine Vielzahl an gefährlichen Stoffen und Gütern denkbar. Eine weitere Konkretisierung ist daher geboten. Im Gefahrgutrecht erfolgt diese durch eine namentliche Auflistung aller Stoffe und Gegenstände. Dieses Stoffverzeichnis unterliegt den folgenden zwei Ordnungsprinzipien, nämlich der UN-Nummer und der Gefahrklasse.

Jedes Gefahrgut wird durch eine UN-Nummer charakterisiert. Diese wird von einem Expertengremium der Vereinten Nationen vergeben und ist für alle Verkehrsträger einheitlich. Die Veröffentlichung erfolgt in den UN-Modellvorschriften. Die UN-Nummer besteht aus einer vierstelligen Ziffer, der das Kürzel UN vorangestellt wird (Beispiel: UN 1090 ACETON). Es werden Einzel- und Sammeleintragungen unterschieden. Einzeleintragungen erfolgen für genau definierte Stoffe oder Gegenstände (z. B. UN 1090 ACETON). Sammeleintragungen bezeichnen eine genau festgelegte Gruppe von Stoffen oder Gegenständen (z. B. UN 1133 Klebstoffe) oder werden für alle Stoffe und Gegenstände vergeben, die Gemeinsamkeiten in Bezug auf Beschaffenheit (z. B. Alkohole) oder gefährliche Eigenschaften (z. B. entzündbarer flüssiger Stoff) haben.

Gefahrgüter werden darüber hinaus gemäß ihren Eigenschaften in neun Klassen unterteilt. Für die Klassen 4, 5 und 6 werden Unterklassen gebildet (Tabelle 7.2).

Tabelle 7.2 Gefahrklassen – Bezeichnung und Beispiele

Klasse	Bezeichnung	Beispiel
Klasse 1	Explosive Stoffe und Gegenstände mit Explosivstoff	Feuerwerk, Gurtstraffer, Airbags, Schwarzpulver
Klasse 2	Gase	Propan, Spraydosen
Klasse 3	Entzündbare flüssige Stoffe	Benzin, Diesel, Lösemittel, Klebstoffe
Klasse 4.1	Entzündbare feste Stoffe, selbstzersetzliche Stoffe, polymerisierende Stoffe und desensibilisierte explosive feste Stoffe	Streichhölzer, Schwefel, Grillanzünder
Klasse 4.2	Selbstentzündliche Stoffe	Phosphor, ölhaltige Putzlappen
Klasse 4.3	Stoffe, die in Berührung mit Wasser entzündbare Gase entwickeln	Calciumcarbid
Klasse 5.1	Entzündend (oxidierend) wirkende Stoffe	Wasserstoffperoxid
Klasse 5.2	Organische Peroxide	Peressigsäure, Härter, 2-Komponenten-Kleber
Klasse 6.1	Giftige Stoffe	Kaliumcyanid, Blausäure
Klasse 6.2	Ansteckungsgefährliche Stoffe	Krankenhausabfälle, Patientenproben
Klasse 7	Radioaktive Stoffe	Plutonium, Prüfstrahler
Klasse 8	Ätzende Stoffe	Schwefelsäure
Klasse 9	Verschiedene gefährliche Stoffe und Gegenstände	Asbest, Lithium-Ionen-Batterien

Die Zuordnung zu den Klassen erfolgt nach festgelegten Kriterien, zu denen physikalische oder chemische Eigenschaften (z. B. Dampfdruck, Reaktionsbereitschaft) und schädliche Wirkungen (z. B. Entzündbarkeit, Toxizität) zählen.

Innerhalb der Klassen erfolgt eine weitere Unterteilung nach physikalischen, chemischen oder toxikologischen Merkmalen. In einigen Klassen werden diese Merkmale zur Bildung von Verpackungsgruppen herangezogen. Unterschieden werden je nach Grad der Gefahr:

- Verpackungsgruppe I: Stoffe mit hoher Gefahr
- Verpackungsgruppe II: Stoffe mit mittlerer Gefahr
- Verpackungsgruppe III: Stoffe mit geringer Gefahr.

Die Unterteilung der Gefahrgüter in Klassen wirkt sich auf die Art der Verpackungen und der Beförderungsbedingungen aus.

7.2.3 Abwicklung der Beförderung

Die Klassifizierung gefährlicher Güter ist ein bedeutendes Merkmal für Maßnahmen im Zusammenhang mit Verpackung, Versand und Handhabung Eine Verknüpfung zwischen Stoff und Maßnahmen erfolgt durch das Stoffverzeichnis. Mit Hilfe der UN-Nummer lassen sich die erforderlichen Maßnahmen für eine sichere und regelgerechte Beförderung bestimmen. Das Stoffverzeichnis wird dadurch zum zentralen Instrument der Planung und Abwicklung einer sicheren Gefahrgutbeförderung.

Die Maßnahmen lassen sich nach technischen, organisatorischen und individuellen unterscheiden. Am Beispiel des ADR sollen einige der Maßnahmen vorgestellt werden.

Technische Maßnahmen

Technische Maßnahmen sollen dafür sorgen, die Freisetzung gefährlicher Güter während der Beförderung auszuschließen. Hierzu gehören u. a.

- Auswahl geeigneter Umschließungen

  Umschließung ist der Oberbegriff für Verpackungen, Tanks und Container. Diese müssen durch Konstruktion und Bau eine unbeabsichtigte Freisetzung ausschließen. Für die Auswahl geeigneter Umschließungen sind mögliche Wechselwirkungen zwischen dem Werkstoff und dem Gefahrgut auszuschließen.

  Das ADR enthält in Teil 6 Bau- und Prüfbestimmungen für verschiedene Arten von Verpackungen und Tanks. Diese richten sich im Wesentlichen an die Hersteller Informationen über Ausführung und Eignungsmerkmale lassen sich der Kennzeichnung entnehmen. Diese setzt sich aus verschiedenen Codierungselementen zusammen. Bild 7.4 zeigt ein Beispiel für die Kennzeichnung einer Verpackung zur Aufnahme flüssiger Gefahrgüter.

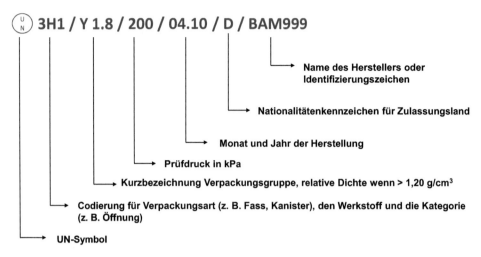

Bild 7.4　Kennzeichnung einer Verpackung für flüssige Gefahrgüter

- Auswahl geeigneter Fahrzeuge

  Im Falle einer Freisetzung sind Wechselwirkungen zwischen dem freigesetzten Gut und dem Fahrzeug auszuschließen. Insbesondere geht es darum, die Zündung einer explosionsfähigen Atmosphäre durch Freisetzung entsprechender Güter zu verhindern. Durch die Einhaltung spezifischer Bau- und Zulassungsvorschriften soll dieses Ziel erreicht werden (ADR Teil 9).

Organisatorische Maßnahmen

Organisatorische Maßnahmen ergänzen die technischen. Neben Verpackungsanweisungen und Hinweisen zur Zusammenpackung gehören Handhabungsvorschriften für das Be- und Entladen oder die Ladungssicherung dazu. Den Schwerpunkt aller organisatorischen Maßnahmen bilden die Kennzeichnungsregeln und die Dokumentationen. Durch diese Maßnahmen soll im Notfall ein zielgerichtetes und schnellstmögliches Handeln der Einsatzkräfte sichergestellt werden. Im Einzelnen sieht das ADR folgende Maßnahmen vor:

- Bezettelung von Versandstücken und anderen Umschließungen (z.B. Container, Tank)

  Der Gefahrzettel ist das zentrale Element der Information. Einfache Symbole ermöglichen unabhängig von den Sprachkenntnissen eine rasche Aufklärung über die Hauptgefahren, die von dem jeweiligen Gefahrgut ausgehen. In den UN-Modellvorschriften sind Symbol, Farbe und Beschriftung der Gefahrzettel festgelegt. Die verwendeten Symbole haben einen Bezug zu den Gefahrklassen. Tabelle 7.3 zeigt die Gefahrzettelmuster und deren Zuordnung zu den Gefahrklassen.

  Position und Anzahl der Gefahrzettel auf der Umschließung sind festgelegt.

Tabelle 7.3 Gefahrzettelmuster (Quelle: ADR 2019)

Gefahrklasse	Erläuterung	Gefahrzettel
1	Differenzierung nach Unter-klassen	
2	Differenzierung nach • entzündbaren, • nicht entzündbaren bzw. nicht giftigen Gasen, • giftigen Gasen	
3	Flammensymbol in schwarzer oder weißer Farbe möglich	
4.1	Entzündbare feste Stoffe	
4.2	Selbstentzündliche Stoffe	
4.3	Flammensymbol in schwarzer oder weißer Farbe möglich	
5.1	Entzündend (oxidierend) wirkende Stoffe	
5.2	Flammensymbol in schwarzer oder weißer Farbe möglich	
6.1	Giftige Stoffe	
6.2	Ansteckungsgefährliche Stoffe	
7	Unterscheidung nach Kategorien I, II, III und spaltbaren Stoffen („FISSILE")	
8	Ätzende Stoffe	
9	Besonderer Gefahrzettel für Lithiumbatterien	

Zusätzlich zu den Gefahrzetteln sind bei Bedarf weitere Kennzeichnungen notwendig. Hierzu gehören z. B. Ausrichtungspfeile auf Versandstücken, Hinweise auf Umweltgefährdung oder für die Beförderung begrenzter oder freigestellter Mengen.

- Kennzeichnung von Beförderungseinheiten

Straßenfahrzeuge, die gefährliche Güter transportieren, sind mit orangefarbenen Tafeln gekennzeichnet. Die orangefarbenen Tafeln haben eine Größe von 40 cm x 30 cm und sind im allgemeinen unbeschriftet. Überdies sind für Tankfahrzeuge, Fahrzeuge mit Aufsetztanks und Tankcontainer beschriftete Tafeln vorgesehen. Die Beschriftung besteht aus zwei Nummern. Die obere Zahl entspricht einer Codierung, die auf eine besondere Gefahr hinweist Die untere Nummer entspricht der UN-Nummer (Bild 7.5).

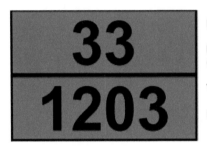

Nummer zur Kennzeichnung der Gefahr

hier: 33 = leicht entzündbarer flüssiger Stoff
(Flammpunkt unter 23 °C)

Vier Ziffern der UN-Nummer

hier: 1203 = UN 1203 BENZIN

Bild 7.5 Orangefarbene Tafel – Ausführung und Aufbau der Beschriftung

- Dokumentation

Zur Dokumentation gehören das Beförderungspapier und die schriftliche Weisung. Das Beförderungspapier gibt u. a. Auskunft über UN-Nummer und Benennung des Gefahrgutes, Anzahl und Beschreibung der Versandstücke, Gesamtmenge sowie Name und Anschrift des Absenders und des Empfängers. Die Angaben müssen in der Amtsprache des Versandlandes und zusätzlich in deutscher, englischer oder französischer Sprache angegeben werden.

Zur Vorbereitung auf Notfallsituationen ist das Mitführen schriftlicher Weisungen durch die Fahrzeugbesatzung erforderlich. Die schriftlichen Weisungen sind normiert und enthalten neben allgemeinen Verhaltensregeln für den Notfall eine Auflistung der Gefahrzettel und sonstiger relevanter Kennzeichnungen, die Erläuterung der Gefahreneigenschaften und zusätzliche Hinweise zu möglichen Maßnahmen. Die schriftlichen Weisungen dienen dem persönlichen Schutz der Fahrzeugbesatzung.

- Schutz vor Diebstahl und Missbrauch

Zum Schutz vor Missbrauch durch Terroristen oder Saboteure sind spezielle Vorkehrungen zu treffen. Zu ihnen gehören beispielsweise die Identitätsfeststellung der Beförderer, die Einrichtung gesicherter Abstellplätze und die spezifische Unterweisung aller Personen, die an der Beförderung beteiligt sind. Liegen besondere Voraussetzungen vor (z. B. Beförderung bestimmter Gefahrgüter und Überschreitung festgelegter Mengenschwellen), sind Sicherheitspläne erforderlich, die abwehrende Maßnahmen enthalten. Die Wirksamkeit der Sicherheitspläne ist zu überprüfen.

Individuelle Maßnahmen

Information und Qualifizierung zählen zu den individuellen Maßnahmen. Sie haben das Ziel, die Umsetzung der organisatorischen Maßnahmen sicherzustellen. Im ADR sind beispielsweise folgende Maßnahmen vorgesehen:

- Unterweisung

  Alle Personen, die an der Beförderung gefährlicher Güter beteiligt sind, sind in regelmäßigen Abständen zu unterweisen. Die Inhalte umfassen allgemeine Informationen über die Regelungen zur sicheren Beförderung (z. B. Bedeutung der Gefahrzettel), die konkreten Anforderungen, die der jeweiligen Rolle im Beförderungsprozess entsprechen (z. B. Entlader, Verpacker, Beförderer etc.), und Hinweise zum eigenen Schutz beim Umgang mit gefährlichen Gütern. Die Unterweisungen sind regelmäßig zu wiederholen und zu dokumentieren. Die Aufbewahrungsdauer der Dokumentation beträgt fünf Jahre.

- Ausbildung der Fahrzeugbesatzung

  Die Ausbildung der Fahrzeugführer verfolgt in erster Linie den Zweck, im Schadensfall eine schnelle und reibungslose Umsetzung der Notfallmaßnahmen zu gewährleisten. Dazu ist die Teilnahme der Fahrzeugführer an einer Ausbildung vorgeschrieben, die aus einem Basiskurs und aus weiteren Aufbaukursen besteht (z. B. für Tanks). Die Ausbildung schließt mit einer Prüfung und einem Nachweis ab.

Die umfangreichen und detaillierten Anforderungen der Gefahrgutbeförderung sind für viele Unternehmen herausfordernd. Es ist nachvollziehbar, wenn sich Führungskräfte von dem Ausmaß und der Detailtiefe der Anforderungen überfordert fühlen. Der Gefahrgutbeauftragte soll unterstützen. Zu seinen wesentlichen Aufgaben gehört es, durch Beratung und Aufklärung für die Umsetzung und Einhaltung des komplexen Regelwerks im Unternehmen zu sorgen (s. Abschnitt 3.2.2). Die Arbeit des Gefahrgutbeauftragten kann dazu beitragen, Menschenleben zu schützen und das Unternehmen vor Geldbußen oder gar Strafen zu bewahren.

▪ 7.3 Gefahrstoffe

Die Gefahrstofflogistik umfasst alle logistischen Dienstleistungen, an der Schnittstelle zur Gefahrgutbeförderung. Zu den typischen operativen Tätigkeiten gehören der innerbetriebliche Transport, die Lagerung, die Kommissionierung, das Um- oder Abfüllen, die Verpackung und Kennzeichnung. Damit unterscheiden sich die Arbeiten auf den ersten Blick kaum von denjenigen anderer logistischer Dienstleistungen. Das Besondere ist jedoch das Gut, von dem spezifische Gefährdungen ausgehen und das daher spezielle Kenntnisse verlangt. Hierzu gehören auch rechtliche Kenntnisse. In welchem Rechtsrahmen sich die Gefahrstofflogistik bewegt, soll daher zunächst das Thema sein. Es schließen sich Ausführungen zur Kennzeichnung und Verpackung an. Im letzten Abschnitt geht es um die Maßnahmen. Im Unterschied zur Gefahrgutlogistik werden diese durch eine Gefährdungsbeurteilung festgelegt. Welche Besonderheiten dabei zu berücksichtigen sind, soll Gegenstand des letzten Abschnitts sein

7.3.1 Rechtsrahmen

Der Rechtsrahmen der Gefahrstofflogistik wird durch das Chemikalienrecht bestimmt. Dessen Ziel ist es, den Menschen und die Umwelt vor schädlichen Wirkungen durch Chemikalien zu schützen. Dieses Ziel unterscheidet sich grundsätzlich nicht von dem des Gefahrgutrechtes. Berücksichtigt man jedoch den Anwendungsbereich, so werden Unterschiede erkennbar. Die Beförderung gefährlicher Güter ist mit einer Gefährdung für die Allgemeinbevölkerung verbunden. Insofern ist deren Schutz in der Zielformulierung explizit eingeschlossen (s. Abschnitt 8.2.1). Der gewerbliche Umgang mit Chemikalien dagegen vollzieht sich innerhalb eines Unternehmens. Schäden sind daher in erster Linie für die dort tätigen Menschen zu erwarten. Aus diesem Grunde tangiert der Rechtsrahmen der Gefahrstofflogistik auch das Arbeitsschutzrecht.

Die Vermeidung von Gefährdungen und die Minimierung der Risiken beim Umgang mit Gefahrstoffen ist das gemeinsame Anliegen des Chemikalien-, Umwelt- und Arbeitsschutzrechts. Eine notwendige Voraussetzung für das Erreichen der jeweiligen Schutzziele ist, dass nur solche Chemikalien auf den Markt kommen, deren Gefährdungen grundsätzlich bekannt und handhabbar sind. Diese Absichten verfolgt die Europäische Union im Rahmen ihrer Bemühungen um einen einheitlichen Binnenmarkt. Zur Gewährleistung eines freien Warenverkehrs und zum Schutz von Menschen und Umwelt sind im Zusammenhang mit Chemikalien die folgenden europäischen Regelungen verabschiedet worden (s. Abschnitt 3.1.1):

- Verordnung (EG) Nr. 1907/2006 (REACH-Verordnung)

  Die REACH-Verordnung verknüpft die Erwartungen nach einem freien Warenverkehr mit den natürlichen Sicherheitsbedürfnissen beim Umgang mit Chemikalien. REACH leitet sich aus der englischen Bezeichnung der Verordnung ab („Regulation concerning the **R**egistration, **E**valuation, **A**uthorisation and Restriction of **Ch**emicals"). Die REACH-Verordnung sorgt dafür, dass innerhalb der Europäischen Union nur solche Stoffe hergestellt, in den Verkehr gebracht und verwendet werden, die zuvor einen Registrierungsprozess durchlaufen haben. Zur Registrierung reichen Hersteller oder Importeure ein technisches Dossier über die Chemikalie bei der Europäischen Chemikalienagentur (ECHA) ein. Sind die Informationen vollständig, wird der Chemikalie eine Registrierungsnummer zugewiesen. Damit ist deren Herstellung und Verwendung innerhalb der Europäischen Union erlaubt.

  Die Bewertung der eingereichten Unterlagen erfolgt stichprobenartig durch ECHA. Besteht der Verdacht, dass der Stoff die menschliche Gesundheit oder die Umwelt schädigt, dann folgt eine zusätzliche Stoffbewertung.

  Stoffe, die als besonders besorgniserregend anzusehen sind (SVHC-Stoffe – *substances of very high concern*), werden unter Erlaubnisvorbehalt gestellt. Die Hersteller oder Importeure können eine Zulassung dieser Stoffe für eine vorgegebene Verwendung und einen definierten Zeitraum erwirken. Weitere Beschränkungen für Herstellung, Inverkehrbringen und Verwendung durch ECHA sind möglich.

  Zum Grundprinzip der REACH-Verordnung gehören die Kommunikation und der Informationsaustausch. Ein bedeutendes Instrument ist das Sicherheitsdatenblatt. Es liefert dem Anwender alle erforderlichen Informationen für eine sichere Verwendung. Das Sicherheitsdatenblatt ist kostenlos in der Sprache des Verwendungslandes bereitzustellen (REACH, Artikel 31 Nr. 5). Struktur und Inhalte des Sicherheitsdatenblattes sind vorgegeben (Tabelle 7.4).

Tabelle 7.4 Gliederungsstruktur des Sicherheitsdatenblattes (REACH, Artikel 31 Nr. 6)

1	Bezeichnung des Stoffes bzw. der Zubereitung und Firmenbezeichnung	9	Physikalische und chemische Eigenschaften
2	Mögliche Gefahren	10	Stabilität und Reaktivität
3	Zusammensetzung/Angaben zu Bestandteilen	11	Toxikologische Angaben
4	Erste-Hilfe-Maßnahmen	12	Umweltbezogene Angaben
5	Maßnahmen zur Brandbekämpfung	13	Hinweise zur Entsorgung
6	Maßnahmen bei unbeabsichtigter Freisetzung	14	Angaben zum Transport
7	Handhabung und Lagerung	15	Rechtsvorschriften
8	Begrenzung und Überwachung der Exposition/ Persönliche Schutzausrüstung	16	Sonstige Angaben

Für Stoffe, für die im Rahmen der Registrierung ein Stoffsicherheitsbericht eingefordert wird, hat der Lieferant ein „erweitertes Sicherheitsdatenblatt" zu erstellen. Es liefert Informationen über „Expositionsszenarien" oder „Verwendungs- und Expositionskategorien" (REACH, Artikel 31 Nr. 7).

- Verordnung (EG) Nr. 1272/2008 (CLP-Verordnung)

  Die CLP-Verordnung (CLP, *classification, labelling and packaging of substances and mixtures*) enthält Regelungen zur einheitlichen Einstufung, Kennzeichnung und Verpackung von Stoffen und Gemischen innerhalb der Europäischen Union.

  Mit der CLP-Verordnung wird das „Globally Harmonised System of Classification and Labelling of Chemicals (GHS)" für die Mitgliedsstaaten der Europäischen Union verpflichtend. Das GHS geht zurück auf die internationalen Bemühungen um weltweit einheitliche Einstufungs- und Kennzeichnungskriterien für gefährliche Stoffe und Gemische. Anlässlich der Konferenz für Umwelt und Entwicklung im Jahr 1992 in Rio de Janeiro erhielten die Vereinten Nationen das Mandat zur Erarbeitung einer entsprechenden Empfehlung. In 2003 legten die Vereinten Nationen das GHS vor, das auch unter dem Namen „purple book" bekannt ist (UBA, 2013, S. 6). Wesentliche Merkmale des GHS sind:

  - Festlegung einheitlicher Bewertungskriterien für die von Chemikalien ausgehenden Gefährdungen;

  - Erarbeitung eines einheitlichen Kennzeichnungssystems;

  - Berücksichtigung bestehender internationaler Regelungen (z. B. „Orange Book").

Da vom GHS keine unmittelbare Rechtswirkung ausgeht, ist eine Übernahme in das jeweilige Rechtssystem der Staaten notwendig. Für die Europäische Union ist dies durch die CLP-Verordnung geschehen.

In der Gefahrstofflogistik sind neben den europäischen Regelungen auch nationale Vorschriften zu berücksichtigen. Von besonderer Bedeutung sind:

- Chemikaliengesetz (ChemG)

  Das Gesetz zum Schutz vor gefährlichen Stoffen (ChemG) verfolgt den Zweck, Mensch und Umwelt vor den Wirkungen gefährlicher Stoffe und Gemische zu schützen. Neben grundlegenden Definitionen trifft das Chemikaliengesetz Festlegungen zur Umsetzung der REACH- und CLP-Verordnung sowie der europäischen Biozidprodukte-Verordnung. Überdies enthält sie Vollzugsbestimmungen und Ermächtigungen zum Erlass von Rechtsverordnungen.

- Gefahrstoffverordnung (GefStoffV)

  Die Verordnung zum Schutz vor gefährlichen Stoffen (GefStoffV) geht zurück auf das Chemikaliengesetz und gleichzeitig auf das Arbeitsschutzgesetz (Umsetzung der Richtlinie 89/391/EWG – „Arbeitsschutzrahmen-Richtlinie" – s. Abschnitt 3.1.5). Ziel der Gefahrstoffverordnung ist der Schutz der Mitarbeitenden vor den schädlichen Wirkungen gefährlicher Stoffe. Wesentliche Regelungsinhalte sind

- Begriffsdefinitionen;
- Verpflichtung des Arbeitgebers zur Durchführung einer Gefährdungsbeurteilung im Umgang mit gefährlichen Stoffen;
- Art und Umfang der Schutzmaßnahmen beim Umgang mit gefährlichen Stoffen.

Die Gefahrstoffverordnung ist für die Unternehmen der Gefahrstofflogistik von immenser Bedeutung, da sie für alle operativen Tätigkeiten wie das Kommissionieren, Lagern oder das Ab- und Umfüllen anzuwenden ist. Überdies ist die Definition des Gefahrstoffbegriffes weiter gefasst als in der CLP-Verordnung, da sie auch die Entstehung gefährlicher Stoffe durch den Arbeitsprozess einschließt (z. B. Freisetzung von Dieselemissionen durch Flurförderzeuge). Der Arbeitgeber ist daher zu einer umfassenden Analyse und Bewertung der Risiken verpflichtet. Die Gefährdungsbeurteilung ist daher ein wichtiges Merkmal, das Gefahrstofflogistik von der Gefahrgutlogistik unterscheidet.

Die Gefahrstoffverordnung wird durch Technische Regeln für Gefahrstoffe (TRGS) konkretisiert. Sie geben den Stand der Technik wieder und sind daher für die Gefährdungsbeurteilung zu berücksichtigen (s. Abschnitt 4.4.1). Die TRGS haben einen festgelegten Aufbau, der in Tabelle 7.5 wiedergegeben ist.

Tabelle 7.5 Aufbau der Technischen Regeln für Gefahrstoffe (TRGS, 2006, S. 1)

TRGS-Nummerierung	Bezeichnung
TRGS 001–099	Allgemeines, Aufbau und Beachtung
TRGS 100–199	Begriffsbestimmungen
TRGS 200–299	Inverkehrbringen von Stoffen, Zubereitungen und Erzeugnissen
TRGS 300–399	Arbeitsmedizinische Vorsorge
TRGS 400–499	Gefährdungsbeurteilung
TRGS 500–599	Schutzmaßnahmen bei Tätigkeiten mit Gefahrstoffen
TRGS 600–699	Ersatzstoffe und Ersatzverfahren
TRGS 700–899	Brand- und Explosionsschutz
TRGS 900–999	Grenzwerte, Einstufungen, Begründungen und weitere Beschlüsse des AGS

In der Gefahrstofflogistik sind besonders die folgenden zwei Regelungen von Bedeutung,

- TRGS 509 „Lagern von flüssigen und festen Gefahrstoffen in ortsfesten Behältern sowie Füll- und Entleerstellen für ortsbewegliche Behälter"
- TRGS 510 „Lagerung von Gefahrstoffen in ortsbeweglichen Behältern".

Die Lagerung gefährlicher Stoffe wird nicht nur durch das Chemikalienrecht angesprochen, sondern auch im Umweltrecht. Aus diesem Rechtsbereich sind die folgenden Regelungen von Bedeutung:

- Bundes-Immissionsschutzgesetz (BImSchG)

  Das Gesetz zum Schutz vor schädlichen Umwelteinwirkungen durch Luftverunreinigungen, Geräusche, Erschütterungen und ähnliche Vorgänge (BImSchG) ist die Rechtsgrundlage für zwei Verordnungen, die im Zusammenhang mit der Errichtung und dem Betrieb von Lagern zu berücksichtigen sind. Hierzu gehören

    - Verordnung über genehmigungsbedürftige Anlagen – 4. BImSchV

      Die Vierte Verordnung zur Durchführung des Bundes-Immissionsschutzgesetzes (4. BImSchV) regelt die Genehmigungsbedürftigkeit von Anlagen. Die Lagerung und die Be- und Entladung von Stoffen und Gemischen ist unter bestimmten Voraussetzungen (z. B. Überschreiten festgelegter Mengen) genehmigungsbedürftig.

    - Störfall-Verordnung – 12. BImSchV

      Die 12. Verordnung zur Durchführung des Bundes-Immissionsschutzgesetzes verfolgt das Ziel, Störfälle durch Freisetzung gefährlicher Stoffe zu verhindern bzw. deren Auswirkungen zu begrenzen. Die Störfallverordnung ist unabhängig davon anzuwenden, ob eine Genehmigungsbedürftigkeit gegeben ist. Allein der Umstand, dass spezifische Mengenschwellen überschritten werden, führt dazu, dass Schutzmaßnahmen ergriffen werden müssen. Hierzu gehören u. a. Alarm- und Gefahrenabwehrpläne und Informationen für die Öffentlichkeit. Die Störfallverordnung geht zurück auf die Richtlinie 2012/18/EU der Europäischen Union.

- Wasserhaushaltsgesetz – WHG

  Das Gesetz zur Ordnung des Wasserhaushalts (WHG) dient dem Schutz der oberirdischen Gewässer, der Küstengewässer und des Grundwassers. Es ist die Grundlage für die Verordnung über Anlagen zum Umgang mit wassergefährdenden Stoffen (AwSV). Zu den Anlagen im Sinne der Verordnung zählt auch die Lagerung gefährlicher Stoffe. Die zu treffenden Vorkehrungen richten sich nach dem Grad der Wassergefährdung. Es werden drei Wassergefährdungsklassen (WGK) unterschieden, die von schwach wassergefährdend (WGK 1) über deutlich wassergefährdend (WGK 2) bis hin zu stark wassergefährdend (WGK 3) reichen. Zur Bestimmung der Wassergefährdungsklasse wird auf die Gefahrenkommunikation der CLP-Verordnung zurückgegriffen.

- Baurecht der Länder

  Die Lagerung gefährlicher Stoffe kann im Einzelfall auch Gegenstand baurechtlicher Genehmigungsverfahren sein. Dies ist in der Regel bei brand- und explosionsgefährlicher Stoffe der Fall. Da das Baurecht in die Gesetzgebungs-kompetenz der Länder fällt, sind länderspezifische Abweichungen möglich (Wolf, Schneppe, 2015, S. 25 ff.).

Bild 7.6 liefert einen Überblick über die maßgeblichen Regelungen der Gefahr-stofflogistik.

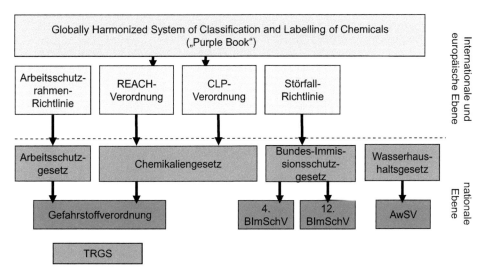

Bild 7.6 Rechtsrahmen der Gefahrstofflogistik

Im Vergleich zur Gefahrgutlogistik lassen sich folgende Feststellungen treffen:

- Der Rechtsrahmen der Gefahrstofflogistik ist weit gefasst; ein in sich geschlos-sener Rechtsrahmen ist eher in der Gefahrgutlogistik zu erkennen.

- In der Gefahrstofflogistik dominiert ein risikobasierter Ansatz, während in der Gefahrgutlogistik eher die Vorgabeorientierung überwiegt.

7.3.2 Einstufung und Kennzeichnung

Die CLP-Verordnung liefert die Grundlagen für die Einstufung und Kennzeichnung von Stoffen und Gemischen.

Das Chemikaliengesetz versteht unter der Einstufung die Zuordnung zu einem Ge-fährlichkeitsmerkmal (§ 3 Nr. 6 ChemG). Als gefährlich werden alle Stoffe und Ge-mische bezeichnet, von denen gemäß den Kriterien der CLP-Verordnung physika-lische Gefahren oder Gesundheits- und Umweltgefahren ausgehen (§ 3a ChemG). Innerhalb dieser drei Gruppen erfolgt eine Unterteilung nach Gefahrenklassen. Die CLP-Verordnung unterscheidet 28 Gefahrenklassen. Davon beschreiben 16 Ge-fahrenklassen die physikalischen Gefahren, zehn die Gesundheitsgefahren und zwei die Umweltgefahren. Eine Übersicht über die Gefahrenklassen und deren Zuordnung enthält Bild 7.7.

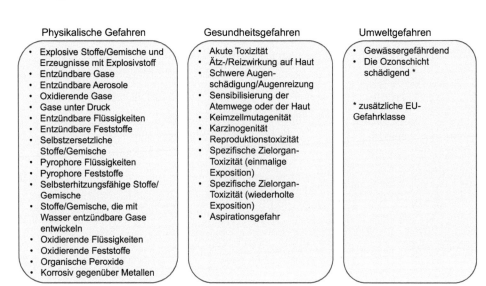

Physikalische Gefahren	Gesundheitsgefahren	Umweltgefahren
• Explosive Stoffe/Gemische und Erzeugnisse mit Explosivstoff • Entzündbare Gase • Entzündbare Aerosole • Oxidierende Gase • Gase unter Druck • Entzündbare Flüssigkeiten • Entzündbare Feststoffe • Selbstzersetzliche Stoffe/Gemische • Pyrophore Flüssigkeiten • Pyrophore Feststoffe • Selbsterhitzungsfähige Stoffe/ Gemische • Stoffe/Gemische, die mit Wasser entzündbare Gase entwickeln • Oxidierende Flüssigkeiten • Oxidierende Feststoffe • Organische Peroxide • Korrosiv gegenüber Metallen	• Akute Toxizität • Ätz-/Reizwirkung auf Haut • Schwere Augen- schädigung/Augenreizung • Sensibilisierung der Atemwege oder der Haut • Keimzellmutagenität • Karzinogenität • Reproduktionstoxizität • Spezifische Zielorgan- Toxizität (einmalige Exposition) • Spezifische Zielorgan- Toxizität (wiederholte Exposition) • Aspirationsgefahr	• Gewässergefährdend • Die Ozonschicht schädigend * * zusätzliche EU- Gefahrklasse

Bild 7.7 Gefahrenklassen nach CLP-Verordnung

Im Unterschied zur Klassifizierung im Gefahrgutrecht werden bei der Ermittlung der Gesundheitsgefahren nicht nur die akuten Wirkungen zur Beurteilung herangezogen, sondern auch mögliche Langzeitwirkungen betrachtet. Hierzu ist eine Differenzierung nach den Aufnahmewegen erforderlich. Diese sind:

▪ Einatmen von Gasen, Dämpfen, Stäuben, Aerosolen (inhalative Aufnahme);

▪ Verschlucken von Stäuben und Flüssigkeiten (orale Aufnahme);

▪ Hautaufnahme von Stäuben und Flüssigkeiten (dermale Aufnahme).

Die Zuordnung zu einer Gefahrenklasse erfolgt auf Grundlage der Stoffeigenschaften. Innerhalb der Gefahrenklasse ist eine Abgrenzung nach dem Schweregrad durch Zuordnung zu einer Gefahrenkategorie vorgesehen. Diese wird durch eine Ziffer oder eine Ziffer-Buchstaben-Kombination codiert. Tabelle 7.6 zeigt die möglichen Gefahrenkategorien für die Gefahrenklasse „Ätz- und Reizwirkung der Haut".

Tabelle 7.6 Gefahrenkategorien für die Gefahrenklasse „Ätz- und Reizwirkung der Haut"

Kategorie	Kriterien
1 A	Zerstörung der Haut: ≤ 3 Minuten
1 B	Zerstörung der Haut: > 3 Minuten bis ≤ 1 Stunde
1 C	Zerstörung der Haut: > 1 Stunde bis ≤ 4 Stunden
2	Reizwirkung an der Haut: > 4 Stunden

Die Einstufung eines Stoffes oder Gemisches zu einer Gefahrenklasse ist auf zweierlei Weise möglich:

- Harmonisierte Einstufung (Legaleinstufung)

  Anhang VI Teil 3 der CLP-Verordnung enthält eine Übersicht über diejenigen Stoffe und Gemische, für die eine Einstufung bereits erfolgt ist. Diese ist innerhalb der Europäischen Union als grundsätzlich verbindlich anzusehen.

- Selbsteinstufung

  Diese beschreibt die eigenständige Zuordnung eines Stoffes oder Gemisches zu den festgelegten Gefahrenklassen unter Berücksichtigung des Anhangs I der CLP-Verordnung.

Eine Einstufung erfolgt für Stoffe und Gemische. Zu den Stoffen zählen Elemente und Verbindungen. Zu den Gemischen gehören Mischungen aus zwei und mehr Stoffen. Überdies kennt die CLP-Verordnung auch Erzeugnisse. Hierzu gehören Gegenstände mit Zuordnung zu besonderen Gefahrenklassen (z. B. Zündhölzer, Batterien).

Die Einstufung der Stoffe und Gemische bestimmt Art und Umfang der Kennzeichnung. Die CLP-Verordnung unterscheidet folgende Kennzeichnungselemente:

- Gefahrenpiktogramme

  Gefahrenpiktogramme warnen bildhaft vor den Gefahren. Sie bestehen aus einem auf die Spitze gestellten Quadrat mit einem roten Rahmen, einem schwarzen Symbol und einem weißen Hintergrund. Die CLP-Verordnung unterscheidet neun Gefahrenpiktogramme (s. Tabelle 7.7).

Tabelle 7.7 Gefahrenpiktogramme und Bezeichnungen

Piktogramm	Bezeichnung	Piktogramm	Bezeichnung
	GHS01 Explodierende Bombe		GHS06 Totenkopf mit gekreuzten Knochen
	GHS02 Flamme		GHS07 Ausrufezeichen
	GHS03 Flamme über einem Kreis		GHS08 Gesundheitsgefahr
	GHS04 Gasflasche		GHS09 Umwelt
	GHS05 Ätzwirkung		

- Signalwort

  Die Signalworte „Gefahr" und „Achtung" bezeichnen den Grad der Gefahr. Dabei weist „Gefahr" auf einen höheren Gefahrengrad hin als „Achtung".

- Gefahrenhinweise („Hazard Statements")

  Die Gefahrenhinweise („H-Sätze") bestehen aus dem Buchstaben H und einer Zahlenfolge. Diese Kombination entspricht einem standardisierten Textbaustein. Die Textbausteine werden nach der Ziffernfolge einer der drei Gefahrengruppen zugeordnet. Tabelle 7.8 zeigt Aufbau und Bedeutung der H-Sätze.

  Zusätzlich zur weitweiten Kennzeichnung durch H-Sätze werden innerhalb der Europäischen Union EUH-Sätze vergeben. Sie weisen auf besondere Eigenschaften des Stoffes oder Gemisches hin oder halten Informationen über bestimmte Gemische bereit (z. B. Hinweise über bestimmte Inhaltsstoffe). Eine vollständige Liste der H- und EUH-Sätze findet sich in Anhang III der CLP-Verordnung.

Tabelle 7.8 Aufbau und Bedeutung der H- und P-Sätze nach CLP-Verordnung

H-Satz		P-Satz	
Codierung	Bedeutung	Codierung	Bedeutung
H200 ff.	Physikalische Gefahren	P 100 ff.	Vorsorgehinweise allgemeiner Art
H300 ff.	Gesundheitsgefahren	P 200 ff.	Vorsorgehinweise zur Prävention
H400 ff.	Umweltgefahren	P 300 ff.	Vorsorgehinweise zur Reaktion
Zusätzliche Angabe von EUH-Sätzen innerhalb der Europäischen Union		P 400 ff	Vorsorgehinweise zur Lagerung
		P 500 ff.	Vorsorgehinweise zur Entsorgung

- Sicherheitshinweise („Precautionary Statements")

  Die Sicherheitshinweise werden durch den vorangestellten Buchstaben P gekennzeichnet. Auch die P-Sätze sind standardisiert. Das Muster zeigt Tabelle 7.8.

Die Kennzeichnungselemente werden für jede Gefahrenklasse nach Gefahrenkategorie miteinander verknüpft. Tabelle 7.9 zeigt das Zuordnungsprinzip am Beispiel der Gefahrenklasse „Entzündbare Flüssigkeiten".

Die Kennzeichnungselemente werden gemeinsam mit weiteren Informationen (z. B. Hersteller bzw. Lieferant, Nennmenge, Produktidentifikator) auf der Verpackung des Stoffes oder Gemisches angegeben.

Tabelle 7.9 Zuordnung der Kennzeichnungselemente am Beispiel der Gefahrklasse „Entzündbare Flüssigkeiten"

Einstufung	Kategorie 1	Kategorie 2	Kategorie 3
Gefahrenpiktogramm			
Signalwort	Gefahr	Gefahr	Achtung
H-Satz	H 224 „Flüssigkeit und Dampf extrem entzündbar"	H 225 „Flüssigkeit und Dampf leicht entzündbar"	H 226 „Flüssigkeit und Dampf entzündbar"
P-Satz			
Prävention	P210/P233/P240/ P241/P242/P243/ P280	P210/P233/P240/ P241/P242/P243/ P280	P210/P233/P240/ P241/P242/P243/ P280
Reaktion	P303 + P361 + P353 P370 + P378	P303 + P361 + P353 P370 + P378	P303 + P361 + P353 P370 + P378
Lagerung	P403 + P235	P403 + P235	P403 + P235
Entsorgung	P501	P501	P501

7.3.3 Gefährdungsbeurteilung

Ein wesentlicher Unterschied zwischen der Gefahrgut- und der Gefahrstofflogistik ist der Sicherheitsansatz. Während die rechtlichen Vorgaben der Gefahrgutlogistik die Umsetzung konkreter Einzelmaßnahmen von den Verantwortlichen fordern, setzt die Gefahrstofflogistik auf einen risikobasierten Ansatz. Betriebliche Maßnahmen sind das Ergebnis eines Risikoprozesses. Dieser Ansatz entspricht dem Grundprinzip der Gefahrstoffverordnung. Die Gefährdungsbeurteilung wird daher zum zentralen Element.

Der Ablauf der Gefährdungsbeurteilung ist in der TRGS 400 beschrieben. Grundsätzlich entspricht das Vorgehen dem bekannten Ansatz (s. Abschnitt 4.4.1). Zu den besonderen Aspekten gehören:

- Fachkunde

  Grundsätzlich ist der Arbeitgeber ist für die Gefährdungsbeurteilung und deren Ergebnisse verantwortlich. Für die Durchführung der Gefährdungsbeurteilung für Gefahrstoffe wird jedoch eine besondere Fachkunde verlangt (§ 6 Abs. 11 GefStoffV). Kenntnisse über Eigenschaften und Wirkung der Gefahrstoffe, über die Vorschriftenlage und über wirksame Schutzmaßnahmen bilden das Gerüst der Fachkunde (TRGS 400, S. 5). Verfügt der Arbeitgeber nicht selbst über ausreichende Kenntnisse, dann ist es möglich, fachkundige Personen zur Beratung hinzuzuziehen. In der Regel werden dies die Sicherheitsfach-kräfte und Betriebsärzte des Unternehmens sein.

- Begriff „Gefahrstoff"

Die Gefährdungsbeurteilung ist nicht nur für die Verwendung kennzeich-nungspflichtiger Stoffe und Gemische nach Anhang I der CLP-Verordnung durchzuführen, sondern auch bei Vorliegen folgender Gegebenheiten:

  - Stoffe, Gemische und Erzeugnisse, die explosionsfähig sind;

    Stoffe und Gemische können explosionsfähig sein, ohne dass sie als solche gekennzeichnet werden müssen. Hierzu gehören z. B. organische Fest-stoffe. Werden diese beispielsweise umgeschlagen entsteht Staub, der in Verbindung mit dem Sauerstoff der Luft eine explosionsfähige Atmosphäre bilden kann.

  - Stoffe, Gemische, Erzeugnisse, die bei Herstellung oder Verwendung Stoffe entstehen lassen, die explosionsfähig sind oder den Kriterien der CLP-Ver-ordnung unterliegen;

    Typisches Beispiel ist die Entstehung von Dieselemissionen beim Betrieb von Flurförderzeugen. Dieselemissionen sind als krebserzeugend anzuse-hen (s. Abschnitt 6.2.3). Eine Kennzeichnungspflicht besteht jedoch nicht.

  - Stoffe und Gemische, die durch ihre Eigenschaften und die Arbeitsplatz-bedingungen zu einem Gesundheitsschaden führen können;

    In diesem Fall werden die physikalischen Eigenschaften von Stoffen ange-sprochen. So besteht z. B. die Möglichkeit der Luftsauerstoffverdrängung durch bestimmte Stoffe (z. B. Stickstoff) oder die Kältebildung bei der Nut-zung verflüssigter Gase.

  - Stoffe mit einem Arbeitsplatzgrenzwert (AGW)

    Der Arbeitsplatzgrenzwert bezeichnet die Luftkonzentration eines Stoffes, bis zu der eine akute oder chronische Wirkung bei Exposition nicht anzu-nehmen ist (§ 2 Abs. 8 GefStoffV). Arbeitsplatzgrenzwerte werden in der TRGS 900 veröffentlicht und gelten auch für Stoffe, die nicht unter die Kennzeichnungspflicht der CLP-Verordnung fallen (z. B. Staub).

Der Ablauf der Gefährdungsbeurteilung nach TRGS 400 ist in Bild 7.8 schematisch dargestellt.

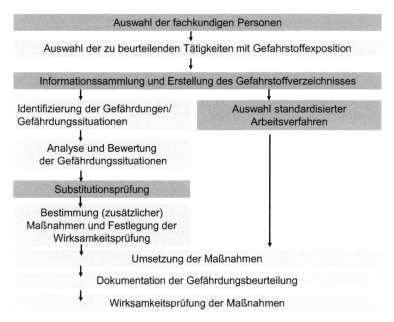

Bild 7.8 Ablaufschritte zur Gefährdungsbeurteilung bei Exposition von Gefahrstoffen

Die Gefährdungsbeurteilung beginnt mit der Auswahl der fachkundigen Personen und der Tätigkeiten, bei denen mit der Exposition gegenüber Gefahrstoffen zu rechnen ist. Es empfiehlt sich, die Tätigkeiten im Kontext mit dem Arbeitssystem zu beschreiben. Es folgt die Informationssammlung über die Eigenschaften und Wirkungen der Gefahrstoffe. Wichtige Informationsquelle für kennzeichnungspflichtige Stoffe und Gemische ist das Sicherheitsdatenblatt. Ergänzende Informationen liefern Datenbanken (z. B. Gefahrstoffinformationssystem GESTiS der DGUV). In einem Gefahrstoffverzeichnis werden die erforderlichen Informationen zusammengefasst. Es enthält mindestens folgende Informationen (§ 6 Abs. 12 GefstoffV):

- Bezeichnung des Gefahrstoffs;
- Einstufung bzw. Angaben zu den gefährlichen Eigenschaften (z. B. Kältebildung bei Nutzung verflüssigter Gase, Narkotisierung bei Luftverdrängung);
- Mengenangaben je Zeitraum;
- Exponierte Arbeitsbereiche;
- Verweis auf Sicherheitsdatenblätter, sofern zutreffend.

Im Anschluss ist eine Fortführung nach zwei Verfahren möglich:

1. Orientierung an Handlungsempfehlungen durch Bezug auf standardisierte Arbeitsverfahren

   Herstellern und Branchenverbänden ist es möglich, Handlungsempfehlungen für spezifische Tätigkeiten zu erarbeiten. Überdies enthalten auch die TRGS entsprechende Empfehlungen (TRGS-Reihe 500 ff.). Diese Standards enthalten beispielhafte Schutzmaßnahmen. Werden diese Vorgaben eingehalten, dann erübrigen sich die Identifizierung, Analyse und Bewertung der Gefährdungs-situationen ebenso wie eine Prüfung möglicher Ersatzstoffe. Die Gefährdungs-beurteilung wird mit der Umsetzung der Maßnahmen fortgeführt (s. Bild. 7.8).

2. Eigenständige Durchführung

Die Situationen, bei denen es zu einer inhalativen, dermalen oder oralen Expo-sition gegenüber den Gefahrstoffen kommen kann, werden identifiziert, Aus-maß und mögliche Folgen analysiert und bewertet. Führt die Bewertung zu dem Ergebnis, dass nur eine geringe Gefährdung vorliegt, dann reichen die allgemeinen Schutzmaßnahmen aus (s. Tabelle 7.10). In allen anderen Fällen sind zusätzliche oder gar besondere Schutzmaßnahmen umzusetzen (s. Ta-belle 7.10). In beiden Fällen ist allerdings eine vorhergehende Substitutions-prüfung verpflichtend.

Tabelle 7.10 Übersicht über allgemeine, zusätzliche und besondere Schutzmaßnahmen nach Gefahrstoffverordnung

Allgemeine Schutz-maßnahmen	Zusätzliche Schutz-maßnahmen	Besondere Schutzmaßnahmen	
		CMR-Stoffe Kate-gorie 1 A und 1 B	Physikalisch-chemi-sche Einwirkungen
Gestaltung des Arbeitsplatzes und der Arbeits-organisation	Errichtung geschlos-sener technischer Systeme	Arbeitsplatz-messungen	Vermeidung gefähr-licher Konzentratio-nen und Mengen
Begrenzung des exponierten Personenkreises	Bereitstellung geeig-neter persönlicher Schutzausrüstung	Abgrenzung der Gefahrenbereiche	Vermeidung von Zündquellen
Begrenzung von Art und Dauer der Exposition	Zugangs- und Beschäftigungs-beschränkungen	Benutzungspflicht persönlicher Schutz-ausrüstungen	Verringerung der Auswirkungen
Begrenzung der am Arbeitsplatz vorhan-denen Gefahrstoff-menge		Verbot der Luftrück-führung in Arbeits-räume	
Hygiene			
Sichere und eindeu-tige Aufbewahrung und Lagerung			

Die Gefährdungsbeurteilung ist beendet, wenn die Maßnahmen umgesetzt, das Ergebnis dokumentiert und die Wirksamkeit festgestellt worden sind. Von den Ergebnissen der Wirksamkeitsprüfung ist abhängig, inwieweit ein erneuter Durchlauf des Prozesses notwendig ist.

Trotz der verpflichtenden Fachkunde gibt es in der Praxis Schwierigkeiten in der Umsetzung der Gefährdungsbeurteilung. Zur Unterstützung hat die BAuA daher ein Instrument entwickelt, das unter der Bezeichnung „Einfaches Maßnahmenkonzept Gefahrstoffe" (EMKG) bekannt geworden ist. Es ermöglicht auf einfache Weise eine rechtssichere Durchführung der Gefährdungsbeurteilung. Das EMKG wird in zwei Modulen angeboten. Das erste Modul unterstützt bei der Beurteilung der inhalativen und dermalen Wirkung von Gefahrstoffen. Das zweite Modul betrachtet die physikalisch-chemische Wirkung der Gefahrstoffe (BAuA 2020).

Das EMKG-Prinzip beruht auf der Zuordnung der Gefahrstoffe zu Gefährdungsgruppen. Die Zuordnung zu den Gefährdungsgruppen wiederum erfolgt auf der Grundlage von Merkmalen, die sich aus dem Sicherheitsdatenblatt und aus den Arbeitsbedingungen ableiten lassen. Für die Gefährdungsbeurteilung der inhalativen Wirkung eines flüssigen Gefahrstoffes werden beispielsweise folgende Merkmale für die Bestimmung der Gefährdungsgruppen herangezogen:

- H-Sätze oder, falls vorhanden, Größenordnung des Arbeitsplatzgrenzwertes;

- Verarbeitete Mengen je Tätigkeit;

- Freisetzungsverhalten (z. B. Siedepunkt, Dampfdruck, Staubungsverhalten).

Die Gefährdungsgruppen werden über eine Risikomatrix miteinander verknüpft. Die Elemente der Matrix verweisen auf Schutzleitfäden, die ihrerseits Maßnahmenempfehlungen enthalten. Die Schutzleitfäden sind in Maßnahmenstufen unterteilt. Im Fall einer inhalativen Wirkung werden beispielsweise vier Maßnahmenstufen unterschieden (Kahl, 2014, S. 16 ff.). Bild 7.9 zeigt einen Ausschnitt der Risikomatrix für das EMKG-Konzept zur Beurteilung der inhalativen Wirkung von Gefahrstoffen.

Gefährlich-keitsgruppe	Mengen-gruppe	Freisetzungsgruppe		
		niedrig	mittel	hoch
A	gering	Reihe 100	Reihe 100	Reihe 100
	mittel	Reihe 100	Reihe 100	Reihe 200
	hoch	Reihe 100	Reihe 100 (Flüssigkeiten) Reihe 200 (Feststoffe)	Reihe 200
B	gering	Reihe 100	Reihe 100	Reihe 100
	mittel	Reihe 100	Reihe 200	Reihe 200
	hoch	Reihe 100	Reihe 200 (Flüssigkeiten) Reihe 300 (Feststoffe)	Reihe 300

Bild 7.9 Risikomatrix zur Konkretisierung des Maßnahmenbedarfs – Ausschnitt (Quelle: Kahl, A., 2014, S. 24)

Eine Zusammenfassung zur Vorgehensweise des EMKG enthält der Kasten „EMKG – Anwendungsbeispiel 1„Umfüllen von Hexan". Das EMKG ermöglicht eine Beurteilung der Gefährdungen für alle nach CLP-Verordnung kennzeichnungspflichtigen Gefahrstoffe. Das Konzept ist jedoch nicht anwendbar, wenn es um Tätigkeiten geht, bei denen Gefahrstoffe entstehen (z. B. Dieselmotoremissionen). Überdies berücksichtigt es nicht die Umweltgefährdung. Trotz der Einschränkungen bietet es eine gute Grundlage für den Einstieg in die Gefährdungsbeurteilung für Gefahrstoffe.

 EMKG – Anwendungsbeispiel „Umfüllen von Hexan"

Es soll eine Gefährdungsbeurteilung für das Ab- und Umfüllen von Hexan in einem Lager unter Berücksichtigung der inhalativen und dermalen Wirkung nach dem EMKG-Konzept durchgeführt werden.

Informationen „Hexan"

Arbeitsplatzgrenzwert nach TRGS 900	50 ml/m³
H-Sätze aus Sicherheitsdatenblatt	H225 / H304 / H 315 / H336 / H361f / H 373
Siedepunkt aus Sicherheitsdatenblatt	69 °C

Ergebnis

Maßnahmenbedarf bei Gefährdung durch Einatmen (inhalative Wirkung)

Gefährlichkeitsgruppe Einatmen	B
Mengengruppe	mittel
Freisetzungsgruppe	mittel
Ergebnis (s. Bild 8.9)	Schutzleitfaden Reihe 200 (Umsetzung emissionsmindernder Maßnahmen)

Maßnahmenbedarf bei Gefährdung durch Hautkontakt (dermale Wirkung)

Gefährlichkeitsgruppe „Hautkontakt" (Kriterium: H-Satz)	HB
Wirkfläche des Hautkontakts (Kriterium: großflächige Benetzung (z. B. Hand) möglich)	groß
Wirkdauer (Kriterium: Hautkontakt über 15 min/ Tag)	lang
Ergebnis	Maßnahmenstufe 2 = erweiterter Maßnahmenbedarf (Schutzleitfaden 250)

Literatur

4. BImSchV. „Verordnung über genehmigungsbedürftige Anlagen in der Fassung der Bekanntmachung vom 31. Mai 2017 (BGBl. I S. 1440)".

12. BImSchV. „Störfall-Verordnung in der Fassung der Bekanntmachung vom 15. März 2017 (BGBl. I S. 483), die zuletzt durch Artikel 1a der Verordnung vom 8. Dezember 2017 (BGBl. I S. 3882) geändert worden ist".

ADR. 2019. Anlage zur Bekanntmachung der Neufassung der Anlagen A und B des Europäischen Übereinkommens vom 30. September 1957 über die internationale Beförderung gefährlicher Güter auf der Straße (ADR). [Online] 01. 01. 2019. [Zitat vom: 05. 04. 2020.] https://www.bgbl.de/xaver/bgbl/start.xav?startbk=Bundesanzeiger_BGBl&jumpTo=bgbl219014_Anlageband.pdf#__bgbl__%2F%2F*%5B%40attr_id%3D%27bgbl219014_Anlageband.pdf%27%5D__1586186938558.

AwSV. „Verordnung über Anlagen zum Umgang mit wassergefährdenden Stoffen vom 18. April 2017 (BGBl. I S. 905)".

BAuA. Leitfäden zum Einfachen Maßnahmenkonzept Gefahrstoffe (EMKG). [Online] Bundesanstalt für Arbeitsschutz und Arbeitsmedizin. [Zitat vom: 13. 04. 2020.] https://www.baua.de/DE/Themen/Arbeitsgestaltung-im-Betrieb/Gefahrstoffe/EMKG/Leitfaeden.html.

BGBl. 1980. Gesetz zum Schutz vor gefährlichen Stoffen (Chemikaliengesetz – ChemG). Bundesgesetzblatt. [Online] 16. 09. 1980. https://www.bgbl.de/xaver/bgbl/start.xav?startbk=Bundesanzeiger_BGBl&jumpTo=bgbl180s1718.pdf#__bgbl__%2F%2F*%5B%40attr_id%3D%27bgbl180s1718.pdf%27%5D__1585909310347.

BImSchG. Bundes-Immissionsschutzgesetz in der Fassung der Bekanntmachung vom 17. Mai 2013 (BGBl. I S.1274), das zuletzt durch Artikel 1 des Gesetzes vom 8. April 2019 (BGBl. I S.432) geändert worden ist".

BMVBS. 2013. Die Beförderung radioaktiver Stoffe. [Online] 10 2013. [Zitat vom: 05.04.2020.] https://www.bmvi.de/SharedDocs/DE/Publikationen/G/befoerderung-radioaktiver-stoffe.pdf?__blob=publicationFile.

BMVI. 2019. Die Beförderung gefährlicher Güter. [Online] 07 2019. [Zitat vom: 06.04.2020.] https://www.bmvi.de/SharedDocs/DE/Publikationen/G/die-befoerderung-gefaehrlicher-gueter.pdf?__blob=publicationFile.

ChemG. „Chemikaliengesetz in der Fassung der Bekanntmachung vom 28. August 2013 (BGBl. I S.3498, 3991), das zuletzt durch Artikel 2 des Gesetzes vom 18. Juli 2017 (BGBl. I S.2774) geändert worden ist".

Destatis 2019. Fachserie 8 Reihe 1.4 Verkehr Gefahrguttransporte Ergebnisse der Gefahrgutschätzung. [Online] 29. 03 2019. [Zitat vom: 20.05.2020.] https://www.destatis.de/DE/Themen/Branchen-Unternehmen/Transport-Verkehr/Publikationen/Downloads-Querschnitt/gefahrguttransporte-2080140167004.pdf?__blob=publicationFile

Die Welt. 2012. Ängste und Schmerzen von Hauttransplantationen. [Online] Die Welt, 11. 04 2012. [Zitat vom: 05.04.2020.] https://www.welt.de/politik/ausland/article106168994/Aengste-und-Schmerzen-von-Hauttransplantationen.html.

DWDS „Gegenstand". [Online] DWDS – Digitales Wörterbuch der deutschen Sprache, hrsg. v.d. Berlin-Brandenburgischen Akademie der Wissenschaften. [Zitat vom: 07.04.2020.] https://www.dwds.de/wb/Gegenstand.

ECHA 2020. Registrierte Stoffe. [Online]. Europäische Chemikalien Agentur 8Zitat vom 12.08.20] https://echa.europa.eu/de/information-on-chemicals/registered-substances

Eisenbrand G.,Metzler M., Hennecke, F.J. 2005. Toxikologie für Naturwissenschaftler und Mediziner Stoffe, Mechanismen, Prüfverfahren. Weinheim : WiILEY-VCH Verlag, 2005.

FAZ. 2015. Ein Toter bei Anschlag auf Gasfabrik. [Online] Frankfurter Allgemeine Zeitung, 26.06.2015. [Zitat vom: 05.04.2020.] https://www.faz.net/aktuell/politik/ausland/europa/ein-toter-bei-anschlag-auf-fabrik-nahe-lyon-frankreich-13669939.html.

GbV. Gefahrgutbeauftragtenverordnung in der Fassung der Bekanntmachung vom 11. März 2019 (BGBl. I S.304)".

GefStoffV. „Gefahrstoffverordnung vom 26. November 2010 (BGBl. I S.1643, 1644), die zuletzt durch Artikel 148 des Gesetzes vom 29. März 2017 (BGBl. I S.626) geändert worden ist".

—. Gefahrstoffverordnung vom 26. November 2010 (BGBl. I S.1643, 1644), zuletzt geändert durch Artikel 148 des Gesetzes vom 29. März 2017 (BGBl. I S.626) .

GGBefG. „Gefahrgutbeförderungsgesetz vom 6. August 1975 (BGBl. I S.2121), das zuletzt durch Artikel 13 des Gesetzes vom 12. Dezember 2019 (BGBl. I S.2510) geändert worden ist".

—. **2019.** „Gefahrgutbeförderungsgesetz vom 6. August 1975 (BGBl. I S.2121), das zuletzt durch Artikel 13 des Gesetzes vom 12. Dezember 2019 (BGBl. I S.2510) geändert worden ist". 2019.

GGVSEB. Gefahrgutverordnung Straße, Eisenbahn und Binnenschifffahrt in der Fassung der Bekanntmachung vom 11. März 2019 (BGBl. I S.258), die durch Artikel 14 des Gesetzes vom 12. Dezember 2019 (BGBl. I S.2510) geändert worden ist". 2019.

GGVSee. 2019. „Gefahrgutverordnung See in der Fassung der Bekanntmachung vom 21. Oktober 2019 (BGBl. I S.1475), die durch Artikel 16 des Gesetzes vom 12. Dezember 2019 (BGBl. I S.2510) geändert worden ist". 2019.

Grap, R.D. , Milnickel, B. . 2011. Chemielogistik im Kontext allgemeiner logistischer Anforderungen. [Buchverf.] C. Suntrop. Chemielogistik Markt, Geschäftsmodelle, Prozesse. Weinheim : Wiley-VCH Verlag, 2011.

ICAO. Background The Transport of Dangerous Goods by Air. [Online] International Civil Aviation Organization. [Zitat vom: 05.04.2020.] https://www.icao.int/safety/DangerousGoods/Pages/background.aspx.

IMO. The International Maritime Dangerous Goods (IMDG) Code. [Online] [Zitat vom: 05.04.2020.] http://www.imo.org/en/OurWork/Safety/Cargoes/DangerousGoods/Pages/default.aspx.

Kahl, A. et al. . 2014. EMKG-Leitfaden Einfaches Maßnahmenkonzept Gefahrstoffe Version 2.2: Eine Handlungsanleitung zur Gefährdungsbeurteilung . [Online] 2014. [Zitat vom: 13.04.2020.] https://www.baua.de/DE/Angebote/Publikationen/Berichte/Gd64.pdf?__blob=publicationFile&v=12.

OTIF. Die OTIF. [Online] Zwischenstaatliche Organisation für den internationalen Eisenbahnverkehr. [Zitat vom: 05.04.2020.] https://otif.org/de/?page_id=15.

REACH. 2006. Verordnung (EG) Nr.1907/2006 des Europäischen Parlaments und des Rates vom 18.Dezember 2006 zur Registrierung, Bewertung, Zulassung und Beschränkung chemischer Stoffe (REACH). 2006.

Richtlinie 2008/68/EG. 2008. Richtlinie 2008/68/EG des Europäischen Pralaments und des Rates vom 24.September 2008 über die Beförderung gefährlicher Güter im Binnenland. 2008.

Ridder, Holzhäuser. 2018. ADR 2019. Landsberg am Lech : ecomed Sicherheit, 2018.

Schmiermund, T. 2019. Das Chemiewissen für dei Feuerwehr. Berlin : Springer Spektrum, 2019.

TRGS 001. 2006. Das Technische Regelwerk zur Gefahrstoffverordnung Allgemeines – Aufbau – Übersicht – Beachtung der Technischen Regeln für Gefahrstoffe (TRGS). 2006.

TRGS 400. 2017. Gefährdungsbeurteilung für Tätigkeiten mit Gefahrstoffen. 2017.

UBA. 2013. Leitfaden zur Anwendung der CLP-Verordnung Das neue Einstufungs- und kennzeichnungssystem nach GHS – kurz erklärt – . [Online] 2013. [Zitat vom: 09.04.2020.] https://www.umweltbundesamt.de/sites/default/files/medien/378/publikationen/das_neue_einstufungs-und_kennzeichnungssystem_ghs_neu.pdf.

UNECE ADN. Country information (Competent Authorities,notifications according to 1.9.4). [Online] The United Nations Economic Commission for Europe. [Zitat vom: 05.04.2020.] https://www.unece.org/trans/danger/publi/adn/country-info_e.html.

UNECE ADR. Country information (Competent Authorities, Notifications). [Online] The United Nations Economic Commission for Europe. [Zitat vom: 05.04.2020.] https://www.unece.org/trans/danger/publi/adr/country-info_e.html.

UNECE. UN Model Regulations UN Recommendations on the Transport of Dangerous Goods – Model Regulations Nature, Purpose and Significance of the Recommendations. [Online] The United Nations Economic Commission for Europe. [Zitat vom: 05.04.2020.] https://www.unece.org/trans/danger/publi/unrec/rev13/13nature_e.html.

WHG. Wasserhaushaltsgesetz vom 31.Juli 2009 (BGBl. I S.2585), das zuletzt durch Artikel 2 des Gesetzes vom 4.Dezember 2018 (BGBl. I S.2254) geändert worden ist".

Wolf, T, Schneppe, P. 2015. Lagerung von Gefahrstoffen sicher – praxisgerecht – einfach gelöst. Düsseldorf: Verkehrs-Verlag J. Fischer, 2015.

8 Menschengerechte Arbeitsgestaltung

Die menschengerechte Gestaltung der Arbeit ist nicht nur eine humanitäre Aufgabe, sondern eine rechtliche Verpflichtung. Sie ist Teil der Arbeitsschutzmaßnahmen und hilft daher, arbeitsbedingten Verletzungen und Erkrankungen vorzubeugen. Angesichts der Veränderungen, die im Zuge der Logistik 4.0 zu erwarten sind, rückt dieser Aspekt des Arbeitsschutzes immer stärker in den Vordergrund. Technische Assistenzsysteme wie der Einsatz von Datenbrillen oder die Verwendung von Exoskeletten verändern die Arbeitsbedingungen. Sie führen zu Entlastungen und Vereinfachungen im Arbeitsablauf. Gleichzeitig entstehen jedoch neue Belastungen. Für eine zukunftsfähige Logistik ist es notwendig, sich auf die Chancen und Risiken rechtzeitig einzustellen.

In diesem Kapitel stehen die neuen technischen Assistenzsysteme im Mittelpunkt. Am Beispiel des Einsatzes von Exoskeletten und der Datenbrillen werden Chancen und Risiken in Hinsicht auf die Sicherheit und Gesundheit erörtert und geeignete Methoden und Werkzeuge zur Risikobeurteilung vorgestellt. Den Anfang machen Ausführungen zu den Grundlagen menschengerechter Arbeitsgestaltung.

■ 8.1 Grundlagen

Die Forderung nach einer menschengerechten Arbeitsgestaltung geht zurück auf das Arbeitsschutzgesetz. Dort heißt es

> *„Maßnahmen des Arbeitsschutzes ... sind Maßnahmen zur Verhütung von Unfällen bei der Arbeit und arbeitsbedingten Gesundheitsgefahren einschließlich Maßnahmen der menschengerechten Gestaltung der Arbeit."*

§ 2 Abs. 1 ArbSchG

Maßnahmen menschengerechter Arbeitsgestaltung tragen dazu bei, die Sicherheit und Gesundheit der Mitarbeitenden zu gewährleisten. Dies ist auch ein wichtiges Anliegen der Arbeitswissenschaft. Ziel arbeitswissenschaftlicher Betrachtungen ist die Verbesserung des Wohlbefindens bei gleichzeitiger Förderung der Arbeitseffizienz und -effektivität (Schlick, C., Bruder, R., Luczak, H., 2018, S. 5).

Zur Verwirklichung dieses Ziels kommen grundsätzlich zwei Ansätze in Frage:

1. Anpassung der Arbeit an den Menschen;

2. Anpassung des Menschen an die Arbeit.

Das Hauptaugenmerk menschengerechter Arbeitsgestaltung liegt in der Anpassung der Arbeit an den Menschen. Ansatzpunkte für Verbesserungen liefert das Arbeitssystem (s. Abschnitt 2.3). Daraus ergeben sich diverse Gestaltungsmöglichkeiten. Welcher Art diese sind, zeigt beispielhaft Tabelle 8.1.

Tabelle 8.1 Menschengerechte Gestaltungsfelder nach Arbeitssystemelementen (nach: BGHM 2013, S. 15)

Elemente des Arbeitssystems	Gestaltungsfelder
Arbeitsmittel, Arbeitsobjekte	Abmessungen, Gewichte, Emissionen, Körperhaltung, Handhabung etc.
Arbeitsplatz	Arbeitshöhen, Greifraum, Beinraum, Sehabstand, Sehwinkel, Beleuchtung, Schall, Lichtverhältnisse, Wärme
Arbeitsumgebung	Immissionen (Staub, Lärm, Gefahrstoffe etc.)
Arbeitsorganisation	Einzelarbeit, Gruppenarbeit, Schichtarbeit und Schichtsystem, Arbeitszeiten, Pausenregelungen etc.

Auch wenn die Anpassung der Technik an den Menschen Vorrang hat, so kann eine humane Arbeitsgestaltung nicht vollständig auf den zweiten Maßnahmenansatz verzichten. Zu den Maßnahmen, die den Menschen an die Arbeit anpassen, zählen z. B.

- Qualifizierungs- und Trainingsmaßnahmen

  Die Einführung neuer Arbeitsmittel oder Arbeitsverfahren erfordert häufig zusätzliche Qualifizierungs- oder Einarbeitungsmaßnahmen.

- Auswahl von Mitarbeitenden

  Spezifische Tätigkeiten stellen besondere Anforderungen an die körperliche oder geistige Konstitution der Mitarbeitenden. Diese sind erforderlich, um Unfallrisiken zu reduzieren oder negative gesundheitliche Folgen zu vermeiden. Klassisches Beispiel aus der Logistik ist die Qualifizierungen der Bediener von Flurförderzeugen (s. Abschnitt 6.2.4). (DGUV, 2007, S. 4).

Die Qualität der Maßnahmen muss sich daran messen lassen, wie gut es gelingt, das Wohlbefinden der Mitarbeitenden zu verbessern. Maßstab sind die Bewertungskriterien zur Arbeitssystemgestaltung (s. Abschnitt 4.4.1). Eine menschengerechte Arbeitsgestaltung ist immer dann abgeschlossen, wenn nicht nur ein Schädigungspotenzial ausgeschlossen werden kann, sondern auch die folgenden Leitfragen bejaht werden können (Schlick, C., Bruder, R., Luczak, H., 2018, S. 5):

- Ist die Arbeit so gestaltet, dass die Mitarbeitenden die Arbeit auf Grund ihrer körperlichen und geistigen Voraussetzungen ausüben können (Ausführbarkeit)?

- Ist die Arbeit so gestaltet, dass sie auch auf Dauer keine negativen Auswirkungen auf die Gesundheit der Mitarbeitenden hat (Zumutbarkeit und Beeinträchtigungsfreiheit)?

- Ist die Arbeit so gestaltet, dass sie die Zufriedenheit fördert und zur Entwicklung der eigenen Persönlichkeit beiträgt (Zufriedenheit und Persönlichkeitsentfaltung)?

- Ist die Arbeit so gestaltet, dass sie als sozial angemessen gelten kann (Sozialverträglichkeit)?

Eine zufriedenstellende Beantwortung aller Fragen bereitet in der Praxis häufig Schwierigkeiten. Einer der Gründe ist die unterschiedliche Wahrnehmung der Maßnahmen durch die Betroffenen. Ob eine Arbeit als körperlich oder geistig ausführbar anzusehen ist oder ob sie tatsächlich geeignet ist, die Persönlichkeit zu fördern, kann nur mit Blick auf das Individuum beantwortet werden.

Die individuellen Merkmale eines Menschen werden unter dem Begriff der Leistungsvoraussetzungen zusammengefasst. Diese lassen sich unterteilen in (Schlick, C., Bruder, R., Luczak, H., 2018, S. 60):

- Leistungsfähigkeit

    Die Leistungsfähigkeit umschreibt alle körperlichen und mentalen Eigenschaften und Merkmale eines Menschen. Zu den körperlichen Faktoren zählen die Beweglichkeit, die Kraftentfaltung oder die körperliche Ausdauer. Die Informationsaufnahme und -verarbeitung sowie die Sinneswahrnehmungen sind Bestandteil der psychischen Faktoren der Leistungsfähigkeit (Bullinger, 1994, S. 48).

- Leistungsbereitschaft

    Die Leistungsbereitschaft unterteilt sich in einen physischen und einen psychischen Teil. Zu den physischen Faktoren zählen die biologischen Körperaktivitäten. Hierzu gehören z. B. die Vitalspannung, der Muskeltonus und die sensorische und motorische Aktivität. Die psychischen Faktoren umfassen alle Aspekte, die im Zusammenhang mit den eigenen Bedürfnissen und Absichten stehen (Bullinger, 1994, S. 45).

Sowohl die Leistungsfähigkeit als auch die Leistungsbereitschaft unterscheiden sich nicht nur von Mensch zu Mensch (interindividuell), sondern sie unterliegen auch Schwankungen bei Einzelpersonen (intraindividuell) (Schlick, C., Bruder, R., Luczak, H., 2018, S. 60). Beispielsweise ist bekannt, dass sich die Körperkräfte mit dem Lebensalter verändern. Aber auch die Bedürfnisse wandeln sich mit zunehmendem Alter. Bis zu einem bestimmten Maß können diese Veränderungen durch Maßnahmen menschengerechter Arbeitsgestaltung ausgeglichen werden. Bild 8.1

enthält eine Übersicht über einzelne Leistungskomponenten und die Möglichkeiten zur Einflussnahme.

durch Auswahl der Personen beeinflussbar			durch Arbeitsgestaltung beeinflussbar
Konstitutions-merkmale	Dispositions-merkmale	Qualifikations-merkmale	Anpassungs-merkmale
im Lebenszyklus unveränderlich	veränderlich, aber nicht direkt beeinflussbar	durch lang-fristige Prozesse veränderbar	durch Eingriffe kurzfristig veränderbar
Geschlecht Körperbau Erbanlagen ethnische Herkunft	Alter, Gewicht, Gesundheits-zustand, physiologische Leistungsbereit-schaft	Erfahrungen Fähigkeiten Fertigkeiten Bildung Wissen	Beanspruchung Ermüdung Stimmung Motivation Konzentration

Bild 8.1 Leistungskomponenten und die Möglichkeiten zur Einflussnahme (nach: BGHM, 2013, S. 12)

Aus der Darstellung lässt sich der Schluss ziehen, dass durch eine Mischung aus arbeitssystemzentrierten und mitarbeiterbezogenen Maßnahmen Verbesserungen im Sinne arbeitswissenschaftlicher Betrachtungen zu erwarten sind. Gleichzeitig wird deutlich, dass sich die Wirkungen einzelner Maßnahmen nicht ohne weiteres vorhersagen lassen. Um mögliche Folgen abschätzen zu können, ist es notwendig, auf Modelle zurückzugreifen (s. auch Abschnitt 2.2).

Für das Gesamtverständnis reichen drei Erklärungsmodelle aus. Alle drei Modelle befassen sich mit den Wirkmechanismen von Krankheit und Gesundheit. Jeweiliger Ausgangspunkt ist das Arbeitssystem.

Das erste Modell beschreibt den Wirkzusammenhang zwischen einem Gefährdungsereignis und einem Gesundheitsschaden. Das Gesundheitsschaden-Modell setzt am Arbeitssystem an und dient zur Ableitung präventiver Maßnahmen im Arbeitsschutz. Es orientiert sich an dem Begriffsmodell der Risikobeurteilung (s. Abschnitt 4.1). Bild 8.2 zeigt den Zusammenhang.

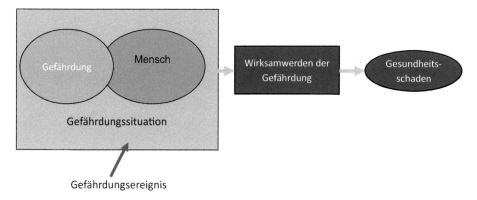

Bild 8.2 Modell zum Gesundheitsschaden

Im Mittelpunkt des Modells steht die Gefährdungssituation. Sie ist gekennzeichnet durch das Aufeinandertreffen von Mensch und Gefährdung. Die Gefährdungssituation ist durch die Bedingungen des Arbeitssystems und die Leistungsvoraussetzungen des Menschen festgelegt. Daraus können Gefährdungsfaktoren abgeleitet werden, die zu einem Gesundheitsschaden führen können (s. Abschnitt 4.4.1). Ein Gefährdungsereignis, das auf die Gefährdungssituation trifft, realisiert die abstrakte Gefährdung und führt zu einem Gesundheitsschaden. Dieser kann sich in einer Verletzung oder in einer Erkrankung äußern. Das Gefährdungsereignis ist nicht vorhersehbar. Es entsteht eher zufällig und plötzlich. Leistungsschwankungen beim Menschen oder Ablenkungen können Ursachen möglicher Gefährdungsereignisse sein. Häufig lassen sich diese Ereignisse erst nach Eintritt des Gesundheitsschadens feststellen.

Aus diesem Modell lassen sich folgende Schlussfolgerungen ziehen:

- Grundsätzlich kann jede Gefährdungssituation durch präventive Maßnahmen bewältigt werden. Voraussetzung ist ein systematisches Vorgehen, das Gefährdungen identifiziert und mögliche Wirkungen analysiert.

- Gefährdungsereignisse sind nicht vorhersehbar. Sie lassen sich in der Regel erst nach dem Eintreten eines Gesundheitsschadens durch Analyse belegen.

Das zweite Modell ist unter dem Begriff „Belastungs- und Beanspruchungs-Modell" bekannt und hat seinen Ursprung in der Arbeitswissenschaft.

Grundlage dieses Modells ist die Differenzierung zwischen Belastung und Beanspruchung. Die Belastung ist messbar und hat ihren Ursprung im Arbeitssystem. Belastungen können als übliche Begleiterscheinungen der Arbeit angesehen werden. Alle Mitarbeitenden sind ihnen gleichermaßen ausgesetzt. Die Folge der Belastung zeigt sich bei den Mitarbeitenden und wird als Beanspruchung bezeichnet. Sie ist die individuelle Reaktion eines Menschen auf eine von außen einwirkende Belastung. Da jeder Mensch über ihm eigene Leistungsvoraussetzungen verfügt, wirkt sich die Belastung nicht gleichermaßen aus, Die Beanspruchung kann positiv oder negativ sein. Welche der beiden Möglichkeiten eintritt, hängt neben der Belastungsdauer und der Belastungshöhe vor allem von den individuellen Leistungsvoraussetzungen des Menschen ab. Führt die Belastung zu einer positiven Reaktion, dann ist die Beanspruchung adäquat. Im anderen Fall spricht man von einer Fehlbeanspruchung. Das Praxisbeispiel (s. Kasten) mag zur anschaulichen Erläuterung der Zusammenhänge beitragen.

 Heben und Tragen

Zwei Mitarbeitende sind in der Kommissionierung tätig. Einer der beiden ist körperlich durchtrainiert, während der andere eher von schmächtiger Statur ist. Die Belastung, die auf beide Mitarbeitende einwirkt, ist messbar und hinsichtlich Dauer und Intensität gleich. Der trainierte Mitarbeitende fühlt sich durch die Hebe- und Tragtätigkeit herausgefordert. Sie regt seine Muskulatur an. Dagegen ist der wenig trainierte Mitarbeitende am Ende des Arbeitstages ermüdet. Bei längerer Exposition ist sogar die Entstehung von Muskel-Skelett-Erkrankungen möglich

Bild 8.3 zeigt den Aufbau des Modells.

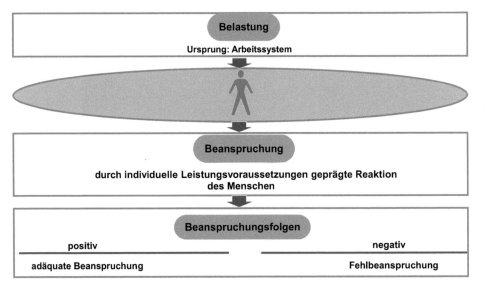

Bild 8.3 Einfaches Belastungs-Beanspruchungs-Modell

Das Belastungs-Beanspruchungs-Modell bestätigt die allgemeine Erfahrung, wonach dieselbe Belastung nicht bei jedem Menschen zwangsweise zu denselben Folgen führt. Es handelt sich um ein mechanistisches Modell und lässt folgende Schlussfolgerungen zu:

- Fehlbeanspruchungen sind Ausgangspunkt möglicher Erkrankungen.

- Individuelle Leistungsvoraussetzungen entscheiden über positive oder negative Beanspruchungsfolgen.

- Ein Vorgehen zur Vermeidung arbeitsbedingter Erkrankungen darf sich nicht ausschließlich auf die Minimierung der Belastungen beschränken, sondern muss ebenfalls die individuellen Leistungsvoraussetzungen der Menschen berücksichtigen.

Das dritte Modell, das systemische Anforderungs-Ressourcen-Modell, hat seinen Ursprung in den Gesundheitswissenschaften. Es geht auf die gesundheitsförderlichen Aspekte der Arbeit ein und rückt die Frage nach den gesunderhaltenden Aspekten in den Vordergrund.

Das systemische Anforderungs-Ressourcen-Modell geht zurück auf das salutogenetische Modell des Medizinsoziologen Antonowsky (Blümel, 2015). Antonowsky (1923-1994) postulierte ein Gesundheits-Krankheits-Kontinuum. Der Mensch ist niemals weder vollständig gesund noch vollständig krank. Sein Gesundheitszustand bewegt sich übergangslos zwischen diesen beiden Polen. Ob sich der Mensch eher krank oder aber eher gesund fühlt, ist abhängig von dem Verhältnis aus belastenden und schützenden Faktoren (Franke, A., 2015).

Das systemische Anforderungs-Ressourcen-Modell folgt dieser Sichtweise und geht davon aus, dass die Position innerhalb des Gesundheits-Krankheits-Kontinuums durch die Wechselwirkungen aus Anforderungen und Ressourcen bestimmt wird (Blümel, 2015, BAuA, DGUV P03, S. 23).

Anforderungen stehen für alle im Alltag notwendigerweise zu bewältigenden Umstände und Bedingungen. Sie lassen sich in interne und externe Anforderungen unterteilen. Interne Anforderungen haben ihren Ursprung in den physischen und psychischen Bedürfnissen des Menschen Die Bedürfnisse nach Nahrung und Wertschätzung sind typische Beispiele. Externe Anforderungen stammen aus der Umwelt. Hierzu zählt das Arbeitsleben (Blümel, 2015, BAuA, DGUV, 2019, S. 25).

Um die täglichen Anforderungen zu bewältigen, benötigt der Mensch Ressourcen. Auch diese lassen sich in interne und externe Ressourcen unterteilen. Zu den internen Ressourcen gehören körperliche Voraussetzungen, eigene Fähigkeiten und Kompetenzen. Sie haben ihren Ursprung im Menschen. Externe Ressourcen ergeben sich aus der Umwelt und der Umgebung des Menschen. Zu ihnen gehören Aspekte wie soziale Unterstützung und Beteiligungsmöglichkeiten (BAuA, DGUV P 03, 2019, S. 23).

Nicht alle der zur Verfügung stehenden Ressourcen werden zur Bewältigung der Anforderungen aus dem Arbeitsleben benötigt. Tabelle 8.2 konkretisiert beispielhaft, welche internen und externen Ressourcen eine Relevanz für das Arbeitsleben haben.

Tabelle 8.2 Interne und externe Ressourcen mit Bezug zur Arbeitswelt (nach BAuA, DGUV P03, 2019, S. 23)

Ressourcen	Beispiele
Interne	
Fähigkeiten, Qualifikation	Kooperationsfähigkeit, Kommunikationsfähigkeit, Bewältigungsstrategien, soziale Kompetenz
Körperliche Fitness	Körperliche Ausdauer, Muskelkraft, Koordination, Beweglichkeit
Motivation	Persönliche Werte, Ziele, Überzeugungen; Bereitschaft, Aufgaben und Herausforderungen zu lösen,
Erfahrung und Fertigkeiten	Berufliche Vorerfahrung, persönliche Strategien zur Bewältigung der Arbeit
Externe	
Soziale Unterstützung	Unterstützung durch Kollegen (Ratschlag, Verteilung der Arbeitsmenge)
Lern- und Entwicklungsmöglichkeiten	Neuartige Arbeitsaufgaben, Aufgaben mit Lernmöglichkeiten, Weiterbildungsangebote
Tätigkeits- und Entscheidungsspielraum	Zeitlicher und inhaltlicher Spielraum zur Aufgabenerfüllung
Aufgabenvielfalt	Routineaufgaben, anspruchsvolle Aufgaben

Eine zufriedenstellende Gesundheit wird immer dann erreicht, wenn das Verhältnis aus Anforderungen und Ressourcen ausgewogen ist. Situationen, bei denen die Anforderungen die zur Verfügung stehenden Ressourcen übersteigen, werden als belastend empfunden. Das gilt auch für den umgekehrten Fall. In beiden Fällen werden negative Emotionen ausgelöst, die zu physiologischen Reaktionen führen können (BAuA, DGUV, 2019, S. 25, Blümel, 2015).

Überträgt man die Erkenntnisse aus dem systemischen Anforderungs-Ressourcen-Modell auf die Arbeitswelt, dann sind folgende Schlussfolgerungen möglich:

- Eine menschengerechte Arbeitsgestaltung sollte das Ziel verfolgen, die Ressourcen der Mitarbeitenden zu stärken. Dies kann einerseits durch die Verbesserung der persönlichen Bewältigungskompetenzen geschehen oder andererseits durch die Verbesserung organisationaler Ressourcen wie z. B. die Stärkung der sozialen Unterstützung durch Vorgesetzte oder die Schaffung von Entscheidungsspielräumen.

- Eine menschengerechte Arbeitsgestaltung bedeutet aber auch, ein Missverhältnis zwischen Anforderungen und Ressourcen zu vermeiden. Hierzu sind die Anforderungsgrenzen zu berücksichtigen.

Erweitert man das Belastungs-Beanspruchungs-Modell um den Ressourcenansatz, dann ergibt sich das systemische Anforderungs-Ressourcen-Modell wie in Bild 8.4 dargestellt.

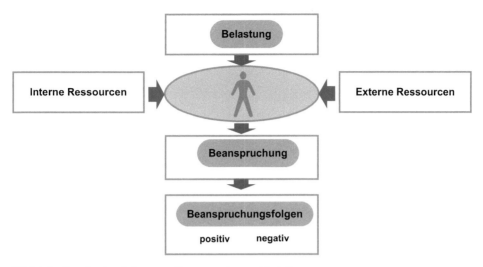

Bild 8.4 Erweitertes Belastungs-Beanspruchungs-Modell

■ 8.2 Physische Belastung durch Lastenhandhabung

Eine physische Belastung umschreibt Gefährdungen, die auf schwere körperliche Arbeit zurückzuführen sind. Hierzu zählen Hebe- und Tragetätigkeiten, Arbeiten unter Zwangshaltungen und repetitive Tätigkeiten (GDA, 2017, S. 13). Allen genannten Tätigkeiten liegt ein gemeinsames Schadenspotenzial zugrunde, das sich insbesondere in dem Muskel-Skelett-System äußert. Inwieweit eine Schädigung anzunehmen ist, ist abhängig von den individuellen Leistungsvoraussetzungen und der Art und der Höhe der Belastung (Kahl, 2019, S. 689).

Die Logistik ist geprägt von Tätigkeiten, die Folgen für das Muskel-Skelett-System haben können. In nahezu jedem Logistikunternehmen werden Lasten gehoben und getragen. Gabelhubwagen müssen von Hand gezogen werden. Die möglichen Folgen für die Sicherheit und Gesundheit der Mitarbeiter können kurz- oder langfristiger Art sein. Zu den akuten Effekten gehören Überlastungen der Muskeln oder des unteren Rückenbereichs („Verheben"). Langfristig drohen bandscheibenbedingte Erkrankungen (BAuA, 2017, S. 57).

Die Bandscheiben stellen als Bestandteil der Wirbelsäule die Beweglichkeit des Oberkörpers sicher. Darüber hinaus federn sie mögliche Stoßbelastungen des Körpers ab.

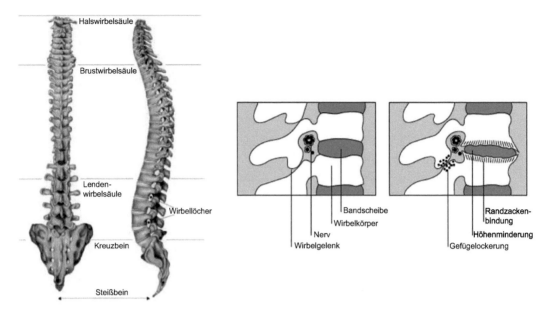

Bild 8.5 Aufbau der Wirbelsäule mit Lage und Schädigung der Bandscheibe (Quelle: Steinberg, U., Windberg, H.-J. Heben und Tragen ohne Schaden. 6. Auflage. Dortmund: BAuA, 2011 – mit freundlicher Genehmigung der BAuA)

Die Bandscheiben befinden sich zwischen den 24 Wirbeln der Wirbelsäule (Bild 8.5).Sie bestehen aus einem gallertartigen Wasserkern, der von Fasen umschlossen wird. Durch den Wechsel aus Belastung und Entlastung werden die Bandscheiben versorgt und bleiben funktionsfähig. Alter und Verletzungen befördern den Verschleiß. Aber auch durch langjähriges Heben und Tragen schwerer Lasten kann es zu einem vorzeitigen Versagen kommen. In diesem Fall sind folgende Wirkungen möglich (Schlick, C., Bruder, R., Luczak, H., 2018, S. 179):

- Bandscheibenschaden

  Die Pufferfunktion des Gallertkerns nimmt ab. Ebenso kann der Faserring beschädigt werden. Dadurch ist eine Verlagerung des Gallertkerns möglich, so dass sich die Bandscheibe wölbt und Bänder und Nervenbahnen beeinträchtigt. Durchbricht der Gallertkern den Faserring, spricht man von einem Bandscheibenvorfall.

- Degenerative Veränderungen der Wirbelgelenke

  Degenerative Veränderungen oder Erkrankungen bezeichnen in der Medizin Rückbildungen an Organen oder Zellen.

- Verformung der Wirbelkörper

  Verformungen entstehen durch Druckkräfte, denen die Wirbelkörper dauernd oder aber punktuell ausgesetzt sind.

- Reißen einzelner Muskelfasern

  Hohe Zugbeanspruchungen können zu einem Reißen der Muskelfasern beitragen.

Beim Heben und Tragen von Lasten treten im unteren Abschnitt der Wirbelsäule – der Lendenwirbelsäule – enorme Kräfte auf. Daher sind insbesondere die Bandscheiben im Lendenwirbelbereich betroffen. Die Bandscheiben der Halswirbelsäule werden dagegen eher durch das Heben und Tragen auf Schulter und Kopf belastet.

Ob es zu einer gesundheitlichen Beeinträchtigung durch die Handhabung von Lasten kommt, hängt von diversen Einflussfaktoren ab. Zu ihnen gehören die Arbeitsbedingungen ebenso wie die individuellen Leistungsvoraussetzungen. Von ausschlaggebender Bedeutung ist die körperliche Leistungsfähigkeit. Einfluss auf den Grad der Beanspruchung nehmen das Geschlecht und das Alter.

Auf Grund der unterschiedlichen Konstitution ist belegt, dass Frauen für die Lastenhandhabung im Allgemeinen über geringere Körperkräfte verfügen als Männer (Schlick, C., Bruder, R., Luczak, H., 2018, S. 62). Mit dem Alter nehmen die Körperkräfte ab, so dass Ältere bei der Lastenhandhabung stärker beansprucht werden als Jüngere.

Es ist notwendig, konstitutionelle Unterschiede bei der Gestaltung der Arbeit zu berücksichtigen.

8.2.1 Leitmerkmalmethode

In der Regel werden Fehlbeanspruchungen erst dann deutlich, wenn bereits Schädigungen aufgetreten sind. Um diese zu vermeiden, sind präventive Maßnahmen notwendig. Die Lastenhandhabungsverordnung konkretisiert in diesem Punkt die allgemeinen Forderungen des Arbeitsschutzgesetzes und fordert die Durchführung einer spezifischen Gefährdungsbeurteilung, sofern Lastenbewegungen von Hand nicht gänzlich vermieden werden können. Hierzu sind folgende Kriterien zu berücksichtigen (LasthandhabV, § 2):

- Last (z. B. Abmessungen, Gewichte, Schwerpunktlage),
- Arbeitsaufgabe (z. B. Häufigkeit, Körperhaltung, Entfernung der Last vom Körper),
- Arbeitsplatz und Arbeitsumgebung (z. B. Höhenunterschied, Stabilität und Rutschfestigkeit des Untergrundes).

Da eine Gefährdungsbeurteilung, die diesen Ansprüchen genügt, von der allgemeinen Vorgehensweise abweicht, sind spezifische Verfahren entwickelt worden. Sie lassen sich unterteilen in (DGUV Information 208-033, 2013, Kahl, 2019, S. 118):

- Einfache Screening-Verfahren

  Sie werden genutzt, um einen orientierenden Überblick über die Risiken zu erhalten, und eignen sich daher besonders für den Einstieg. Ein typischer Vertreter dieser Verfahren ist die Checkliste, wie sie beispielsweise in der DGUV Information „Belastungen für Rücken und Gelenke – was geht mich das an?" bereitgestellt wird (DGUV Information 208-033, Anhang 1). Vom Ergebnis des einfachen Screening-Verfahrens hängt ab, ob weitergehende Verfahren angewendet werden sollten.

- Spezifische Screening-Verfahren

  Spezifische Verfahren ermöglichen eine intensivere Betrachtung der Risiken. Die Verfahren sind daher für die Anwendung durch betriebliche Spezialisten (z. B. Sicherheitsfachkräfte, Betriebsärzte, Arbeitswissenschaftler) entwickelt worden. Ein weit verbreitetes Verfahren ist unter der Bezeichnung „Leitmerkmalmethode" bekannt.

- Messtechnische Verfahren

  Messtechnische Verfahren werden ausschließlich von Experten eingesetzt. Sie liefern detaillierte Ergebnisse über die Belastungssituation. Zu diesen Verfahren gehört das CUELA-Messsystem (Computer-unterstützte Erfassung und Langzeit-Analyse von Belastungen des Muskel-Skelett-Systems). Es ist in der Lage, die Belastungen des Muskel-Skelett-Systems mit Hilfe von Sensoren an dem Mitarbeitenden am Arbeitsplatz zu messen (IFA).

- Laborverfahren/Forschung

  Diese Verfahren erlauben die Messung der Belastung unter Laborbedingungen. Sie werden für wissenschaftliche Zwecke angewendet. Die Spirometrie gehört zu dieser Gruppe. Durch Messung des Atemvolumens und des Energieumsatzes wird auf die individuelle Beanspruchungssituation geschlossen (DGUV Information 208-033, S. 40).

Bild 8.6 zeigt eine Übersicht der Verfahren zur Gefährdungsbeurteilung bei manueller Lastenhandhabung. Die Genauigkeit nimmt vom einfachen Screening bis zum Laborverfahren zu. Allerdings steigt der Aufwand für die Durchführung im gleichen Maße. Für die Praxis eignen sich die Screening-Verfahren.

Bild 8.6
Manuelle Lastenhandhabung – Arten und Beispiele der Gefährdungsbeurteilung

Die Leitmerkmalmethode gehört sicherlich zu den bekanntesten Screening-Verfahren, die bei der Ermittlung der Risiken durch manuelle Lastenhandhabung in den Unternehmen genutzt werden. Sie ermöglicht verlässliche Aussagen über die Fehlbeanspruchung der Mitarbeitenden und liefert Hinweise zu Gestaltungsansätzen. Das Verfahren wurde unter Beteiligung der Bundesanstalt für Arbeitsschutz und Arbeitsmedizin (BAuA) und der Arbeitsschutzbehörden der Länder entwickelt (LASi, 2001, S. 5). Mittlerweile wurde das Verfahren angepasst und eignet sich für die Bewertung folgender Tätigkeiten (BAuA, 2019, S. 6):

- Manuelles Heben, Halten und Tragen von Lasten ≥3 kg

  Typische Tätigkeiten: Beladen und Entladen, Kommissionieren, Umladen.

- Manuelles Ziehen und Schieben von Lasten

  Typische Tätigkeiten: Führen von Gabelhubwagen oder Bewegen von Rollcontainern.

- Manuelle Arbeitsprozesse

  Unter den manuellen Arbeitsprozessen werden gleichförmige Arbeitsbewegungen verstanden, wie sie beispielsweise beim Montieren anfallen.

- Ausübung von Ganzkörperkräften

  Hierzu gehören alle Tätigkeiten, die mit einem erhöhten Kraftaufwand verbunden sind. Zu den typischen Tätigkeiten zählen Arbeiten an Flaschenzügen oder das Bewegen von Lasten auf Rollenbahnen (ohne Körperfortbewegung).

- Körperzwangshaltungen

  Eine Körperzwangshaltung liegt vor, wenn die Körperhaltung durch die Arbeit vorgegeben ist. Zu den typischen Tätigkeiten gehören das Schweißen, die Arbeit an Montagelinien oder innerhalb von Kesseln und Behältern.

- Körperfortbewegung

  Typische Tätigkeiten: Durchführung von Wartungsarbeiten, Möbeltransporte ohne Transporthilfsmittel.

In der Praxis kommt es selten vor, dass die Mitarbeitenden nur eine der genannten Tätigkeiten ausführen. Beispielsweise gehört das Heben und Tragen von Lasten ebenso zu den Tätigkeiten eines Kommissionierers wie das Bewegen eines Gabelhubwagens. Um diesen Umstand zu berücksichtigen, ist die parallele Anwendung der Leitmerkmalmethode für verschiedene Tätigkeiten vorgesehen.

Die Beurteilung erfolgt auf der Grundlage festgelegter Leitmerkmale. Art und Ausprägung der Leitmerkmale werden durch Punktwerte charakterisiert und nach einem festgelegten Berechnungsmodus zu einem Zahlenwert zusammengeführt. Dieser Zahlenwert wird mit festgelegten Risikowerten verglichen. Dadurch ist eine Aussage über die Beanspruchungshöhe und die Notwendigkeit zur Durchführung von Maßnahmen möglich.

Die zu berücksichtigenden Leitmerkmale sind auf die jeweiligen Tätigkeiten abgestellt. Das Prinzip wird nachfolgend am Beispiel „Heben, Tragen und Halten von Lasten mit einer Masse von mindestens 3 kg" erläutert.

Folgende Schritte sind vorgesehen (BAuA, 2019, S. 8-9):

1. Bestimmung des Leitmerkmals „Zeit"

   Die Zeitwichtung erfolgt über die Häufigkeit der Hebe- und Tragevorgänge je Arbeitstag. Die Zeitwichtung erfolgt in 13 Stufen (s. Tabelle 8.3).

Tabelle 8.3 Zeitwichtung (BAuA, 2019, S. 9)

Häufigkeit [bis … Mal pro Teiltätigkeit und Arbeitstag]:	5	20	50	100	150	220	300	500	750	1000	1500	2000	2500
Zeitwichtung:	1	1,5	2	2,5	3	3,5	4	5	6	7	8	9	10

2. Bestimmung des Leitmerkmals „Wirksames Lastgewicht"

   Die Wichtung der Last erfolgt geschlechtsspezifisch in neun Stufen (s. Tabelle 8.4). Die wirksame Last ist derjenige Anteil an der Gesamtlast, der auf einen Mitarbeiter entfällt, sofern die Gesamtlast von mehreren gleichzeitig gehoben und getragen wird.

Tabelle 8.4 Lastwichtung (BAuA, 2019, S. 9)

Wirksames Lastgewicht	Lastwichtung Männer	Lastwichtung Frauen
3 bis 5 kg	4	6
> 5 bis 10 kg	6	9
> 10 bis 15 kg	8	12
> 15 bis 20 kg	11	25
> 20 bis 25 kg	15	75
> 25 bis 30 kg	25	85
> 30 bis 35 kg	35	100
> 35 bis 40 kg	75	100
> 40 kg	100	100

3. Bestimmung des Leitmerkmals „Lastaufnahmebedingungen"

   Die Lastaufnahmebedingungen beschreiben die Art und Weise, wie die Last aufgenommen wird. Es werden drei Stufen unterschieden (Tabelle 8.5).

Tabelle 8.5 Lastaufnahmebedingungen (BAuA, 2019, S. 9)

Lastaufnahmebedingung	Wichtung
Lastaufnahme ist beidhändig und symmetrisch	0
Lastaufnahme ist zeitweilig einhändig und/oder unsymmetrisch, ungleiche Lastverteilung zwischen den Händen	2
Lastaufnahme ist überwiegend einhändig oder instabiler Lastschwerpunkt	4

4. Bestimmung des Leitmerkmals „Körperhaltung"

   Die Körperhaltung erfolgt anhand von Piktogrammen , die sich auf den Zeitpunkt der Lastaufnahme e und der Lastabgabe beziehen. Insgesamt werden
   zehn Kombinationen unterschieden. Bei Auswahl bestimmter Körperhaltungen wird die ergänzende Anwendung der Leitmerkmalmethode für die „Körperhaltung" empfohlen. Für Körperhaltungen mit Verdrehung oder Beugung
   des Rumpfes, besondere Lastpositionen oder das Arbeiten über Schulterhöhe
   ist die Anrechnung von Zusatzpunkten möglich (Bild 8.7).

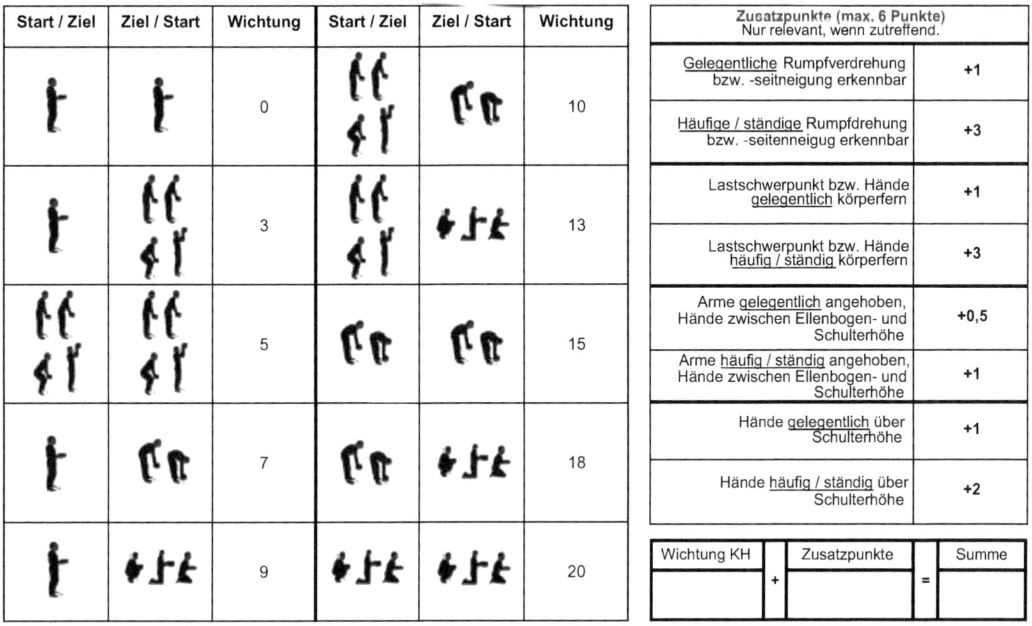

Bild 8.7 Körperhaltung (BAuA, 2019, S. 9)

5. Bestimmung des Leitmerkmals „Ungünstige Ausführungsbedingungen"

   Die Ausführungsbedingungen umfassen verschiedene Aspekte, die von der
   Hand-/Armstellung über die Umgebungsbedingungen bis zu besonderen Umständen beim Halten und Tragen reichen (Bild 8.8).

Hand- / Armstellung-bewegung	Gelegentlich am Ende der Beweglichkeitsbereiche	1
	Häufig / ständig am Ende der Beweglichkeitsbereiche	2
Kraftübertragung/ -einleitung eingeschränkt: Lasten schlecht greifbar / erhöhte Haltekräfte erforderlich / keine gestalteten Griffe / Arbeitshandschuhe		1
Kraftübertragung/ -einleitung erheblich behindert: Lasten kaum greifbar / schmierig, weich, scharfkantig / keine gestalteten Griffe / Arbeitshandshuhe		2
Umgebungsbedingungen eingeschränkt: Ungünstige Witterungsbedingungen und/oder Belastungen durch Hitze, Zugluft, Kälte, Nässe		1
Räumliche Bedingungen eingeschränkt: Zu kleine Arbeitsfläche unter 1,5 m², Boden ist mäßig verschmutzt, etwas uneben, leichte Neigung 5°, leicht eingeschränkte Standsicherheit, Last ist genau zu positionieren		1
Räumliche Bedingungen ungünstig: Stark eingeschränkte Bewegungsfreiheit oder Bewegungsraum hat zu geringe Höhe, Arbeiten auf engem Raum, Boden ist stark verschmutzt, uneben oder grob gepflastert, Stufen / Schlaglöcher, stärkere Neigung 5—10°, eingeschränkte Standsicherheit, Last ist sehr genau zu positionieren		2
Kleidung: Zusätzliche Belastung durch beeinträchtigende Kleidung oder Ausrüstung (z.B. Tragen schwerer Regenjacken, Ganzkörperschutzanzügen, Atemschutzgeräten, Werkzeuggürteln o.ä.)		1
Erschwernis durch Halten / Tragen: Die Last zwischen >5 und 10 Sekunden zu halten oder über eine Strecke zwischen >2 m und 5 m zu tragen.		2
Deutliche Erschwernis durch Halten / Tragen: Die Last > 10 Sekunden zu halten oder über eine Strecke >5m zu tragen.		5
Keine: Es liegen keine ungünstigen Ausführungsbedingung vor.		0

Bild 8.8 Ungünstige Ausführungsbedingungen (BAuA, 2019, S. 10)

6. Bestimmung des Leitmerkmals „Arbeitsorganisation/zeitliche Verteilung"

Abgefragt werden die Art und die Häufigkeit des Belastungswechsels (Tabelle 8.6).

Tabelle 8.6 Arbeitsorganisation und zeitliche Verteilung (BAuA, 2019, S. 10)

Arbeitsorganisation/zeitliche Verteilung	Wichtung
Gut: Häufige Belastungswechsel durch andere Tätigkeiten (mit anderen Belastungsarten)/ohne enge Abfolge von höheren Belastungen innerhalb einer Belastungsart an einem Arbeitstag.	0
Eingeschränkt: Selten Belastungswechsel durch andere Tätigkeiten (mit anderen Belastungsarten)/gelegentlich enge Abfolge von höheren Belastungen innerhalb einer Belastungsart an einem Arbeitstag.	2
Ungünstig: Kein/kaum Belastungswechsel durch andere Tätigkeiten (mit anderen Belastungsarten)/häufig enge Abfolge von höheren Belastungen innerhalb einer Belastungsart an einem Arbeitstag mit zeitweise hohen Belastungsspitzen.	4

Nach der Bestimmung werden die Punktwerte der Leitmerkmale „Wirksames Lastgewicht", „Lastaufnahmebedingungen", „Körperhaltung", „Ungünstige Ausführungsbedingungen" und „Arbeitsorganisation/zeitliche Verteilung" addiert und die Summe mit dem Punktwert des Leitmerkmals „Zeit" multipliziert (Bild 8.9).

Bild 8.9 Berechnungsverfahren (BAuA, 2019, S. 10)

Der errechnete Punktwert wird mit einem Risikowert verglichen, der in vier Stufen unterteilt ist. Die Unterteilung stellt die Bewertung des Risikos dar. Jede Risikostufe liefert Hinweise über den Grad der möglichen Überbeanspruchung und die Notwendigkeit zur Festlegung von Maßnahmen (s. Bild 8.10). Ein Praxisbeispiel für die Anwendung der Leitmerkmalmethode enthält der Kasten „Leitmerkmalmethode – Heben, Halten und Tragen beim Kommissionieren".

Anhand des errechneten Punktwertes und der folgenden Tabelle kann eine grobe Beurteilung vorgenommen werden:

Risiko	Risiko-bereich	Belastungs-höhe	a) Wahrscheinlichkeit körperlicher Überbeanspruchung b) Mögliche gesundheitliche Folgen	Maßnahmen
1	< 20 Punkte	gering	a) Körperliche Überbeanspruchung ist unwahrscheinlich b) Gesundheitsgefährdung nicht zu erwarten	Keine
2	20 -< 50 Punkte	mäßig erhöht	a) Körperliche Überbeanspruchung ist bei vermindert belastbaren Personen möglich. b) Ermüdung, geringgradige Anpassungsbeschwerden, die in der Freizeit kompensiert werden können	Für vermindert belastbare Personen sind Maßnahmen zur Gestaltung und sonstige Präventionsmaßnahmen sinnvoll.
3	50 -< 100 Punkte	wesentlich erhöht	a) Körperliche Überbeanspruchung ist auch für normal belastbare Personen möglich b) Beschwerden (Schmerzen) ggf. mit Funktionsstörungen, meistens reversibel, ohne morphologische Manifestation	Maßnahmen zur Gestaltung und sonstige Präventionsmaßnahmen sind zu prüfen.
4	≥ 100 Punkte	hoch	a) Körperliche Überbeanspruchung ist wahrscheinlich. b) Stärker ausgeprägte Beschwerden und/oder Funktions-störungen, Strukturschäden mit Krankheitswert	Maßnahmen zur Gestaltung sind erforderlich. Sonstige Präventions-maßnahmensind zu prüfen.

Bild 8.10 Bewertung und Beurteilung des Risikos (BAuA, 2019, S. 10)

Die Stärken der Leitmerkmalmethode sind:

- Einfache und praktikable Anwendung;
- Möglichkeit zur Beurteilung komplexer Tätigkeiten durch Verknüpfung der Verfahren;
- Berücksichtigung geschlechtsspezifischer Leistungsfaktoren;
- Rechtssicherheit;
- Hinweise zu Gestaltungsansätzen.

Leitmerkmalmethode – Heben, Halten und Tragen beim Kommissionieren

In einem Logistikunternehmen müssen regelmäßig Kartonagen aus dem Regal entnommen und auf einer Palette abgelegt werden.

Leitmerkmal	Wert	Wichtung
Häufigkeit je Arbeitsschicht:	250	4
Wirksames Lastgewicht:	ca. 9 kg	Frau: 9 Mann: 6
Lastaufnahmebedingungen:	beidhändig und symmetrisch	0
Körperhaltung:	**↑** Start **ᒉᒋ** gelegentlich Rumpfverdrehung	7 Zusatzpunkt: 1
Ungünstige Ausführungs-bedingungen:	keine	0
Arbeitsorganisation/zeit-liche Verteilung:	häufiger Belastungswechsel	0

Errechneter Punktwert:	Frau: 68 Mann: 56	Risikostufe:	Frau: 3 Mann: 3

Ergebnis:

Eine körperliche Überbeanspruchung ist auch für normal belastbare Personen möglich.

Beschwerden (Schmerzen) ggfs. mit Funktionsstörungen meistens reversibel, ohne morphologische Manifestation.

Maßnahmen zur Gestaltung und sonstige Präventionsmaßnahmen sind zu prüfen.

8.2.2 Einsatz von Exoskeletten

Das Ergebnis der Leitmerkmalmethode liefert eine Antwort auf die Frage, ob präventive Maßnahmen für die manuelle Lastenhandhabung erforderlich sind. Die Frage nach der Art der Maßnahmen beantwortet es dagegen nicht. Das wäre auch nicht zu erwarten.

Grundsätzlich lassen sich kollektive und individuelle Maßnahmen unterscheiden. Kollektive Maßnahmen bezeichnen alle Schutzvorkehrungen, die für eine Vielzahl von Personen gelten. Hierzu gehören technische Maßnahmen ebenso wie organisatorische Regelungen. Individuelle Maßnahmen beziehen sich nur auf den Schutz des Einzelnen. Tabelle 8.7 enthält eine beispielhafte Übersicht möglicher Maßnahmen.

Tabelle 8.7 Maßnahmen zur Reduzierung möglicher Überbeanspruchungen bei der manuellen Lastenhandhabung (nach DGUV Information 208-033)

Art der Maßnahme	Beispiele
Technische Maßnahmen	• Einsatz technischer Hebe- und Transporthilfen; • Gestaltung des Arbeitsraumes und des Arbeitsumfeldes.
Organisatorische Maßnahmen	• Betriebliche Regelungen über Art und Umfang der Lastenhandhabung; • Pausenregelung, Arbeitsplatzwechsel; • Einführung betrieblicher Gesundheitsförderung.
Personenbezogene Maßnahmen	• Unterweisung zum richtigen Heben und Tragen; • Berücksichtigung individueller Leistungsvoraussetzungen bei der Einsatzplanung; • Teilnahme an der arbeitsmedizinischen Vorsorge.

Grundsätzlich haben kollektive Maßnahmen Vorrang vor individuellen (s. Abschnitt 4.5). Durch die Fortschritte in der Entwicklung technischer Assistenzsysteme wird jedoch in vielen Unternehmen der Einsatz von „Exoskeletten" erwogen. Dabei handelt es sich um ein Hilfsmittel, das am Körper getragen wird und bei der Lastenbewegung mechanisch unterstützt. Exoskelette sind daher den individuellen Schutzmaßnahmen zuzuordnen.

Exoskelette sind ursprünglich nicht für die Prävention entwickelt worden. Die Entwicklung nahm ihren Anfang im Militärwesen und sollte dazu beitragen, die Leistungsfähigkeit der Soldaten zu steigern. In der zivilen Forschung fanden Exoskelette zunächst Anwendung in der beruflichen Rehabilitation. Im Vordergrund stand das Ziel, Erkrankten den Wiedereinstieg in den Beruf zu erleichtern. Ein weiteres Einsatzgebiet ist durch die Inklusion entstanden. Exoskelette können helfen, ein barrierefreies Arbeiten zu ermöglichen (Schick, 2018, S. 266).

Doch was sind Exoskelette eigentlich?

Exoskelette haben bislang noch nicht den Eingang in die Normung gefunden (Schick, 2019, S. 3). Daher gibt es bislang noch keine allgemeingültige Begriffsbestimmung. Eine gebräuchliche Definition versteht unter Exoskeletten allerdings alle mechanischen Strukturen, die am Körper getragen werden und die Leistung der Person befördern (de Looze, 2016, S. 671, Hensel, Keil, 2016, S. 253).

Exoskelette werden nach ihrem Wirkmechanismus in aktive und passive Arten unterteilt. Aktive Exoskelette sind mit einem elektrischen oder pneumatischen Antriebssystem ausgestattet. Sie sind in der Lage, den gesamten Körper oder einzelne Körperbereiche (z. B. Rumpf, Gliedmaßen) gezielt zu unterstützen. Sie benötigen einen Anschluss an die Strom- oder Druckluftversorgung des Unternehmens. Alternativ können Akkumulatoren für die elektrische Energie sorgen. Die Stärke der Unterstützung ist einstellbar (Schick, 2018, S. 266, DGUV, 2019, S. 3).

Passive Exoskelette verzichten auf eine externe Energieversorgung. Sie werden über Energiespeicher betrieben. Die Kraft wird an der Schulter aufgenommen und über die mechanische Stützstruktur in die Oberschenkel abgeleitet (s. Bild 8.11). Über ein mechanisches Federsystem oder eine Gasdruckfeder wird Energie beim Beugen gespeichert und beim Anheben abgegeben. So kann der Mitarbeitende bei seiner Arbeit unterstützt werden (Schick, 2018, S. 266, Ottobock Industrials, 2020). Überdies gibt es Mischformen. Zu den bekanntesten gehören die hybriden Systeme, bei denen die Steuerung über Nervensignale oder besondere Sensoren erfolgt.

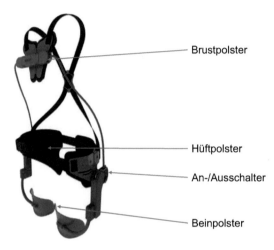

Brustpolster

Hüftpolster

An-/Ausschalter

Beinpolster

Bild 8.11
Passives Exoskelett Laevo V 2.5
(mit freundlicher Genehmigung
Laevo B. V. Delft, Niederlande)

Zur Prävention werden bevorzugt passive Exoskelette eingesetzt. Ein geringeres Lastgewicht und ein niedrigerer Preis sind die ausschlaggebenden Gründe. In der Logistik wird der Einsatz von Exoskeletten hauptsächlich für die Kommissionierung erwogen. Zu einem flächendeckenden Einsatz ist es jedoch bisher noch nicht gekommen. Dafür sind mehrere Gründe verantwortlich:

■ Nachrangige Schutzmaßnahme

Der Einsatz von Exoskeletten gehört zu den individuellen Schutzmaßnahmen. In der Maßnahmenhierarchie stehen sie daher an letzter Stelle. Aus diesem Grund ist ein Einsatz nur dann rechtlich unbedenklich, wenn die technischen und organisatorischen Maßnahmen bereits vollkommen ausgeschöpft sind (Arbeitsschutzgesetz § 4, LastenhandhabV, § 2, DGUV, 2019, S. 5).

■ Ungeklärte sicherheitstechnische Anforderungen

Die sicherheitstechnischen Anforderungen an Exoskelette sind derzeit ungeklärt. Je nach Verwendung hat vom Hersteller unterschiedliche Regelungen für Bau und Ausrüstung heranzuziehen. Exoskelette können als Maschinen im Sinne der Richtlinie 2006/42/EG (Maschinenrichtlinie) angesehen werden. Sie entsprechen der Begriffsbestimmung des Artikels 2 Nr. a – letzter Spiegelstrich. Bau und Konstruktion richten sich in diesem Fall nach Anhang I der Maschinenrichtlinie.

Exoskelette können jedoch auch als Medizinprodukte betrachtet werden, und zwar dann, wenn sie zur beruflichen Eingliederung erkrankter Mitarbeitender eingesetzt werden. Die Anforderungen werden in diesem Fall von der Verordnung (EU) 2017/745 (Medizinprodukteverordnung) festgelegt.

Eine dritte Möglichkeit für die Hersteller bietet sich durch die Verordnung (EU) 2016/425 (Verordnung über persönliche Schutzausrüstung). Diese Regelung ist heranzuziehen, wenn Exoskelette als persönliche Schutzausrüstung im Sinne individueller Schutzmaßnahmen angesehen werden.

Die gegenwärtige Rechtslage verunsichert die Hersteller und steht daher einer weiteren Verbreitung entgegen.

- Unklare Wirkungen

Mit dem Einsatz von Exoskeletten erwarten die Unternehmen eine Reduzierung der Beanspruchung und eine Abnahme der gesundheitlichen Schädigung. In wissenschaftlichen Untersuchungen wird bestätigt, dass passive Exoskelette zu einer signifikanten Entlastung des unteren Rückenbereichs führen. Dieselben Untersuchungen zeigen jedoch auch, dass andere Körperregionen (z. B. Oberschenkel) durch die Kraftumleitung stärker beansprucht werden. Dieses führt zu einer abnehmenden Akzeptanz der Nutzer (de Looze, 2016, S. 678, Hensel, Keil, 2018, S. 256). Weitere wissenschaftliche Untersuchungen sind notwendig, um ein eindeutiges Bild über die Effekte zu bekommen.

- Ungeklärte Einsatzrisiken

Derzeit gibt es eine Reihe ungeklärter Risiken beim Einsatz von Exoskeletten. In den Unternehmen werden folgende Fragen gestellt:

- Kommt es durch die Verwendung von Exoskeletten zu einer Einschränkung der Beweglichkeit?
- Erhöht sich durch Exoskelette die Stolper- und Sturzgefahr?
- Schränken Exoskelette die Fluchtmöglichkeit ein?
- Fördern Exoskelette den Muskelabbau?
- Können Funktions- oder Anwendungsfehler zu Unfallverletzungen beitragen?
- Die Fragen weisen auf weiteren Forschungsbedarf hin.

Mit dem Einsatz von Exoskeletten eröffnen sich viele Chancen für eine menschengerechte Gestaltung der Arbeit. Allerdings besteht gegenwärtig noch ein erheblicher Klärungsbedarf. Solange die Fragen noch nicht beantwortet sind, wird empfohlen, die technischen und organisatorischen Maßnahmen zur Reduktion der körperlichen Belastung auszuschöpfen, bevor der Einsatz von Exoskeletten erwogen wird (DGUV, 2019, S. 4).

■ 8.3 Psychische Belastung

Die psychische Belastung ist insbesondere seit 2013 ein Thema in den Unternehmen. Seit diesem Zeitpunkt ist sie Teil der betrieblichen Gefährdungsbeurteilung. Doch was ist eine psychische Belastung überhaupt? Und wie kann sie im Rahmen der Gefährdungsbeurteilung behandelt werden? Diese Fragen werden im ersten Teil des folgenden Abschnittes beantwortet.

Die Arbeitswelt ändert sich rasch. Neue Technologien entstehen und mit ihnen neue Arbeitsverfahren. Besonders die Logistik ist betroffen. In den Unternehmen werden technische Assistenzsysteme eingesetzt, um die Arbeit produktiver zu gestalten. Moderne Informations- und Kommunikationssysteme verkürzen die Taktzeiten. Die Mitarbeitenden reagieren darauf. Sie fühlen sich überfordert und empfinden Stress. Am Beispiel der Datenbrillen in der Kommissionierung werden die Situation der Mitarbeitenden und der gegenwärtige Forschungsstand beleuchtet.

8.3.1 Einordnung und Vorgehen

Ist von psychischer Belastung bei der Arbeit die Rede, dann verstehen viele darunter Stress und Burn-out. Nicht selten werden psychische Störungen oder psychische Krankheiten mit dem Begriff assoziiert. Tatsächlich aber meint psychische Belastung etwas vollkommen anderes. Für die Arbeitswissenschaft ist die psychische Belastung keine Krankheit, sondern der Oberbegriff für alle Anforderungen, die die Arbeitswelt an den Menschen stellt und die von ihm bewältigt werden müssen. Die psychische Belastung ist wertneutral und trifft grundsätzlich jeden Menschen. Sie wird definiert als

> *„… die Gesamtheit aller erfassbaren Einflüsse, die von außen auf den Menschen zukommen und psychisch auf ihn einwirken."*
>
> *DIN EN ISO 10075:2018-01*

Eine psychische Belastung ergibt sich aus der Arbeitsaufgabe (z. B. Art und Umfang der Verantwortung), der Arbeitsorganisation (z. B. Lage und Dauer der Arbeitszeit), den sozialen Beziehungen (z. B. kollegiale Unterstützung) und den Arbeitsumgebungsbedingungen (z. B. Lärm). Diese Arbeitsmerkmale lassen sich als Belastungsfaktoren auffassen. Sie entsprechen damit den Gefährdungsfaktoren

(s. Abschnitt 4.4.1). Die psychische Belastung kommt damit dem Gefährdungs-
begriff nahe. Allerdings gibt es einen entscheidenden Unterschied:

Während eine Gefährdung auf alle Personen dieselbe Wirkung zeigt (z. B. Absturz
aus großer Höhe), ist die Wirkung der psychischen Belastung vom Menschen und
seinen speziellen individuellen Voraussetzungen abhängig. Daher wird ein weiterer Begriff genutzt, der die kurzfristige Wirkung der psychischen Belastung
auf den Menschen beschreibt, nämlich die psychische Beanspruchung (s. Abschnitt 9.1).

Die psychische Beanspruchung kann sowohl positiv als auch negativ sein. Das Ergebnis hängt ab von der Art und Intensität der Belastung und von den individuellen Leistungsvoraussetzungen. Eine kurzfristige positive Wirkung einer hohen
Arbeitsintensität zeigt sich beispielsweise darin, dass die Arbeit mühelos von der
Hand geht. Die Arbeit wird als herausfordernd empfunden. Die Leistung steigt.

Eine negative Bewertung desselben Belastungsfaktors kann jedoch zu einer Über-
forderung führen. Fehler häufen sich, es entsteht Stress (Morschhäuser, M., Beck,
D., Lohmann-Haislah, A., 2014, S. 22). Kommt es über einen längeren Zeitraum zu
derartigen negativen Bewertungen der psychischen Belastung, dann drohen ernste
körperliche Folgen. Sie reichen von Erschöpfungszuständen und psychosomati-
schen Erkrankungen bis hin zu Depressionen (BAuA, DGUV, 2019, S. 9). Überdies
kann eine psychische Belastung auch zu einer Veränderung der Gefahrenwahr-
nehmung führen und damit das Unfallrisiko erhöhen (BAuA, 2001, S. 9).

Welche Wirkung eine psychische Beanspruchung hervorruft, ist neben den individuellen Leistungsvoraussetzungen auch eine Frage der Ressourcen (s. Abschnitt 9.1). Persönliche Bewältigungsstrategien (z. B. Stressbewältigung) können
ebenso wie ein sozial unterstützendes Verhalten der Führungskräfte oder der Kol-
legen gesundheitsförderlich wirken und daher der Entwicklung einer Fehlbeanspruchung entgegentreten (Lohmann-Haislah, 2012, S. 18).

Die Zusammenhänge lassen sich am besten mit dem systemischen Anforderungs-
Ressourcen-Modell darstellen (s. Bild 8.12).

Die Bedeutung psychischer Belastung bei der Arbeit steigt. Darauf deuten die Ergebnisse der Erwerbstätigenbefragung hin. Seit Jahren werden nahezu unverändert hohe Werte für die Arbeitsintensität registriert (BIBB/BAuA, 2018, S. 1). Auch
die Zahl der Arbeitsunfähigkeitstage durch psychische und Verhaltensstörungen
bewegt sich auf einem hohen Niveau. Mittlerweile ist diese Erkrankungsgruppe
der Hauptgrund für den vorzeitigen Renteneintritt (BMAS, 2019, S. 8).

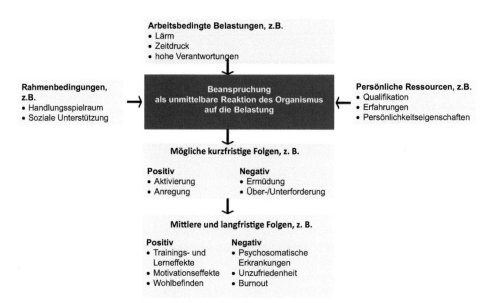

Bild 8.12   Systemisches Anforderungs-Ressourcen-Modell zur psychischen Belastung

Es gibt mehrere Gründe für diese Entwicklung. Neue Technologien und Arbeitsverfahren halten Einzug in die Arbeitswelt und führen zu immer schnelleren Produktzyklen oder kürzeren Dienstleistungszeiten. Die Verknüpfung moderner Informations- und Kommunikationstechnologien mit technischen Systemen lässt die Produktion kleinster Losgrößen zu und macht das Eingreifen des Menschen in den Arbeitsprozess zukünftig nahezu vollkommen entbehrlich. Gleichzeitig entstehen neue Arbeitsformen, die ein mobiles und flexibles Arbeiten ermöglichen. Nicht zuletzt steigt durch die Globalisierung der Druck auf die Unternehmen nach noch mehr Leistung und Effizienz (Morschäuser et al., 2014, S. 23).

In der Logistik wirken sich diese Veränderungen besonders deutlich aus. Der Einsatz moderner Assistenzsysteme (z. B. Datenbrille in der Kommissionierung) macht den Menschen zu einem Teil eines Systems, das Handlungsspielräume einschränkt und seine bisherigen Kompetenzen überflüssig werden lässt. Gleichzeitig kann das Gefühl einer kontinuierlichen Überwachung der Leistung und Effizienz entstehen (Müller, A., Diebig, M., 2018, S. 32). Nicht zuletzt steigen die Anforderungen an die Informationsverarbeitung. Alle diese Anforderungen wirken sich psychisch aus (Müller, A., Diebig, M., 2018, S. 36 ff.).

Die Unternehmen sind daran interessiert, die Mitarbeitenden möglichst lange im Arbeitsprozess zu halten, denn die demographische Entwicklung lässt zukünftig einen Personalmangel erwarten. Das Ziel zukunftsorientierter Unternehmen muss es daher sein, Fehlbeanspruchungen in Folge psychischer Belastung durch menschengerechte Arbeitsgestaltung vorzubeugen. Eine Gefährdungsbeurteilung ist die Grundlage dafür.

Das prozesshafte und iterative Vorgehen der Gefährdungsbeurteilung eignet sich grundsätzlich auch für die Analyse und Bewertung psychischer Belastung bei der Arbeit. Da die Wirkung psychischer Belastung bei der Arbeit subjektiven Bewertungen unterliegt, sind Modifikationen im Vorgehen notwendig, auf die im Folgenden eingegangen wird.

- Auswahl des Arbeitssystems

  Psychische Belastung tritt zwar an allen Arbeitsplätzen auf, aber nicht überall wird sie zu einem Problem. Im Sinne eines ressourcenschonenden Vorgehens ist es daher zweckmäßig, zunächst diejenigen Arbeitsbereiche auszuwählen, die besonders betroffen scheinen. Mögliche Indikatoren für die Auswahl bevorzugter Arbeitsbereiche sind eine Häufung von Qualitätsmängeln, hohe Fluktuation oder Krankenstände sowie Kundenbeschwerden. Es empfiehlt sich, die Gefährdungsbeurteilung zunächst in diesen Arbeitsbereichen zu beginnen (GDA Psyche, 2017, S. 9).

- Identifizierung psychischer Belastung

  Die Erfassung psychischer Belastung der Arbeit ist komplex. Daher ist es erforderlich, zunächst einmal auf die wesentlichen Belastungsfaktoren einzugehen. Tabelle 8.8 zeigt eine Übersicht möglicher Belastungsfaktoren und mögliche Parameter, deren Berücksichtigung im Rahmen der Gefährdungsbeurteilung empfohlen wird (GDA, 2018, S. 21 ff.).

Tabelle 8.8 Auswahl wesentlicher Belastungsfaktoren psychischer Belastung

Merkmal	Merkmalsbereich	Mögliche kritische Ausprägung
1. Arbeitsinhalt/ Arbeitsaufgabe	1.1 Vollständigkeit der Aufgabe	Tätigkeit enthält nur vorbereitende oder nur ausführende oder nur kontrollierende Handlungen
	1.2 Handlungsspielraum	Der/die Beschäftigte(n) hat/haben keinen Einfluss auf: Arbeitsinhalt/Arbeitspensum/Arbeitsmethoden/Arbeitsverfahren/Reihenfolge der Tätigkeiten
	1.3 Variabilität (Abwechslungsreichtum)	Einseitige Anforderung: - wenige, ähnliche Arbeitsgegenstände und Arbeitsmittel - häufige Wiederholung gleichartiger Handlungen in kurzen Takten
	1.4 Information/Informationsangebot	- Zu umfangreich (Reizüberflutung) - Zu gering (lange Zeiten ohne neue Information) - Ungünstig dargeboten - Lückenhaft (wichtige Informationen fehlen)

Tabelle 8.8 Auswahl wesentlicher Belastungsfaktoren psychischer Belastung *(Fortsetzung)*

Merkmal	Merkmalsbereich	Mögliche kritische Ausprägung
	1.5 Verantwortung	Unklare Kompetenzen und Verantwortlichkeiten
	1.6 Qualifikation	▪ Tätigkeiten entsprechen nicht der Qualifikation der Beschäftigten (Über-/Unterforderung) ▪ Unzureichende Einweisung/Einarbeitung in die Tätigkeit
	1.7 Emotionale Inanspruchnahme	▪ Durch das Erleben emotional stark berührender Ereignisse (z. B. Umgang mit schwerer Krankheit, Unfällen, Tod) ▪ Bedrohung durch Gewalt durch andere Personen
2. Arbeitsorganisation	2.1 Arbeitszeit	▪ Wechselnde oder lange Arbeitszeit ▪ Ungünstig gestaltete Schichtarbeit, häufige Nachtarbeit ▪ Umfangreiche Überstunden ▪ Unzureichende Pausengestaltung ▪ Arbeit auf Abruf
	2.2 Arbeitsablauf	▪ Zeitdruck/hohe Arbeitsintensität ▪ Häufige Störungen/Unterbrechungen ▪ Hohe Taktbindung
	2.3 Kommunikation/ Kooperation	▪ Isolierter Einzelarbeitsplatz ▪ Keine oder geringe Möglichkeit der Unterstützung durch Vorgesetzte oder Kollegen ▪ Keine klar definierten Verantwortungsbereiche
3. Soziale Beziehungen	3.1 Kollegen	▪ Zu geringe/zu hohe Zahl sozialer Kontakte ▪ Häufige Streitigkeiten und Konflikte ▪ Fehlende soziale Unterstützung
	3.2 Vorgesetzte	▪ fehlende Qualifizierung ▪ fehlende Anerkennung für erbrachte Leistungen ▪ fehlende Unterstützung im Bedarfsfall
4. Arbeitsumgebung	4.1 Physikalische und chemische Faktoren	▪ Lärm ▪ Unzureichende Beleuchtung ▪ Gefahrstoffe
	4.2 Physische Faktoren	▪ Ungünstige ergonomische Gestaltung ▪ Schwere körperliche Arbeit

Merkmal	Merkmalsbereich	Mögliche kritische Ausprägung
	4.3 Arbeitsplatz- und Informationsgestaltung	▪ Ungünstige Arbeitsräume, räumliche Enge ▪ Unzureichende Gestaltung von Hinweisen
	4.4 Arbeitsmittel	▪ Fehlendes oder ungeeignetes Werkzeug bzw. Arbeitsmittel ▪ Unzureichende Softwaregestaltung

Außer der Checkliste gibt es weitere Methoden, die zur Identifizierung psychischer Belastung bei der Arbeit herangezogen werden können. Zu diesen gehören (GDA Psyche, 2017, S. 9 ff., Resch, 2003, S. 68 ff.):

▪ Schriftliche Befragungen

Die Mitarbeitenden werden dazu aufgefordert, die Arbeitsmerkmale ihres Arbeitsplatzes mit Hilfe eines standardisierten Fragebogens zu erfassen. Die Ergebnisse werden dazu verwendet, Maßnahmen abzuleiten.

▪ Beobachtungsinterviews

Experten suchen die Arbeitsbereiche auf, beobachten die Arbeitsvorgänge und die Arbeitsumgebung und ergänzen ihre Feststellungen durch Interviews mit den Betroffenen.

▪ Moderierter Workshop

Eine Gruppe von Mitarbeitenden kommt zusammen, um die Belastungsfaktoren unter der Leitung eines Moderators zu erfassen und Gestaltungsschwerpunkte festzulegen (s. Kasten).

Arbeitssituationsanalyse

Die Arbeitssituationsanalyse ist eine Methode, die zur Identifizierung und Beurteilung psychischer Belastung bei der Arbeit herangezogen werden kann. Sie wird in Form eines moderierten Workshops unter Anleitung eines Moderators durchgeführt. An dem Workshop nehmen zwischen 8 bis 15 Mitarbeitende eines Arbeitsbereiches teil. Eine Teilnahme der Führungsebenen wird nicht empfohlen. Der Workshop ist für eine Dauer von maximal zwei Stunden angesetzt. Eine beispielhafte Gliederung des Workshops ist:

1. Einstieg zur Erläuterung des Ziels und des Ablaufs
2. Leitfrage: „Was finden Sie positiv an Ihrem Arbeitsplatz?"
3. Einschätzung: „Halten Sie eine Veränderung an Ihrem Arbeitsplatz für nicht wichtig, teilweise wichtig oder wichtig?"
4. Leitfrage mit Priorisierung: „In welchem der Bereiche Arbeitstätigkeit, Arbeitsorganisation, Arbeitsumgebung, Gruppenklima, Vorgesetztenverhalten besteht Veränderungsbedarf?"

> 5. Leitfrage: „An welche konkreten Situationen haben Sie bei Ihrer Bewertung gedacht?"
> 6. Kleingruppenarbeit: „Wie könnte das Problem aus Ihrer Sicht gelöst werden?"
> 7. Ergebnispräsentation und Abschluss
>
> BGN Die Arbeitssituationsanalyse Arbeit gesund gestalten Mitarbeiter und Führungskräfte einbinden

Jede der aufgeführten Methoden hat Stärken und Schwächen, die in Tabelle 8.9 zusammengefasst sind. Im Rahmen des GDA-Arbeitsprogramms „Psyche" hat der Steuerkreis eine Übersicht über die „Instrumente und Verfahren zur Gefährdungsbeurteilung psychischer Belastungen" (Stand: 2016) veröffentlicht (Steuerkreis GDA, 2017, S. 1994 ff.).

Tabelle 8.9 Stärken und Schwächen der Erhebungsmethoden

Methode	Stärke	Schwäche
Schriftliche Mitarbeiterbefragung	▪ Beteiligung aller Mitarbeitenden; ▪ Erfassung vieler Belastungsfaktoren möglich; ▪ Rückgriff auf standardisierte Fragebögen möglich.	▪ Hoher Aufwand für Auswertung; ▪ Mehrdeutige Ergebnisse; ▪ Keine Gestaltungshinweise.
Beobachtungsinterview	▪ Eindeutige Ergebnisse; ▪ Gestaltungshinweise.	▪ Expertenwissen erforderlich; ▪ Hoher betrieblicher Aufwand.
Moderierter Workshop	▪ Eindeutige Ergebnisse; ▪ Erarbeitung von Gestaltungshinweisen möglich.	▪ Einsatz eines kundigen Moderators; ▪ Hohe Erwartungshaltung.

- Beurteilung der psychischen Belastung

  Besondere Schwierigkeiten ergeben sich in der Praxis bei der Analyse und der Bewertung der identifizierten Arbeitsmerkmale. Grundsätzlich sind folgende Methoden möglich:

  - Orientierung an den Bewertungskriterien zur Arbeitssystemgestaltung (s. Abschnitt 4.4.1);

  - Vergleich mit Branchenwerten;

  - Bewertung durch die Betroffenen (z.B. im Rahmen eines moderierten Workshops).

- Ableitung von Maßnahmen

  Das Ziel aller Maßnahmen sollte es sein, Fehlbeanspruchungen zu vermeiden. Dieses ist zu erreichen, indem kritische Ausprägungen einzelner Belastungsfaktoren durch geeignete technische, organisatorische und individuelle Maßnahmen vermieden werden. Darüber hinaus sollten auch Maßnahmen abgeleitet werden, die geeignet sind, die individuellen und externen Ressourcen zu stärken (Kahl, 2019, S. 724).

8.3.2 Einsatz von Datenbrillen

Die Arbeit eines Kommissionierers ist klar strukturiert: Der Kommissionierer empfängt den Auftrag, begibt sich zum Lagerplatz, entnimmt die Ware, bucht den Artikel aus bevor er den nächsten Lagerplatz ansteuert. Dieser Vorgang wiederholt sich so lange, bis die Lieferung vollständig ist und zum Versand gebracht werden kann. Dann ist der nächste Auftrag an der Reihe.

Diese nüchterne Tätigkeitsbeschreibung lässt nicht erahnen, dass der Kommissionierer seine tägliche Arbeit ohne den Einsatz hochmoderner Technik kaum erledigen kann. Um den Anforderungen einer schnellen und fehlerfreien Lieferung nachzukommen, setzen die Logistikunternehmen auf moderne Informationstechnologien. Diese sorgen nicht nur für die Bereitstellung der Aufträge, sondern helfen auch bei der Suche nach dem richtigen Lagerplatz und dem passenden Artikel. „Pick-by-light" oder „Pick-by-voice" heißen die Verfahren, bei denen der Kommissionierer jeweils durch Licht- oder Tonsignale zielsicher zum richtigen Ort gelotst wird. Die Vorteile sind offensichtlich: Der Kommissionierer hat die Hände frei und kann sich ganz auf die Abarbeitung des Auftrages konzentrieren. Die Effizienz steigt.

Ein neuartiges Verfahren, das dieselben Vorteile aufweist, ist unter der Bezeichnung „Pick-by-Vision" bekannt. Der Kommissionierer erhält alle notwendigen Informationen auf einem Sichtfeld vor seinem Auge bereitgestellt. Möglich wird dieses Verfahren durch den Einsatz von Head-Mounted-Displays (HMD). Hierbei handelt es sich um kleine Anzeigegeräte, die direkt vor dem Auge getragen werden (BAuA, 2016 a, S. 5). An einem Kopfbügel oder einer Brille befestigt liefert es dem Kommissionierer alle für seine Arbeit notwendigen Informationen. Durch den Einsatz weiterer „Wearables" wie z. B. eines Ring-Scanners oder eines RFID-Armbandes sind weitere Effizienzsteigerungen möglich (Baumann, Widmer, 2018, S. 57 ff.). „Pick-by-vision" macht den Menschen zum Bestandteil eines technischen Systems.

HMDs, die auch unter der Bezeichnung „Datenbrille" bekannt sind, wurden zunächst entwickelt, um virtuelle Welten zu erzeugen. Zum Einsatz kamen ausschließlich geschlossene Systeme, bei denen die reale Welt ausgeblendet wird. Die ersten offenen Datenbrillen, die eine Wahrnehmung der Umwelt zuließen, wurden im Militärwesen zur Unterstützung der Piloten eingesetzt (Theis, 2016, S. 12).

Ein HMD besteht aus einem Traggestell (z. B. Brille), einer Displayeinheit und einem Bedienelement (Bild 8.13). Die Displayeinheit ist das Herzstück des HMD. Sie projiziert die Informationen in einem Abstand von ca. ein bis zwei Metern vor dem Auge des Benutzers. Dies entspricht der Ruheposition des Auges (Theis, 2016, S. 10). Die Verwendung zusätzlicher Einheiten wie Lautsprecher oder Tracking-Systeme ist möglich (BAuA, 2016, S. 5).

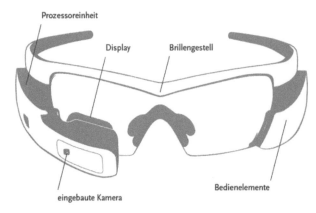

Bild 8.13
Bestandteile eines Head-Mounted-Displays
(Quelle: BAuA)

HMDs lassen sich nach monokularen und binokularen Systemen unterscheiden. Beim monokularen System werden die Informationen nur vor einem Auge eingeblendet. Das zweite Auge ermöglicht eine uneingeschränkte Sicht auf das Umfeld (s. Bild 8.14). Beim binokularen System werden beide Augen für die Informationspräsentation genutzt. Dadurch ist eine dreidimensionale Darstellung möglich. Das Umfeld wird im Hintergrund wahrgenommen. Eine weitere Differenzierung nach durchsichtigen („see-through") und geschlossenen („lookaround") HMDs ist möglich (Theis, 2016, S. 11, BAuA, 2016, S. 6).

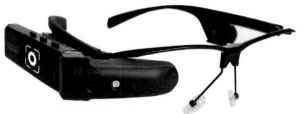

Bild 8.14
Monokulare Datenbrille
(Quelle: Picavi Gmbh)

In der Kommissionierung ist der Einsatz von monokularen Systemen üblich (BGHM, 2019, S. 1).

Durch den Einsatz von Datenbrillen verändern sich die Anforderungen an die Mitarbeitenden. Diese können sich körperlich oder auch psychisch auswirken. Unter Berücksichtigung der Ausführungen des Abschnitts 8.3.1 lassen sich folgende psychische Belastungsfaktoren beim Einsatz der Datenbrillen identifizieren:

- Arbeitsinhalt/Arbeitsaufgabe

  Der Kommissionierer hat durch „Pick-by-Vision" weder einen Einfluss auf das Arbeitspensum noch auf die Reihenfolge der Tätigkeit. Der Handlungsspielraum wird eingeschränkt. Überdies kann das Informationsangebot eine psychische Belastung darstellen.

- Arbeitsorganisation

  Ziel des „Pick-by-Vision" ist die Verbesserung der Effizienz. Eine Veränderung der Arbeitsintensität ist wahrscheinlich.

- Arbeitsumgebung

  Mögliche Belastungsfaktoren können sich aus der Art der Bedienung, der Gestaltung der Datenbrille oder der Darstellungsart ergeben.

Bislang mangelt es an Erfahrungen und Feldstudien, die den Einfluss psychischer Belastungsfaktoren beim Einsatz von Datenbrillen in der Logistik bestätigen. Rückschlüsse lassen sich derzeit lediglich aus Laborstudien ziehen. So kommt eine wissenschaftliche Vergleichsstudie bei der die Versuchspersonen eine Arbeitsaufgabe über ein monokulares HMD und alternativ über einen Tablet-PC präsentiert bekamen, zu folgenden Ergebnissen:

1. Die subjektive Beanspruchung der Versuchsteilnehmer, wurde bei Einsatz eines HMD deutlich höher bewertet als beim Tablet-PC. Dieses Ergebnis betraf geistige, körperliche und zeitliche Anforderung ebenso wie Leistung, Anstrengung und Frustration (Wille, 2016, S. 32). Die subjektive Beanspruchung nimmt mit der Zeit zu. Dieses war besonders bei älteren Versuchsteilnehmern der Fall (Wille, 2016, S. 33).

2. Tendenziell ist die geistige Ermüdung beim Einsatz eines HMD höher als beim Tablet-PC (Wille, 2016, S. 50).

3. Die überwiegende Zahl der Versuchsteilnehmer empfand die monokulare Darstellung der Informationen als anstrengender als die Darstellung auf dem Tablet-PC (Wille, 2016, S. 53).

Die Autoren der Untersuchung leiten daraus folgende Handlungsempfehlungen ab:

- Vor dem Einsatz von Datenbrillen sollte eine intensive Einführung in die Technik und deren Bedienung erfolgen.

- Um eine Gewöhnung zu erreichen, sollte die Arbeitszeit mit HMD langsam gesteigert werden.

- Die Einführung des „Pick-by-Vision"-Verfahrens sollte durch ein großzügiges Pausenregime begleitet werden. Für ältere Mitarbeitende sollten eine längere Phase der Eingewöhnung und längere und häufigere Pausen selbstverständlich sein.

Für Logistikunternehmen, die die Nutzung von Datenbrillen erwägen, ist zu empfehlen, die Handlungsempfehlungen im Rahmen der betrieblichen Gefährdungsbeurteilung psychischer Belastungen zu berücksichtigen.

Weitere Untersuchungen zur psychischen Belastung durch Einsatz von Datenbrillen unter Feldbedingungen sind dringend notwendig.

Literatur

ArbSchG. Arbeitsschutzgesetz vom 7. August 1996 (BGBl. I S. 1246), das zuletzt durch Artikel 113 des
Gesetzes vom 20. November 2019 (BGBl. I S. 1626) geändert worden ist".

BAuA. 2016. BAuA: Praxis Head-Mounted Displays – Arbeitshilfen der Zukunft Bedingungen für den
sicheren und ergonomischen Einsatz monokularer Systeme. [Online] 2016. [Zitat vom: 28. 03. 2020.]
https://www.baua.de/DE/Angebote/Publikationen/Praxis/Head-Mounted-Displays.pdf?__blob=
publicationFile&v=3.

—. **2019.** Gefährdungsbeurteilung bei physischer Belastung – die neuen Leitmerkmalmethoden (LMM)
Kurzfassung. [Online] 10 2019. [Zitat vom: 21. 03. 2020.] https://www.baua.de/DE/Angebote/Publi
kationen/Berichte/F2333-2.pdf?__blob=publicationFile&v=9.

—. **2001.** Streß im Betrieb? Handlunsghilfen für die Praxis. [Online] 05 2001. [Zitat vom: 26. 03. 2020.]
https://www.baua.de/DE/Angebote/Publikationen/Praxis/Gs20.pdf?__blob=publicationFile&v=3.

BAuA, DGUV.

—. **2019.** Ausbildung zur Fachkraft für Arbeitssicherheit. Grundbegriffe des Arbeitsschutzes. Berlin:
s. n., 2019. Version 1.06.

BAuA, DGUV P03. 2019. Teilnehmerunterlagen zur Ausbildung zur Fachkraft für Arbeitssicherheit.
Lerneinheit P03: Leistungsvoraussetzungen des Menschen als Grundlage zur Gestaltung der Arbeit. 2019. Version 3.8.

Baumann, H., Widmer, J. 2018. Vision Picking mit Smart Glasses wird zum Standard in der Logistik.
[Buchverf.] V., Spee, D. Kretschner. Kognitive ergonomie Der Mensch – eingebunden in die Logistik 4.0. München: Huss-Verlag, 2018.

BGHM. 2013. BGHM Information Mensch und Arbeistplatz in der Holz- und Metallindustrie. [Online]
Oktober 2013. [Zitat vom: 10. 03. 2020.] https://www.bghm.de/fileadmin/user_upload/Arbeits
schuetzer/Gesetze_Vorschriften/Informationen/BGHM-I_101.pdf.

—. **2019.** Fach-Information FAQ-Liste zum Einsatz von Datenbrillen an (gewerblichen) Arbeitsplätzen in
Holz- und Metallbranchen. [Online] 07 2019. [Zitat vom: 28. 03. 2020.] https://www.bghm.de/file
admin/user_upload/Arbeitsschuetzer/Fachinformationen/Fachinformationen/FI-0065_FAQ_
Datenbrillen.pdf.

BGN. Die Arbeitssituationsanalyse Arbeit gesund gestalten Mitarbeiter und Führungskräfte einbin-
den. [Online] [Zitat vom: 26. 03. 2020.] https://medien.bgn.de/catalogs/ASA_Ordner/pdf/complete.
pdf.

BIBB/BAuA. 2018. Zeitdruck und Co – Wird Arbeiten immer intensiver und belastender? [Online]
2018. [Zitat vom: 27. 03. 2020.] https://www.baua.de/DE/Angebote/Publikationen/Fakten/BIBB-
BAuA-26.pdf?__blob=publicationFile&v=7.

Blümel, S. 2015. Systemisches Anforderungs-Ressourcen-Modell in der Gesundheitsförderung. [On-
line] Bundeszentrale für gesundheitliche Aufklärung, 01. 09 2015. [Zitat vom: 15. 03. 2020.] https://
www.leitbegriffe.bzga.de/alphabetisches-verzeichnis/systemisches-anforderungs-ressourcen-
modell-in-der-gesundheitsfoerderung/.

BMAS. 2019. Sicherheit und Gesundheit bei der Arbeit – Berichtsjahr 2018 Unfallverhütungsbericht
Arbeit. [Online] 12 2019. [Zitat vom: 27. 03. 2020.] https://www.baua.de/DE/Angebote/Publikatio
nen/Berichte/Suga-2018.pdf?__blob=publicationFile&v=8.

Bullinger, H.-J. 1994. Ergonomie Produkt- und Arbeitsplatzgestaltung. Stuttgart: Teubner, 1994.

de Looze, M. P. et al. 2016. Exoskeletons for industrial application and their potential effects on physical work load. Ergonomics. 59, 2016, 5, S. S. 671 – 681.

DGUV. 2019. Einsatz von Exoskelten an gewerblichen Arbeitsplätzen. [Online] 18. 04. 2019. [Zitat vom: 22. 03 2020.] https://publikationen.dguv.de/widgets/pdf/download/article/3579.

DGUV. 2007. DGUV Grundsatz 308 -001 Ausbildung und Beauftragung der Fahrer von Flurförderzeugen mit Fahrersitz und Fahrerstand. [Online] November 2007. [Zitat vom: 11. 03. 2020.] https://publikationen.dguv.de/widgets/pdf/download/article/48.

DGUV Information 208-033. 2016. Belastungen für den Rücken und Gelenke – was geht mich das an? [Online] 02 2016. [Zitat vom: 21. 03. 2020.] https://publikationen.dguv.de/widgets/pdf/download/article/458.

DIN EN ISO 10075. 2018. DIN EN ISO 10075-1:2018-01 Ergonomische Grundlagen bezüglich psychischer Arbeitsbelastung – Teil 1: Allgemeine Aspekte und Konzepte und Begriffe . 2018.

Franke, A. 2015. Salutogenetische Perspektive. [Online] Bundeszenrale für gesundheitliche Aufklärung, 12. 05 2015. [Zitat vom: 15. 03. 2020.] https://www.leitbegriffe.bzga.de/alphabetisches-verzeichnis/salutogenetische-perspektive/.

GDA. 2018. Arbeitsschutz gemeinsam anpacken Leitlinie Beratung und Überwachung bei psychischer Belastung am Arbeitsplatz. [Online] 11. 01 2018. [Zitat vom: 30. 03. 2020.] https://www.gda-portal.de/DE/Downloads/pdf/Leitlinie-Psych-Belastung.pdf?__blob=publicationFile&v=5.

GDA Psyche. 2017. Arbeitsschutz in der Praxis Empfehlungen zur Umsetzung der Gefährdungsbeurteilung psychischer Belastung. [Online] 22. 11 2017. [Zitat vom: 27. 03. 2020.] https://www.gda-psyche.de/SharedDocs/Publikationen/DE/broschuere-empfehlung-gefaehrdungsbeurteilung.pdf?__blob=publicationFile&v=16.

GDA Steuerkreis. 2017. Instrumente und Verfahren zur Gefährdungsbeurteilung psychischer Belastung. sicher ist sicher. 68, April 2017.

Hensel, R., Keil, M. 2018. Subjektive Evaluation industrieller Exoskelette im Rahmen von Feldstudien an ausgewählten Arbeitsplätzen. Zeitschrift für Arbeitswissenschaft. 72, 2018, S. 252 – 263.

IFA. CUELA-Messsystem und Rückenmonitor. [Online] Institut für Arbeitsschutz der Deutschen gestzlichen Unfallversicherung . [Zitat vom: 21. 03. 2020.] https://www.dguv.de/ifa/fachinfos/ergonomie/cuela-messsystem-und-rueckenmonitor/index.jsp.

Kahl, A.: 2019. Arbeitssicherheit Fachliche Grundlagen. Berlin: Erich Schmidt Verlag, 2019.

LASI. 2001. Handlungsanleitung zur Beurteilung der Arbeitsbedingungen beim Heben und Tragen von Lasten. [Online] 26. April 2001. [Zitat vom: 22. 03. 2020.] https://lasi-info.com/uploads/media/lv9.pdf.

LasthandhabV. „Lastenhandhabungsverordnung vom 4. Dezember 1996 (BGBl. I S. 1841, 1842), die zuletzt durch Artikel 5 Absatz 4 der Verordnung vom 18. Oktober 2017 (BGBl. I S. 3584) geändert worden ist".

Lohmann-Haisah, A. 2012. Stressreport Deutschland 2012 Psychische Anforderungen, Ressourcen und Befinden. [Hrsg.] Bundesanstalt für Arbeitsschutz und Arbeitsmedizin. 2012.

Morschhäuser, M., Beck, D., Lohmann-Haislah, A. 2014. Psychische Belastung als Gegenstand der Gefährdungsbeurteilung. [Buchverf.] Bundesanstalt für Arbeitsschutz und Arbeitsmedizin. Gefährdungsbeurteilung psychischer Belastung. Erfahrungen und Empfehlungen. Berlin: Erich Schmidt Verlag , 2014.

Müller, A., Diebig, M. 2018. Gefährdungsbeurteilung psychischer Belastung in der Arbeit 4.0. [Buchverf.] V., Spee, D. Kretschmer. Kognitive Ergonomie – Der Mensch – eingebunden in die Logistik 4.0. München: Huss-Verlag, 2018.

Ottobock Industrials. 2020. Virtuelle Weltpremiere von Paexo Back . [Online] Ottobock Industrials, 09. 03. 2020. [Zitat vom: 23. 03. 20.] https://www.ottobock.com/de/newsroom/news/paexo-back.html.

Resch, M. 2003. Analyse psychischer Belastungen Verfahren und ihre Anwendung im Arbeits- und Gesundheitsschutz. Bern: Hans Huber, 2003.

Richtlinie 2006/42/EG. Richtlinie 2006/42/EG des Europäischen Parlaments und des Rates vom 17. Mai 2006 über Maschinen und zur Änderung der Richtlinie 95/16/EG.

Rolf Pieper. 2009. ArSchR Arbeitsschutzrecht Arbeitsschutzgestz, Arbeitssicherheitsgestz und andere Arbeitsschutzvorschriften. Frankfurt am Main: Bund-Verlag, 2009.

Schick, R. 2018. Einsatz von Exoskeletten in der Arbeistwelt. Zentralblatt für Arbeitsmedizin, Arbeitsschutz und Ergonomie. 2018, 5, S. 266 – 269.

—. **2019.** Exoskelette an gewerblichen Arbeitsplätzen – alles sicher? KAN-Brief. 2019, 3.

Schlick, C., Bruder, R., Luczak, H. 2018. Arbeitswissenschaft. Berlin: Springer-Verlag, 2018.

Theis, S. et al. 2016. Head-Mounted Displays Bedingungen des sicheren und beanspruchungsoptimalen Einsatzes Physische Beanspruchung beim Einsatz von HMDs. [Online] 2016 . [Zitat vom: 26.03.2020.] https://www.baua.de/DE/Angebote/Publikationen/Berichte/F2288.pdf?__blob=pub licationFile&v=4.

WHO. 1946. Constitution of the World Health Organization. [Online] 22.07 1946. [Zitat vom: 15.03.2020.] http://apps.who.int/gb/bd/PDF/bd47/EN/constitution-en.pdf?ua=1.

Wille, M. 2016. Head-Mounted Displays – Bedingungen des sicheren und beanspruchungsoptimalen Einsatzes Psychische Beanspruchung beim Einsatz von HMDs. [Online] 2016 . [Zitat vom: 27.03.2020.] https://www.baua.de/DE/Angebote/Publikationen/Berichte/F2288-2.pdf?__blob=pub licationFile&v=4.

9 Kritische Infrastruktur

Eine Unterbrechung logistischer Dienstleistungen kann erhebliche Auswirkungen auf das Wirtschaftssystem und die Gesellschaft haben. Nicht nur Auftraggeber und Vertragspartner sind betroffen, sondern auch die Bevölkerung, wenn lebenswichtige Güter nicht bereitstehen. In diesem Fall ist eine Beeinträchtigung der öffentlichen Sicherheit nicht ausgeschlossen. Unternehmen, die die Versorgung der Bevölkerung mit lebensnotwendigen Dienstleistungen und Gütern sicherstellen, gehören zu den kritischen Infrastrukturen. Auch die Logistikbranche zählt dazu. Die Zugehörigkeit zu den kritischen Infrastrukturen ist mit besonderen Verpflichtungen verbunden.

In diesem Kapitel wird zunächst auf die Entwicklungen und Hintergründe zu den kritischen Infrastrukturen eingegangen. Es folgen Ausführungen zu den notwendigen Vorkehrungen, die von den Betreibern kritischer Infrastrukturen zu treffen sind.

■ 9.1 Grundlagen

Moderne Gesellschaften sind auf wirksame und funktionstüchtige Infrastrukturen angewiesen. Einige von ihnen haben eine besondere Funktion für Staat, Gesellschaft und Unternehmen. Diese werden als „kritische Infrastrukturen" bezeichnet (s. Abschnitt 4.3.1).

Die Thematisierung kritischer Infrastrukturen geht zurück auf eine Initiative der Europäischen Union. In 2008 verabschiedete der Europäische Rat die Richtlinie „2008/114/EG über die Ermittlung und Ausweisung europäischer kritischer Infrastrukturen und die Bewertung der Notwendigkeit, ihren Schutz zu verbessern". Anlass für die Verabschiedung dieser Richtlinie war die Erkenntnis, dass gezielte terroristische Aktivitäten die wirtschaftliche Stabilität der Europäischen Union gefährden können. Zweck der Richtlinie ist es daher, die Mitgliedsstaaten auf gemeinsame Kriterien zur Ermittlung kritischer Infrastrukturen zu verpflichten und den Informationsaustausch über den Stand der Vorkehrungen zu fördern.

Eine „kritische Infrastruktur" im Sinne der Richtlinie ist

„[...] die in einem Mitgliedstaat gelegene Anlage, ein System oder ein Teil davon, die von wesentlicher Bedeutung für die Aufrechterhaltung wichtiger gesellschaftlicher Funktionen, der Gesundheit, der Sicherheit und des wirtschaftlichen oder sozialen Wohlergehens der Bevölkerung sind und deren Störung oder Zerstörung erhebliche Auswirkungen auf einen Mitgliedstaat hätte, da diese Funktionen nicht aufrechterhalten werden könnten;"

2008/114/EG Artikel 2 Nr. a

Darüber hinaus definiert die Richtlinie „europäische kritische Infrastrukturen". Darunter werden alle Unternehmensbranchen zusammengefasst, deren Ausfall zu Beeinträchtigungen in mindestens zwei Mitgliedstaaten führen (Richtlinie 2008/114, Artikel 2 Nr. b). Der Energiesektor gehört ebenso dazu wie die Verkehrsbranche und damit auch ein erheblicher Teil der Logistik. Tabelle 9.1 enthält eine Auflistung aller Sektoren und Branchen, die im Sinne der Richtlinie 2008/114/EG als „europäische kritische Infrastrukturen" gelistet sind.

Tabelle 9.1 Liste der Sektoren mit europäischen kritischen Infrastrukturen
(Quelle: Richtlinie 2008/114/EG Anhang I)

Sektor	Teilsektoren	
Energie	1. Strom	Infrastrukturen und Anlagen zur Stromerzeugung und Stromübertragung in Bezug auf die Stromversorgung
	1. Öl	Gewinnung, Raffinierung, Behandlung und Lagerung von Öl sowie Öltransport in Rohrfernleitungen
	1. Gas	Gewinnung, Raffinierung, Behandlung und Lagerung von Gas sowie Gastransport in Rohrfernleitungen
		LNG-Terminals
Verkehr	1. Straßenverkehr	
	2. Schienenverkehr	
	3. Luftverkehr	
	4. Binnenschifffahrt	
	5. Hochsee- und Küstenschifffahrt und Häfen	

Das Bundesministerium des Inneren hat auf der Grundlage der europaweiten Diskussionen eine „KRITIS-Strategie" veröffentlicht (BMI 2009). Die wesentlichen Aspekte dieser Strategie sind:

- Der Schutz kritischer Infrastrukturen ist eine Gemeinschaftsaufgabe für Staat, Gesellschaft und Unternehmen (BMI, 2009, S. 2).

- Die Verantwortung für die Funktionsfähigkeit und Verfügbarkeit kritischer Infrastrukturen liegt bei den Betreibern. (BMI, 2009, S. 6).

- Alle Ereignisse, die zu Einschränkungen der Funktions- und Leistungsfähigkeit kritischer Infrastrukturen führen können, lassen sich folgenden Ursachengruppen: Naturereignisse, technisches Versagen, menschliches Versagen, Terrorismus, Krieg, Kriminalität. (BMI, 2009, S. 7).

- Die KRITIS-Strategie umfasst drei Handlungsfelder (BMI 2009, S. 10). Diese sind

    - Prävention durch Ableitung und Umsetzung geeigneter Maßnahmen auf der Grundlage einer Risikobeurteilung;

    - Reaktion durch Implementierung eines wirksamen Notfall- und Krisenmanagements;

    - Nachhaltigkeit durch Information und Erfahrungsaustausch seitens Staat und Gesellschaft.

Der Kreis der Unternehmen, die den kritischen Infrastrukturen zugerechnet werden, ist durch die deutsche „KRITIS-Strategie" erweitert und konkretisiert worden. Tabelle 9.2 zeigt eine Übersicht betroffener Sektoren und Branchen. Die Logistik wird dem Sektor „Transport und Verkehr" zugerechnet.

Tabelle 9.2 Sektoren- und Brancheneinteilung kritischer Infrastrukturen

Sektoren	Branchen
Energie	- Elektrizität - Gas - Mineralöl
Informationstechnik und Telekommunikation	- Telekommunikation - Informationstechnik
Transport und Verkehr	- Luftfahrt - Seeschifffahrt - Binnenschifffahrt - Schienenverkehr - Straßenverkehr - Logistik
Gesundheit	- Medizinische Versorgung - Arzneimittel und Impfstoffe - Labore
Wasser	- Öffentliche Wasserversorgung - Öffentliche Abwasserbeseitigung
Ernährung	- Ernährungswirtschaft - Lebensmittelhandel
Finanz- und Versicherungswesen	- Banken - Börsen - Versicherungen - Finanzdienstleister

Tabelle 9.2 Sektoren- und Brancheneinteilung kritischer Infrastrukturen *(Fortsetzung)*

Sektoren	Branchen
Staat und Verwaltung	▪ Regierung und Verwaltung ▪ Parlament ▪ Justizeinrichtungen ▪ Notfall-/Rettungswesen einschließlich Katastrophenschutz
Medien und Kultur	▪ Rundfunk (Fernsehen und Radio), gedruckte und elektronische Presse ▪ Kulturgut ▪ symbolträchtige Bauwerke

Die „KRITIS-Strategie" setzt auf Freiwilligkeit in der Umsetzung notwendiger Maßnahmen. Eine rechtliche Verpflichtung zur Handlung existiert derzeit nicht. Eine Ausnahme gilt für die Informationstechnik. Durch das „Gesetz über das Bundesamt für Sicherheit in der Informationstechnik (BSI-Gesetz)" besteht die Möglichkeit, Unternehmen durch Rechtsverordnungen zur Umsetzung von Maßnahmen zur Informationssicherheit zu verpflichten. Dieses ist bisher durch die „Verordnung zur Bestimmung Kritischer Infrastrukturen nach dem BSI-Gesetz (BSI-Kritisverordnung)" geschehen. Für den Sektor „Transport und Verkehr" sind Kriterien festgelegt, die bei Erfüllung zur Einleitung und Umsetzung von Maßnahmen zur Verbesserung der Informationssicherheit verpflichten (BSI-KRITIS-VO, § 8).

■ 9.2 Vorgehensweise

Die erste und wichtigste Säule der KRITIS-Strategie ist die Prävention. Sie soll sicherstellen, dass Funktions- und Leistungsausfälle bei Eintreten eines Ereignisses ohne Wirkung bleiben. Durch eine Risikobeurteilung sollen Art und Umfang präventiver Maßnahmen festgelegt werden. In den Unternehmen ist die Risikobeurteilung im Allgemeinen seit längerem bekannt und die Grundlage für die Festlegung von Maßnahmen, um die Folgen von Naturereignissen und technischem Versagen abzufedern. Neu ist für viele Unternehmen dagegen die Nutzung der Risikobeurteilung, um sich vor Auswirkungen krimineller oder terroristischer Aktivitäten zu schützen. Daher wird im folgenden Abschnitt näher auf diesen Aspekt der Risikobeurteilung eingegangen.

Die zweite Säule der KRITIS-Strategie besteht aus der Reaktion. Diese soll sicherstellen, dass die Handlungsfähigkeit eines Unternehmens auch bei Eintritt eines Schadensereignisses erhalten bleibt. Hierzu bedarf es eines Notfall- und Krisenmanagements. Was darunter zu verstehen ist und aus welchen Bestandteilen es sich zusammensetzt, ist ebenfalls Gegenstand der folgenden Ausführungen.

9.2.1 Risikobeurteilung bei gewollten menschlichen Handlungen

Gewollte menschliche Handlungen bezeichnen alle Ereignisse, die auf kriminelle oder terroristische Aktivitäten zurückzuführen sind (s. Abschnitt 2.3). Um spezifische Vorkehrungen zum Schutz vor gewollten Eingriffen treffen zu können, bietet sich eine Risikobeurteilung an. Da die Ereignisse jedoch willentlich und zielgerichtet erfolgen, sind Anpassungen in der Durchführung erforderlich. Die Unterschiede zur Risikobeurteilung bei nicht intendierten Ereignissen ist das Thema dieses Abschnittes.

Die Risikobeurteilung besteht aus den Schritten

- Identifizierung der Gefährdungen;
- Analyse der Risiken;
- Bewertung der Risiken.

Für eine Risikobeurteilung gewollter menschlicher Handlungen ist das Vorgehen um eine Voranalyse zu erweitern. Deren Zweck ist es, Art und Umfang des gegenwärtigen betrieblichen Sicherheitsstatus zu erfassen und betrieblichen Aktivitäten zu bestimmen, die am ehesten von kriminellen oder terroristischen Handlungen betroffen sein könnten.

Zur Erfassung des betrieblichen Sicherheitsstatus ist es hilfreich, das Unternehmen als System zu begreifen. Dazu ist es notwendig, die räumlichen Systemgrenzen zu beschreiben, die das Unternehmen vom Umfeld trennen. Die umlaufende Linie in Bild 9.1 soll dieses symbolisieren. Die Linie stellt nicht nur die Systemgrenze dar, sondern symbolisiert auch die Sicherungsmaßnahmen, die von einem Angreifer zu überwinden sind. Sie hilft dabei, die bereits getroffenen Sicherungsmaßnahmen zu erfassen.

Im ersten Schritt ist es ausreichend, das gesamte Unternehmen als System aufzufassen. Zeigt es sich, dass eine Aufteilung in kleinere Einheiten (z.B. Abteilung, Anlage, Komponente) sinnvoll ist, dann kann dieses im Zug des iterativen Vorgehens problemlos zu einem späteren Zeitpunkt erfolgen.

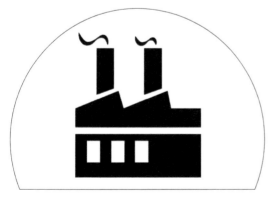

Bild 9.1
Symbolische Darstellung der
räumlichen Systemgrenzen

Nach der räumlichen Abgrenzung ist das System inhaltlich festzulegen. Hierzu sind alle Prozesse festzulegen, die innerhalb der räumlichen Systemgrenzen für das Erbringen der betrieblichen Leistung notwendig sind.

Ein Prozess wird aufgefasst als

„Satz zusammenhängender oder sich gegenseitig beeinflussender Tätigkeiten, der Eingaben zum Erzielen eines vorgegebenen Ergebnisses verwendet"

DIN EN ISO 9000, 2015, S. 33

Im Zentrum der Prozessdefinition steht die Abfolge der auszuführenden Tätigkeiten. Diese können in der Regel nur umgesetzt werden, wenn Ressourcen zur Verfügung stehen. Die Art und Weise, wie die Tätigkeit auszuführen ist, kann durch Verfahren festgeschrieben sein (s. Bild 9.2). In einem Logistikunternehmen zählen beispielsweise Fuhrpark und Flurförderzeuge zu den Ressourcen. Die Art und Weise der Ein- und Auslagerung wird möglicherweise vom Kunden oder aber von den technischen und baulichen Gegebenheiten bestimmt (Kasten „Anwendungsbeispiel „Kühlhaus"-Prozesse").

Prozesse werden in Leistungsprozesse und unterstützende Prozesse unterteilt.

Leistungsprozesse bezeichnen alle betrieblichen Tätigkeiten, die wertschöpfend sind. Dazu zählen in der Regel alle Tätigkeiten, die vom Kunden bezahlt werden (Herrmann, J., Fritz, H., 2016, S. 77). Unterstützende Prozesse tragen nur indirekt zur Leistungserbringung bei. Ohne sie können die Leistungsprozesse jedoch nicht oder nicht vollständig ausgeführt werden (Herrmann, J., Fritz, H., 2016, S. 78).

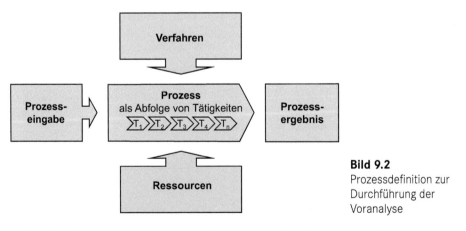

Bild 9.2
Prozessdefinition zur Durchführung der Voranalyse

 Anwendungsbeispiel „Kühlhaus" – Prozesse

Die Ein- und Auslagerung angelieferter Tiefkühlprodukte gehört zu den Leistungsprozessen eines Kühlhauses. Der Prozess setzt sich zusammen aus den Teilschritten Warenannahme, Einlagerung, Auslagerung und Warenausgabe. Als Ressourcen stehen zur Verfügung:

- Kühltechnik (Verdichter, Kondensatoren, Kühlmittel);
- Lagerflächen innerhalb eines Lagers;
- Flurförderzeuge;
- Mitarbeitende mit ihren Fähigkeiten und Fertigkeiten.

Das Verfahren der Ein- und Auslagerung der Tiefkühlprodukte ist so zu gestalten, dass die Kühlkette gewahrt bleibt und eine Durchschnittstemperatur von $-18\,°C$ eingehalten wird.

Zu den unterstützenden Prozessen des Kühlhauses zählen die Lagerverwaltung und die Instandhaltung der Kältetechnik, der Flurförderzeuge sowie der Gebäude. Notwendige Ressourcen sind die Informationstechnik und die Mitarbeitenden.

Im Rahmen der Voranalyse sind alle Leistungs- und Unterstützungsprozesse sowie deren Ressourcen zu erfassen. Die Berücksichtigung unterstützender Prozesse ist jedoch nur notwendig, wenn sie zur Ausführung der Leistungsprozesse unbedingt benötigt werden.

Zur vollständigen Erfassung empfiehlt es sich, die Ressourcen nach Menschen, Anlagen, Gerätschaften, Infrastruktur (z.B. Energieversorgung, Gebäude) und Informationen zu unterteilen (Roper, 1999, S. 34.; BMI, 2011, S. 15). Dadurch wird vermieden, dass wichtige Ressourcen übersehen werden.

Die Voranalyse ist abgeschlossen, wenn das System durch die räumlichen und inhaltlichen Grenzen beschrieben ist und ein Überblick über die getroffenen Sicherungsmaßnahmen und die Prozesse und Ressourcen vorliegt.

Im Anschluss an die Voranalyse erfolgt die Identifizierung der Gefährdungen. Da kriminelle oder terroristische Aktivitäten von einem Motiv geprägt sind (s. Abschnitt 2.3), lassen sich Gefährdungen im Hinblick auf die Unternehmensrelevanz erst dann mit Gewissheit identifizieren, wenn Klarheit über die Motive besteht. Hilfreich ist eine Übersicht über mögliche Tätergruppen und deren Motivlagen. Eine mögliche Zuordnung der Tätergruppe zur Motivlage zeigt Tabelle 9.3. Weitere Möglichkeiten der Strukturierungen finden sich in der Literatur (Roper, 1999, S. 44 ff.; Talbot/Jakeman, 2009, S. 8).

Tabelle 9.3 Tätergruppen und mögliche Motivlagen

Tätergruppe	Art der Gefährdung	Motivlage
Krimineller	materiell	Profit, Geld
Mitarbeiter eines Mitbewerbers	materiell	Geld, persönlicher Vorteil
Enttäuschter Mitarbeiter	materiell	Profit, Geld, Rache
Ehemalige Mitarbeiter	materiell	Rache, Geld
Fremdfirmenmitarbeiter	materiell	Profit, Geld
Politischer Aktivist	ideell	Aufmerksamkeit
Terrorist	ideell	Aufmerksamkeit

Neben der Kenntnis der Motivlage sind weitere Kriterien für die Identifizierung unternehmensrelevanter Gefährdungen von Bedeutung. Zu den wichtigsten gehören

- Unternehmensgröße

  Die Unternehmensgröße ist relevant, wenn es um die Festlegung der Tätergruppen geht. Es ist davon auszugehen, dass Großunternehmen auf Grund der zu erzielenden Aufmerksamkeit eher Ziel terroristischer Aktivitäten sind als Kleinunternehmen.

- Leistungsportfolio

  Der Unternehmenszweck und das Leistungsportfolio lassen Schlussfolgerungen über mögliche Tätergruppen zu. Beispielsweise ist zu vermuten, dass Unternehmen aus dem Bereich der Gefahrstoff- oder Gefahrgutlogistik eher das Ziel idealer Angriffe sind als Unternehmen der Tiefkühllogistik.

- Standort

  Geht es darum, möglichst viel Aufmerksamkeit zu erzeugen, ist zu erwarten, dass Unternehmen in Ballungszentren eher betroffen sind als Unternehmen in ländlichen Regionen.

Nachdem Motive und Tätergruppen festgelegt sind, folgt der nächste Schritt. Er besteht daraus, die Art der Gefährdung zu identifizieren. Tabelle 9.4 listet mögliche Gefährdungsarten auf und ordnet sie Tätergruppen zu.

Tabelle 9.4 Gewollte Gefährdungen und Tätergruppe (Arens, 2019)

Gefährdung	Tätergruppe
Vorsätzliche Fehlbedienung	Enttäuschte Mitarbeiter, Fremdfirmenmitarbeiter
Manipulation	Enttäuschte Mitarbeiter, Mitarbeiter eines Mitbewerbers, Fremdfirmenmitarbeiter
Herbeigeführter Fahrzeugunfall	Enttäuschte Mitarbeiter, Mitarbeiter eines Mitbewerbers, Fremdfirmenmitarbeiter
Eingriffe mit einfachem Werkzeug	Enttäuschte Mitarbeiter, Mitarbeiter eines Mitbewerbers, Fremdfirmenmitarbeiter
Eingriffe mit schwerem Werkzeug	Politische Aktivisten, Terrorist
Brandstiftung mit einfachen Mitteln	Krimineller, Mitarbeiter eines Mitbewerbers, enttäuschte Mitarbeiter, ehemalige Mitarbeiter, Fremdfirmenmitarbeiter, politischer Aktivist, Terrorist
Brandstiftung mit brandfördernden Mitteln	Mitarbeiter eines Mitbewerbers, enttäuschte Mitarbeiter, ehemalige Mitarbeiter
Sprengstoffeinsatz	Politischer Aktivist, Terrorist
Einsatz von chemischen, biologischen, radiologischen und nuklearen Agenzien	Politischer Aktivist, Terrorist

Gefährdung	Tätergruppe
Beschuss	Ehemaliger Mitarbeiter, politischer Aktivist, Terrorist
Entführung	Politischer Aktivist, Terrorist
Erpressung	Krimineller, enttäuschte Mitarbeiter, ehemalige Mitarbeiter

Die Identifizierung ist abgeschlossen, wenn mögliche Tätergruppen benannt und unternehmensspezifische Gefährdungen aufgelistet sind (Kasten „Anwendungsbeispiel „Kühlhaus" - Identifizieren der Gefährdungen").

 Anwendungsbeispiel „Kühlhaus" – Identifizieren der Gefährdungen

Das Unternehmen ist in einer Großstadt angesiedelt. Es beschäftigt 40 Mitarbeitende, von denen ein Großteil in den Verwaltungsbereichen tätig ist. Bei den eingelagerten Tiefkühlprodukten handelt es sich um Fleisch- und Fischprodukte, die zu keinen öffentlichen Diskussionen Anlass geben.

Unter Berücksichtigung dieser Randbedingungen lassen sich folgende Tätergruppen identifizieren:

- Kriminelle (beispielsweise Diebe),
- Mitarbeiter beauftragter Fremdfirmen,
- enttäuschte Mitarbeiter, die noch im Betrieb beschäftigt oder bereits ausgeschieden sind,
- Mitbewerber.

Politische Aktivisten oder Terroristen werden ausgeschlossen.

An die Identifizierung der Gefährdungen schließt sich die Analyse und Bewertung der Risiken an.

Die Analyse verfolgt das Ziel, mögliche Schadenszenarien abzuleiten, indem die Ergebnisse aus der Voranalyse und der Identifizierung der Gefährdungen zusammengeführt werden. Konkret ist zu untersuchen, welche Folgen die identifizierten Gefährdungen auf die Leistungsprozesse und deren Ressourcen haben.

Eine allgemein anerkannte Methode zur Ermittlung möglicher Szenarien ist die Ereignisablaufanalyse (s. Abschnitt 4.2.2). Ausgehend von einer Gefährdung werden mögliche Folgeereignisse bis zu einem Endzustand prognostiziert. Dabei werden alle Sicherungsmaßnahmen berücksichtigt, die geeignet sind, die schädliche Wirkung der Gefährdung zu verhindern oder zu reduzieren. Die Abläufe lassen sich in einer baumartigen Struktur - Ereignisbaum genannt - zusammenfassen.

Da betriebliche Leistungsprozesse nur mit Hilfe ihrer Ressourcen zu gewährleisten sind, sind sie das eigentliche Ziel der Gefährdungen. Es gilt also, die identifizierten Gefährdungen in ihren möglichen Wirkungen auf die Ressourcen abzuschätzen (Kasten „Anwendungsbeispiel „Kühlhaus - Gefährdungen und Ressourcen").

Anwendungsbeispiel „Kühlhaus" – Gefährdungen und Ressourcen

Der Einfluss der identifizierten Gefährdungen auf die Ressourcen des Kühlhauses lässt sich in Form einer Matrix darstellen.

	Mitarbei-tende	Kälte-technik	Flur-förder-zeuge	Lager-halle	Informa-tions-technik
Vorsätzliches Fehlbedienen		relevant	relevant		relevant
Manipulation		relevant	relevant		relevant
Herbeigeführter Fahrzeugunfall	relevant	relevant			
Eingriffe mit einfachem oder schwerem Werkzeug		relevant	relevant		relevant
Brandstiftung		relevant	relevant	relevant	relevant

Die möglichen Folgen eines Gefährdungsereignisses werden durch Umfang und Qualität der getroffenen Sicherungsmaßnahmen bestimmt. Folgende Fragen sollten hierzu beantwortet werden:

1. Ist das physische Erreichen der für die identifizierten Prozesse erforderlichen Ressourcen durch den Täter möglich? Welche Sicherungsmaßnahmen verhindern oder behindern das Erreichen der Ressourcen?

2. Ist bei Ausfall der Ressource eine Redundanz gegeben beziehungsweise ist eine umgehende Ersatzbeschaffung möglich?

Die Reduktion der Sicherungsmaßnahmen auf die vorgenannten Fragestellungen lässt eine hinreichende Modellierung der Ereignisbäume zu. Die Ergebnisse entscheiden im Einzelfall darüber, inwieweit eine ausführlichere Betrachtung sinnvoll ist.

In den allermeisten Fällen ist eine qualitative Betrachtung der Szenarien ausreichend. Allerdings lässt die Ereignisbaumanalyse eine Quantifizierung zu. Voraussetzung ist die Beurteilung des Schadensausmaßes und der Eintrittswahrscheinlichkeit. In der Praxis bereitet die Einschätzung der Eintrittswahrscheinlichkeit für gewollte menschliche Handlungen Schwierigkeiten. Diese kann man umgehen, wenn die Eintrittswahrscheinlichkeit unterteilt wird in die Bedrohungswahrscheinlichkeit und die Erfolgswahrscheinlichkeit. Alle Einflüsse, die die Motivation des Täters und die Attraktivität des Angriffsziels beinhalten, werden in der Bedrohungswahrscheinlichkeit zusammengefasst. Die Erfolgswahrscheinlichkeit bezeichnet das Gelingen des Angriffs. Sie lässt sich an Umfang und Güte der Sicherungsmaßnahmen zur Abwehr des Angriffs abschätzen.

Neben diesem Ansatz gibt es weitere Möglichkeiten zur Quantifizierung. Eine Übersicht ist bei Talbot/Jakeman nachzulesen (Talbot, Jakeman, 2009, S. 143 ff.).

Am Ende der Analyse liegt eine Zusammenstellung aller denkbaren Szenarien vor. Es schließt sich die Bewertung als letzter Schritt der Risikobeurteilung an Für die Bewertung eignet sich eine Risikomatrix bestehend aus den Variablen Erfolgswahrscheinlichkeit und Schadensausmaß. Erforderlich ist die Festlegung eines Grenzrisikos, das den akzeptablen vom nicht akzeptablen Bereich unterscheidet. Gegebenenfalls sind in Bezug auf das Schadensausmaß gesetzliche oder vertragliche Regelungen zu berücksichtigen (s. Abschnitt 4.3).

Am Ende der Analyse und Bewertung steht ein Überblick, welche Szenarien besonders wahrscheinlich und folgenschwer sind, so dass möglicherweise weitere Vorkehrungen getroffen werden müssen.

9.2.2 Notfall- und Krisenmanagement

Schadensereignisse lassen sich trotz aller Präventionsanstrengungen nicht vollkommen ausschließen. In diesem Fall kommt es darauf an, den Schaden für Mensch, Umwelt und Betrieb möglichst gering zu halten. Das ist das Ziel eines betrieblichen Notfall- und Krisenmanagements. Es soll die Handlungsfähigkeit bei Eintritt eines Schadensereignisses erhalten oder diese schnellstmöglich wiederherzustellen (vgl. ONR 49002-3, 2014, S. 4; BMI, 2011, S. 22; VBG, 2017, S. 30). Das Notfall- und Krisenmanagement ergänzt damit die betrieblichen Maßnahmen zur Schadensvermeidung. Doch aus welchen Elementen besteht ein wirkungsvolles Notfall- und Krisenmanagement? Bevor auf diese Frage eingegangen werden kann, ist es notwendigerweise zu klären, was Notfälle oder Krisen voneinander unterscheidet.

Ein Blick auf die Nachrichtenlage konfrontiert den Interessierten nahezu täglich mit den Begriffen „Notfall" und „Krise". Beide Begriffe – so hat es den Anschein – werden nahezu synonym verwendet. Aber sie werden unterschiedlich konnotiert.

Das Digitale Wörterbuch der Deutschen Sprache (DWDS) definiert den Notfall als

„plötzlich eintretende schwierige, gefahrvolle Situation"

DWDS

Demgegenüber bezeichnet die Krise eine

„schwierige, gefährliche Lage, in der es um Entscheidung geht"

DWDS

Der Vergleich beider Definitionen zeigt Gemeinsamkeiten, aber auch Unterschiede. Sowohl der Notfall als auch die Krise stehen für gefährliche Situationen. Aber offensichtlich ist der Handlungsdruck in der Krise größer, da sie mit Entscheidungen in Verbindung steht.

In den Wirtschaftswissenschaften ist die Unternehmenskrise bekannt. Sie bezeichnet eine Situation, die mit einer Existenzgefährdung und einer Abnahme der Handlungsoptionen einhergeht (vgl. Krystek, U. /Lentz, M., 2013, S. 31).

In der Sicherheitstechnik werden dagegen beide Begriffe verwendet. Allerdings werden sie häufig synonym verwendet. Tabelle 9.5 zeigt eine Auflistung weit verbreiteter Definitionen zum Notfall und zur Krise. Die Auflistung erhebt keinen Anspruch auf Vollständigkeit und enthält nur diejenigen Quellen, die eine beide Begriffe voneinander unterscheiden.

Tabelle 9.5 Notfall und Krise – Übersicht veröffentlichter Definitionen (Arens, 2020)

Quelle	Definitionen	
	Notfall	Krise
BSI Grundschutz BSI-Standard 100-4, Version 1.0, 2008	„[...] Schadensereignis, bei dem Prozesse oder Ressourcen einer Institution nicht wie vorgesehen funktionieren. Die Verfügbarkeit der entsprechenden Prozesse oder Ressourcen kann innerhalb einer geforderten Zeit nicht wieder-hergestellt werden. Der Geschäftsbetrieb ist stark beeinträchtigt. [...] Es entstehen hohe bis sehr hohe Schäden, die sich signifikant und in nicht akzeptablem Rahmen auf das Gesamtjahresergebnis eines Unternehmens oder die Aufgabenerfüllung einer Behörde auswirken. Notfälle können nicht mehr im allgemeinen Tagesgeschäft abgewickelt werden, sondern erfordern eine gesonderte Notfallbewältigungsorganisation."	„[...] eine vom Normalzustand abweichende Situation [...], die trotz vorbeugender Maßnahmen im Unternehmen bzw. der Behörde jederzeit eintreten und mit der normalen Aufbau- und Ablauforganisation nicht bewältigt werden kann. [...] Ein typisches Merkmal einer Krise ist die Einmaligkeit des Ereignisses. Notfälle, [...] können eskalieren und sich zu einer Krise ausweiten. Unter einer Krise wird dann ein verschärfter Notfall verstanden, in dem die Existenz der Institution oder das Leben und die Gesundheit von Personen gefährdet sind. Die Krise konzentriert sich auf das Unternehmen oder die Behörde und beeinträchtigt nicht breitflächig die Umgebung oder das öffentliche Leben. [...]."
BBK-Glossar, 2018	„Situation mit dem Potenzial für oder mit bereits eingetretenem Schaden an Schutzgütern, die neben Selbsthilfemaßnahmen des Einzelnen staatlich organisierte Hilfeleistung erforderlich machen kann."	„Vom Normalzustand abweichende Situation mit dem Potenzial für oder mit bereits eingetretenem Schaden an Schutzgütern, die mit der normalen Aufbau- und Ablauforganisation nicht mehr bewältigt werden kann, so dass eine Besondere Aufbauorganisation (BAO) erforderlich ist."

Quelle	Definitionen	
	Notfall	Krise
VBG, 2017, S. 38	„[…] ist ein plötzliches, in der Regel unvorhersehbares, auf eine Organisation begrenztes Schadensereignis mit schwerwiegenden Folgen, welches außerordentliche Maßnahmen und rasches Eingreifen erfordert. […]. Ein Notfall stellt eine erhebliche Gefährdung von Leben, Gesundheit, Umwelt oder sonstigen bedeutsamen Rechtsgütern dar."	„Eine vom Normalzustand abweichende, sich plötzlich oder schleichend entwickelnde Lage, die durch ein Risikopotenzial gekennzeichnet ist, das Gefahren und Schäden für Leib und Leben von Menschen, bedeutende Sachwerte, schwerwiegende Gefährdungen des politischen, sozialen oder wirtschaftlichen Systems in sich birgt und der Entscheidung bedarf […]. Sie betrifft ein Unternehmen als Ganzes und erfordert außerordentliche Maßnahmen zu ihrer Bewältigung, […]"
ONR 49000 2014 S. 6	„plötzliches und für gewöhnlich unvorhergesehenes Ereignis mit schwerwiegenden Folgen, das in der Regel nur auf eine Organisationseinheit begrenzt ist, und das außerordentliche Maßnahmen und ein rasches Eingreifen erfordert"	„Situation, die organisationsweit außerordentliche Maßnahmen erfordert, weil bestehende Organisationsstrukturen und Prozesse zu ihrer Bewältigung nicht ausreichen"

Aus der Gegenüberstellung lassen sich folgende Unterschiede feststellen:

- Der Notfall wird in Verbindung mit einem konkreten Ereignis gebracht; die Krise bezeichnet dagegen eher eine Lage oder eine Situation.

- Der Notfall beschränkt sich auf einen Teil der gesamten Organisation, während die Krise die gesamte Organisation betrifft.

- Zur Bewältigung einer Krise ist ein größerer Aufwand erforderlich als zur Bewältigung eines Notfalls.

Ein weiteres Merkmal der Krise ist der Entscheidungszwang. Dieser leitet sich ab aus der Komplexität der Situation und deren unvorhersehbaren Entwicklung (S 1002, 2011, S. 8; Steinbeis-Hochschule Berlin; Bédé, A., 2009, S. 45).

Aus der Gegenüberstellung lässt sich weiterhin der Schluss ziehen, dass Notfall und Krise zeitlich miteinander in Verbindung stehen. Offensichtlich geht der Notfall einer Krise voraus (BSI-Standard 100-4, 2008). Berücksichtigt man ferner, dass das Ereignis dem Notfall zeitlich vorgelagert ist (BSI-Standard 100-4, 2008; VBG, 2017, S. 38; ONR 49000, 2014, S. 6), dann lässt sich eine Entwicklungskurve darstellen, wie sie Bild 9.3 zeigt. Der „Normalzustand" in der Darstellung bezeichnet eine Situation ohne Notfall oder Krise.

Die Darstellung beruht auf der Annahme, dass die Ereignisse plötzlich eintreten. In den Wirtschaftswissenschaften kennt man darüber hinaus noch eine andere Variante. Sie hat ihren Ausgang im Allgemeinen in einer falschen strategischen Ausrichtung des Unternehmens, einem Verlust der Marktposition oder in einer Ertragsschwäche (Töpfer, 2013, S. 241). Um derartigen Krisen zu begegnen, bedarf es spezieller Maßnahmen, die sich erheblich von denen unterscheiden, die im Falle eines plötzlichen Ereignisses notwendig werden.

Das Notfall- und Krisenmanagement, das nachfolgend beschrieben wird, entspricht ausschließlich dem Grundmuster einer plötzlichen Entwicklung, wie sie sich aus Bild 9.3 ergibt.

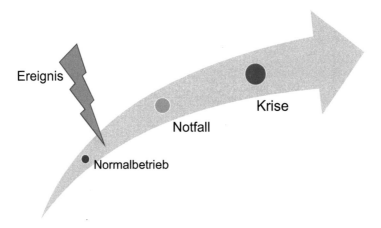

Bild 9.3 Eskalationsmodell vom Ereignis zur Krise

Insbesondere Logistikunternehmen sind gut beraten, sich um ein funktionierendes Notfall- und Krisenmanagement zu kümmern. Außer der Zugehörigkeit zu den kritischen Infrastrukturen sprechen folgende Gründe dafür:

- Tätigkeit entlang der Wertschöpfungskette

  Logistik findet entlang der gesamten Wertschöpfungskette statt. Sie sorgt für die Bereitstellung der Verbrauchsgüter, kümmert sich um zeit-, mengen- und qualitätsgesicherte Anlieferung der benötigten Bauteile und Baugruppen in der Fertigung, organisiert die Auslieferung an die Kunden und stellt die Entsorgung problematischer Stoffe und Produkte sicher (Koether, 2011, S. 30, 31). Ein Arbeitsunfall in der Beschaffungslogistik hat möglicherweise behördliche Ermittlungen zur Folge, die zu einer Betriebsunterbrechung führen und sich in der Folge negativ auf die Fertigung auswirken. In der Entsorgungslogistik drohen möglicherweise behördliche Sanktionen, wenn Stoffe oder Produkte freigesetzt werden, die die Menschen oder die Umwelt nachhaltig schädigen. Ein Notfall- und Krisenmanagement unterstützt dabei, die Auswirkungen auf die Wertschöpfungskette zu minimieren.

■ Teil einer Supply Chain

In einer Supply Chain ist die Zahl der beteiligten Unternehmen wesentlich größer als in einer herkömmlichen Lieferkette. Während die Lieferkette in der Regel nur den direkten Lieferanten und Kunden kennt, umfasst die Supply Chain weitere Beteiligte. Ein komplexes Unternehmensnetzwerk aus Lieferanten-, Kunden- und Handelsgruppen entsteht (vgl. Schulte, 2017, S. 21). Diese Besonderheit kann dazu führen, dass die Möglichkeit für einen Notfall oder eine Krise allein durch die große Zahl der miteinander agierenden Unternehmen zunimmt. Die Auswirkungen auf das eigene Unternehmen sind auf Grund der komplexen Verbindungen deutlich schwieriger vorhersehbar. Ein Notfall- und Krisenmanagement ist daher eine gute Vorbereitung.

Ein Notfall- und Krisenmanagement besteht aus vielen einzelnen Bausteinen. Da sind zunächst einmal die Prozesse, die dafür sorgen sollen, den Schaden zu begrenzen und die Handlungsfähigkeit zu erhalten. Damit die Prozesse wirken können, sind Voraussetzungen zu schaffen. Mit ihnen beginnt der Aufbau eines wirksamen Notfall- und Krisenmanagements.

Voraussetzungen

Eine Notfall- und Krisenvorsorge ist nur dann besonders wirkungsvoll, wenn sie von allen unterstützt wird. Daher ist zunächst die Frage zu beantworten, wie Mitarbeitende und Führungsebene für das Thema sensibilisiert werden können. Hierzu ist das Engagement der Unternehmensleitung erforderlich.

Ein Notfall- und Krisenmanagement beginnt mit einer Erklärung der Unternehmensleitung, in der die Notwendigkeit einer Notfall- und Krisenvorsorge betont wird und Führungskräfte und Mitarbeitende zur Unterstützung aufgefordert werden. Die Unternehmenserklärung ist ausreichend zu kommunizieren (BGRCI, 2015, Nr. 1.1, S. 2).

Um eine breite Unterstützung zu schaffen, empfehlen sich folgende Maßnahmen:

■ Erarbeitung besonderer Führungsgrundsätze für das Notfall- und Krisenmanagement

Die Führungskräfte nehmen großen Einfluss auf die Wirksamkeit der Notfall- und Krisenvorsorge. Sie entscheiden nicht nur über den Umfang der technischen und organisatorischen Maßnahmen, sondern sie tragen durch ihr Vorbildverhalten entscheidend dazu bei, die Bedeutung der Notfall- und Krisenvorsorge gegenüber den Mitarbeitenden herauszustellen. Um die Unterstützung zu fördern, sind die Erwartungshaltungen an das Führungsverhalten zu kommunizieren und die sich daraus ableitenden Verpflichtungen einzufordern (BGRCI, 2015, Nr. 1.1, S. 3).

- Festlegung allgemeiner Verhaltensregeln für den Notfall

    Die Bewältigung eines Notfalls oder das Abwenden einer Krise kann nur gelingen, wenn sich alle Betroffenen an festgelegte Verhaltensregeln halten. Dies gilt nicht nur für die eigenen Unternehmensangehörigen, sondern auch für die Mitarbeitenden der Fremdfirmen oder für Besucher. Die Verhaltensregeln umfassen die Pflicht, Informationen zu den Alarmierungswegen, den Fluchtwegen, den Standorten der Feuerlöscheinrichtungen und den Sammelplätzen intensiv zu kommunizieren. Jeder, der sich in dem Unternehmen aufhält, sollte diese Regeln kennen und beherrschen (BGRCI, 2015, Nr. 1.1, S. 4).

- Schaffung personaler Ressourcen

    Mit der Bestellung engagierter und qualifizierter Funktionsträger wird das Ziel verfolgt Beratungsbedarf bei Unternehmensleitung und Führungskräften zu decken und im Not- oder Krisenfall für eine reibungslose Umsetzung der festgelegten Abläufe zu sorgen. Insbesondere ist der Personenkreis festzulegen, der als Ansprechpartner für Feuerwehr und Rettungsstellen vorgesehen ist (BGRCI, 2015, Nr. 1.3, S. 2).

    In den Unternehmen nehmen Notfallbeauftragte und Notfallmanager im Allgemeinen diese Aufgaben wahr. (BGRCI, 2015, Nr. 1.3, S. 2). Der Notfallbeauftragte sorgt für die fachliche Beratung und Unterstützung der Unternehmensführung und des Managements. Der Notfallmanager übernimmt im Notfall die Einsatzleitung vor Ort und sichert die Kommunikation. Hierzu bedarf es eines Weisungsrechts (BGRCI, 2015, Nr. 1.3, S. 5).

    Tabelle 9.6 listet Aufgabenschwerpunkte für den Notfallbeauftragten und den -manager auf.

Tabelle 9.6 Beispielhafte Aufgabenschwerpunkte für betriebliche Notfallbeauftragte und Notfallmanager (vgl. BGRCI, 2015, Nr. 1.3, S. 5)

Notfallmanager	Notfallbeauftragte
Einsatzleitung bei Notfällen, z. B. Festlegen der Prioritäten, Steuerung des Personal- und Materialeinsatzes	Beratung der Betriebsleitung, z. B. bei Einführung neuer Verfahren und Techniken, Auswertung betrieblicher Daten
Ansprechperson zur Steuerung der Kontakte gegenüber Behörden und Organisationen mit Sicherheitsaufgaben etc.	Aufstellen, Anpassen und Verbessern von Notfall- und Krisenplänen
Steuerung der Kommunikation, z. B. Umgang mit Presse, Berichte an die Unternehmensführung etc.	Unterstützung der Aus- und Fortbildung

Es kann sinnvoll sein, bereits benannte Funktionsträger in den Unternehmen zusätzlich mit den Aufgaben des Notfallbeauftragten bzw. -managers zu betrauen. Hierzu bieten sich die Sicherheitsfachkräfte oder Störfall- und Gefahrgutbeauftragte an (s. Abschnitt 3.2.2). Es ist daran zu denken, die Funktionsträger innerhalb des Unternehmens und gegenüber externen Stellen bekanntzugeben (BGRCI, 2015, Nr. 1.2, S. 4).

Prozesse

Die Prozesse haben den Zweck, einer Eskalation des Ereignisse entgegenzuwirken. Folgende Prozesse kommen hierzu in Frage:

- Ermittlung und Bewertung möglicher Notfall- und Krisenszenarien

  Ein Bestandteil der Risikominderung ist die Vorbereitung auf Notfälle und Krisen (Steinbeis-Hochschule Berlin, Bédé, A., S. 25; BMI, 2011, S. 22; Schmitt, 2010, S. 50).

  Die Vorbereitung auf Notfall- und Krisensituationen beginnt mit der Ermittlung der Schadensquellen. Daraus lassen sich mögliche Notfall- oder Krisenszenarien ableiten (BGRCI, 2015, Nr. 2.1, S. 3; ONR 49002-3, 2014, S. 6). Deren Bewertung wiederum ist die Grundlage für die Festlegung und Umsetzung sämtlicher Vorkehrungen zur Notfall- und Krisenvorsorge.

  Nachdem die Schadensquellen ermittelt worden sind, sind sie in Bezug auf ihre Bedeutung und ihren Einfluss zu analysieren und zu bewerten. Das Ergebnis ist eine Übersicht über alle Notfall- oder Krisenszenarien mit unübersehbaren Folgen für das Unternehmen. Diese Ergebnisse bilden die Eingaben für den sich anschließenden Prozess zur Festlegung und Umsetzung von Vorkehrungen zur Notfall- und Krisenvorsorge.

  Wie bei jedem wirkungsvollen Prozess sollte auch der Prozess zur Ermittlung und Bewertung von Notfall- und Krisenszenarien so gestaltet werden, dass eine wiederkehrende Überprüfung der Ergebnisse stattfindet.

- Wirksamkeit des Notfall- und Krisenstabs

  Kennzeichen eines Notfalls und einer Krise ist die Umsetzung außergewöhnlicher Maßnahmen. Der Notfall- und Krisenstab ist Teil dieser besonderen Maßnahmen. Seine Aufgabe ist es, Führungskräfte im Falle eines Notfalls oder einer Krise bei der Wahrnehmung ihrer Aufgaben zu unterstützen. Daher wird der Stab definiert als

  „[…]Beratungs- und Unterstützungsgremium, das der Person, die in einer kritischen Situation entscheidet, zuarbeitet und dazu bestimmte Rollen, Strukturen sowie Informationsflüsse nutzt."

  Heimann, R., Hofinger, G., 2016, S. 4

Ursprünglich im Militärwesen entstanden hat sich die Stabsarbeit in den vergangenen Jahren immer stärker auch in den Unternehmen durchgesetzt. Diese Entwicklung steht im Zusammenhang mit einer Zunahme der Komplexität der Arbeitswelt. Die verantwortlichen Führungskräfte treffen auf Situationen, die nicht zu ihrem alltäglichen Geschäft gehören. Fehlerhafte Entscheidungen auf Grund mangelnder Erfahrungen können fatale Auswirkungen haben. In Unternehmen, die dem Störfallrecht unterliegen, ist die Einrichtung von Notfall- und Krisenstäben seit langem ein etabliertes Instrument (vgl. Hummel, Jetten, 2016, S. 69).

Zu den besonderen Merkmalen eines Notfall- und Krisenstabes gehört die Arbeit auf Zeit. Die Stabsmitglieder kommen zusammen mit dem Ziel, die Notfall- oder Krisensituation zu bewältigen. Während dieser Zeit handeln sie autonom und vollkommen unabhängig von den üblichen betrieblichen Entscheidungsstrukturen (vgl. Heimann, R., Hofinger, G., 2016, S. 6). Erst wenn die Aufgabe des Stabes erfüllt ist, d. h. der Notfall oder die Krise bewältigt ist, löst sich der Stab auf und die Stabsmitglieder kehren zurück zu ihren gewohnten Tätigkeiten.

Die besondere Stellung und die besonderen Aufgaben erfordern eine an Sachgebieten ausgerichtete Zusammensetzung des Stabes. Viele Unternehmen orientieren sich dabei an dem Aufbau öffentlicher Stäbe. Bild 9.4 zeigt die den Aufbau am Beispiel eines Feuerwehrstabes.

Jedem Sachgebiet sind festgelegte Aufgaben zugewiesen. So ist z. B. das Einholen von Lageinformationen und deren Bewertung Angelegenheit des Sachgebiets „Lage" (FwDV 100, 1999).

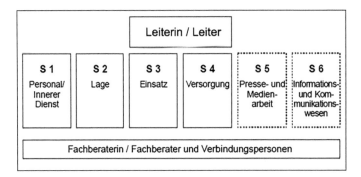

Bild 9.4 Stabsaufbau bei der Feuerwehr (Quelle: FwDV 100, 1999)

Bild 9.4 weist auf ein weiteres Merkmal der Stabsarbeit hin, nämlich die hierarchische Struktur. Alle Sachgebiete sind einer Stabsleitung zugeordnet. Zu den Aufgaben der Stabsleitung gehört es, Entscheidungen zu treffen, sich von der Wirkung der eingeleiteten Maßnahmen zu überzeugen, die Führungsebenen im Unternehmen über den Sachstand zu unterrichten und nach erfolgreicher Bewältigung des Notfalls oder der Krise die besondere Organisationsform und Zusammenarbeit für beendet zu erklären (vgl. Steinbeis-Hochschule Berlin, Bédé, A., 2009, S. 57).

Damit ein Notfall- und Krisenstab erfolgreich tätig werden kann, sind umfangreiche Vorbereitungen im Unternehmen zu treffen. Hierzu gehören die Auswahl und Qualifikation der Stabsmitglieder, die Bereitstellung einer geeigneten Infrastruktur, die Festlegung der Aufgabenverteilung und die Kriterien für Aufnahme und Beendigung der Stabsarbeit. Da die Stabsarbeit nicht zu den alltäglichen Aufgaben gehört, ist es notwendig, die Funktionsfähigkeit und Wirksamkeit des Stabes festzustellen. Hierzu dienen regelmäßige Übungen. Damit sie zu Verbesserungen führen, müssen sie sich an Zielen orientieren. Diese lassen sich unterteilen in (vgl. Hofinger, G., Heimann, R., Kranaster, M., 2016, S. 236):

- Stabsbezogene Ziele

  Stabsbezogene Ziele sind darauf ausgerichtet, die Eignung der Stabsorganisation und der -prozesse zu überprüfen. Konkret geht es z.B. um den Zuschnitt der Sachgebiete, den Qualifikationsstand der Stabsmitglieder, die Eignung der Räumlichkeiten, der Ausrüstung und der Abläufe (z.B. Alarmierungswege, Kommunikationswege, Dokumentation etc.).

- Lagebezogene Ziele

  Lagebezogene Ziele dienen der Feststellung, inwieweit die betrieblichen Vorkehrungen zur Bewältigung der Lage ausreichend sind. Im Mittelpunkt stehen die Entscheidungen des Notfall- und Krisenstabes sowie die sächlichen, organisatorischen und personellen Mittel zur operativen Bewältigung der Übungslage.

- Interaktionsbezogene Ziele

  Interaktionsbezogene Ziele verfolgen den Zweck, die Zusammenarbeit innerhalb des Stabes zu verbessern. Überdies sollen sie darauf ausgerichtet sein, die inner- und außerbetriebliche Kommunikation zu verbessern. eine Verbesserung der Kommunikation und Zusammenarbeit innerhalb des Stabes und innerhalb und außerhalb des Unternehmens an.

Die Planung, Durchführung und Auswertung der Übung ist mit großem Aufwand verbunden. Sie ist jedoch notwendig, um im Notfall oder in der Krise auf ein funktionsfähiges Gremium zurückgreifen zu können.

- Notfall- und Krisenkommunikation

Die Notfall- und Krisenkommunikation ist angesichts der bestehenden modernen Kommunikationsmöglichkeiten ein wichtiger Bestandteil eines wirksamen Notfall- und Krisenmanagements. Die Art und Weise, wie kommuniziert wird und welche Informationen zu welchem Zeitpunkt geliefert werden, entscheidet darüber, wie die Situation in der Belegschaft, aber auch außerhalb des Unternehmens wahrgenommen wird. Ziel der Kommunikation ist es, die Unterstützung der eigenen Mitarbeiter und der interessierten Öffentlichkeit bei der Bewältigung der Situation zu erhalten. Eine aktive Kommunikation, die Informationen zeitnah weitergibt, ist eine Grundvoraussetzung.

Diese Aufgabe ist im Hinblick auf die sozialen Medien besonders herausfordernd. Binnen kurzer Zeit können sich Informationen im Internet verbreiten und damit eine Dynamik entfachen, die eine aktive Kommunikation erschwert (vgl. Becker, K., 2016, S. 226).

Die Festlegung der Kommunikationsabläufe dient dazu, eine aktive Kommunikation zu fördern. Hierzu sind folgende Schritte notwendig:

- Planung der Kommunikation für den Not- und Krisenfall

  Für den Not- oder Krisenfall sind Personen zu bestimmen, die die Kommunikation sowohl innerhalb des Unternehmen s als auch gegenüber der Öffentlichkeit wahrnehmen. Überdies sind weitere Festlegungen zu treffen, die die zu informieren Behörden und Medien sowie die bevorzugte Kommunikationsart betreffen.

- Durchführung der Kommunikation

  Die Kommunikation muss zeitnah erfolgen. Hierzu sind Medienberichte fortlaufend zu sichten und Entscheidungen innerhalb des Stabes über Art und Umfang der Informationsweitergabe herbeizuführen.

- Überprüfung der Wirksamkeit

  Die Eignung der Kommunikationswege und -mittel sowie die Art der Kommunikation sind regelmäßig zu überprüfen und erforderlichenfalls den geänderten Gegebenheiten anzupassen.

Betrachtet man die Summe der einzelnen Bausteine und deren Zusammenwirken, dann liegt der Gedanke nahe, dass es sich beim Notfall- und Krisenmanagement um ein eigenes System handelt. Tatsächlich ist das in der Praxis häufig der Fall. Es ist jedoch sinnvoller, die Elemente des Notfall- und Krisenmanagements in ein bestehendes Sicherheitsmanagementsystem zu integrieren. Dafür sprechen die inhaltlichen und strukturellen Parallelen. Unabhängig von der Frage, wie die Umsetzung und Implementierung im Unternehmen erfolgt, ist ein Notfall- und Krisenmanagement in Logistik-Unternehmen sinnvoll. Es bietet die Voraussetzung dafür, auf die steigenden Anforderungen in der Logistik angemessen reagieren zu können.

Literatur

Arens, U. (2019). Security-Risiken aus Sicht kritischer Infrastrukturen. In U.-H. S. Pradel *Praxishandbuch Logistik Erfolgreiche Logistik in Industrie, Handel und Dienstelstungsunternehmen.* Köln: Deutscher Wirtschaftsdienst.

Arens, U. (2020). Notfall- und Krisenmanagement in der Logistik – Erfordernisse und mögliche Gesaltungsansätze. In U.-H. S. Pradel, *Praxishandbuch Logistik Erfolgreiche Logistik in Industrie, Handel, und Dienstleistungsunternehmen.* Köln: Deutscher Wirtschaftsdienst.

Becker K. (2016). Praxisbeitrag: Reden ist Gold: Bedeutung und Funktion der Krisenkommunikation im Krisenmanagement. In H. R. Hofinger C., *Handbuch Stabsarbeit Führungs- und Krisenstäbe in Einsatzorganisationen, Behörden und Unternehmen.* Berlin: Springer-Verlag.

BGRCI. (2015). *Praxishilfe Gerüstet für den Notfall.* Heidelberg.

BMI. (2009). Nationale Strategie zum Schutz Kritischer Infrastrukturen (KRITIS-Strategie). Berlin.

BMI. (2011). Schutz Kritischer Infrastrukturen – Risiko- und Krisenmanagement Leitfaden für Unternehmen und Behörden. Berlin.

BSI. (2008). *Bundesamt für Sicherheit in der Inforamtionstechnik.* Abgerufen am 27. August 2019 von BSI-Standards 100-4 Notfallmanagement: https://www.bsi.bund.de/SharedDocs/Downloads/DE/BSI/Publikationen/ITGrundschutzstandards/BSI-Standard_1004.pdf?__blob=publicationFile&v=2

BSI-KritisV. (kein Datum). „BSI-Kritisverordnung vom 22. April 2016 (BGBl. I S. 958), die durch Artikel 1 der Verordnung vom 21. Juni 2017 (BGBl. I S. 1903) geändert worden ist".

DIN EN ISO 9000:2015-11. (2015). Qualitästmanagementsysteme – Grundlagen und Begriffe (ISO 9000:2015).

FwDV 100. (1999). www.bbk.bund.de. Abgerufen am 27. August 2019 von FwDV 100 Feuerwehr-Dienstvorschrift 100 Führung und Leitung im Einsatz Führungssystem: https://www.bbk.bund.de/SharedDocs/Downloads/BBK/DE/FIS/DownloadsRechtundVorschriften/Volltext_Fw_Dv/FwDV%20100.pdf?__blob=publicationFile

Heimann R., Hofinger G. (2016). Stabsarbeit – Konzept und Formen der Umsetzung. In G. H. Hofinger, *Handbuch Stabsarbeit Führungs- und Krisenstäbe in Einsatzorganisationen, Behörden und Unternehmen.* Berin: Springer-Verlag.

Herrmann, J., Fritz, H. (2016). *Qualitätsmanagement – Lehrbuch für Studium und Praxis.* München: Carl Hanser Verlag.

Hofinger G., Heimann R., Kranaster M. (2016). Ausbildung und Training von Stäben. In H. R. Hofinger C., *Handbuch Stabsarbeit Führungs- und Krisenstäbe in Einsatzorganisationen, Behörden und Unternehmen.* Berlin: Springer-Verlag.

Hummel S., Jetten N. (2016). Krisenbewältigungsstrukturen in der chemischen Industrie: Das Instrument betrieblicher Notfall- und Krisenstäbe. In H. R. Hofinger C., *Handbuch Stabsarbeit Führungs- und Krisenstäbe in Einsatzorganisationen, Behörden und Unternehmen.* Berlin: Springer-Verlag.

Koether, R. (2011). Logistik als Managementaufgabe. In R. K. (Hrsg.), *Taschenbuch der Logistik.* München: Carl Hanser Verlag.

ONR 49000. (2014). Risikomanagment für Organisationen und Systeme. *Begriffe und Grundlagen Umsetzung von ISO 31000 in die Praxis.* Wien: Österreichisches Normungsinsitut.

ONR 49002-3. (2014). Risikomanagement für Organisationen und Systeme. *Teil 3: Leitfaden für das Notfall-, Krisen- und Kontinuitätsmanagement Umsetzung von ISO 31000 in die Praxis.* Wien: Österreichisches Normungsinstitut.

Richtlinie 2008/114/EG. (kein Datum). Richtlinie 2008/114/EG des Rates vom 8. Dezember 2008 über die Ermittlung und Ausweisung europäischer kritischer Infrastrukturen und die Bewertung der Notwendigkeit, ihren Schutz zu verbessern.

Roper, C. A. (1999). Risk Management for Security Professionals. Boston: Butterworth Heinemann.

S 1002. (2011). Sicherheit in der Stromversorgung Hinweise für das Krisenmanagement des Netzbetreibers. Berlin: Forum Netztechnik/ Netzbetrieb im VDE (FNN).

Schmitt, M. (2010). *Betriebliches Notfallmanagement Maßnahmen zur betrieblichen Gefahrenabwehr und Schadensbegrenzung.* Heidelberg: ecomed Sicherheit.

Schulte, C. (2017). *Logistik Wege zur Optimierung der Supply Chain.* München: Franz Vahlen GmbH.

Steinbeis-Hochschule Berlin (Hrsg.), Bédé, Axel. (2009). *Notfall- und Krisenmanagement im Unternehmen.* Stuttgart: Steinbeis-Edition.

Talbot, J., Jakeman, M. (2009). Security Risk Management Body of Knowledge. New Jersey: John Wiley § Sons.

Töpfer, Armin. (2013, S.237 – 268). Die Managementperspektive im Krisenmanagement – Welche Rolle spielt das Management bei der Bewältigung von Krisensituationen? In A. Thießen, *Handbuch Krisenmanagement.* Wiesbaden: Springer VS.

Ulrich Krystek, U., & Lentz, M. (2013. S. 29 – 51). Unternehmenskrisen: Beschreibung, Ursachen, Verlauf und Wirkungen überlebenskritischer Prozesse in Unternehmen. In A. Thießen, *Handbuch Krisenmanagement.* Wiesbaden: Springer VS.

VBG. (2017). *VBG Fachwissen Zwischenfall, Notfall, Katastrophe.* Abgerufen am 26. August 2019 von www.vbg.de: http://www.vbg.de/SharedDocs/Medien-Center/DE/Broschuere/Themen/Arbeitsschutz_organisieren/Zwischenfall_Notfall_Katastrophe.pdf?__blob=publicationFile&v=10

Index